汽车故障诊断学

Automotive Fault Diagnosis

梅检民　常　春　编著

北京理工大学出版社

BEIJING INSTITUTE OF TECHNOLOGY PRESS

内 容 简 介

本书按照"夯实理论基础，深入技术分析，拓展创新应用"的思路，分三篇介绍故障诊断基础、智能故障诊断关键技术和智能故障诊断运用，系统阐述了车辆故障、故障模式及其机理，分析了诊断信息智能获取技术、特征智能提取技术和智能模式识别技术，以及智能诊断实例运用，并结合新能源汽车和智能无人汽车的发展情况，介绍相关的故障诊断技术。

本书紧跟领域前沿，兼顾传统车辆与智能车辆，结合理论分析与实践应用，通过"知识拓展－资源链接－典型案例"方式，构建了"知识完整、资源立体、理实结合"的数字化知识形态，形成了为车辆"问诊把脉"的特色化诊断学著作。本书适合作为高等院校机械工程、车辆工程、载运工具运用工程、动力工程、仪器科学技术等学科专业的博士、硕士、高年级本科生的教材或参考书，对于从事汽车动态分析、汽车检测与诊断、汽车维修的工程技术人员具有重要的参考价值。

图书在版编目（CIP）数据

汽车故障诊断学 / 梅检民，常春编著 . －－北京：
北京理工大学出版社，2025.6.
ISBN 978 － 7 － 5763 － 5514 － 7

Ⅰ . U472.42

中国国家版本馆 CIP 数据核字第 2025AN8718 号

责任编辑：王玲玲　　　　**文案编辑**：王玲玲
责任校对：刘亚男　　　　**责任印制**：李志强

出版发行 / 北京理工大学出版社有限责任公司
社　　址 / 北京市丰台区四合庄路 6 号
邮　　编 / 100070
电　　话 / （010）68944439（学术售后服务热线）
网　　址 / http://www.bitpress.com.cn

版 印 次 / 2025 年 6 月第 1 版第 1 次印刷
印　　刷 / 北京虎彩文化传播有限公司
开　　本 / 787 mm × 1092 mm　1/16
印　　张 / 17.25
字　　数 / 405 千字
定　　价 / 86.00 元

前　言

随着信息技术、人工智能、数智制造技术的快速发展，车辆作为重要的交通工具和运载平台，在结构设计、能源动力系统、功能性能和辅助驾驶等方面发生跨越式变化，显著提高了机动性能、行驶性能和安全性能。新型车辆不限于传统的运输功能，而是逐渐演变为集成化、智能化的综合性运载工具，为社会发展、人类生活和经济发展提供有力支撑。

新型车辆的结构复杂、高度集成、学科交叉，增加了状态监测与故障诊断难度，加之先进技术广泛应用，故障诊断理论方法迭代更新，为形成有效的维修保障能力，迫切需要故障机理分析、诊断技术研究、诊断系统应用相关的新理论、新技术和新方法，形成体系化的故障诊断理论与技术，对提高车辆健康状态监测效果，实现精确化维修保障，增强预防性维修水平，具有重要技术价值和工程意义。

本书编写团队长期从事车辆状态监控、智能诊断与健康管理方面的研究工作。本书是团队在多年工作总结的基础上，广泛吸收了国内外学者在信号处理、汽车检测与诊断、故障预测与健康管理等方面的研究成果，按照"夯实理论基础，深入技术分析，拓展创新应用"的思路，编写而成。本书通过"知识拓展—资源链接—典型案例"方式，构建了"知识完整、资源立体、理实结合"的数字化形态，形成了为车辆"问诊把脉"的特色化诊断学著作。

全书遵循由易到难的认知规律和以学为中心的理念，构建内容体系，分为故障诊断基础、智能故障诊断关键技术、智能故障诊断运用三篇，共10章。第一篇为故障诊断基础，包含第一章绪论、第二章车辆常见故障模式及其机理；第二篇为智能故障诊断关键技术，包含第三章诊断信息智能获取技术、第四章特征智能提取技术和第五章智能模式识别技术；第三篇为智能故障诊断运用，包含第六章发动机故障诊断、第七章底盘故障诊断、第八章电气电控系统故障诊断、第九章智能故障诊断系统、第十章新能源汽车故障诊断与排除。

本书由梅检民、常春任主编，周斌、沈虹任副主编。第一章由梅检民、周斌、王海编写，第二章由周斌、周慧、雷威、贾宁编写，第三章由常春、雷威编写，第四章由贾翔宇、肖静编写，第五章由常春、王斌编写，第六章由沈虹、常春编写，第七章由梅检民、肖静编写，第八章由沈虹、赵梦伟编写，第九章由梅检民编写，第十章由常春、雷威编写。王斌、王双朋、杨淑为本书的资料搜集与排版做了大量工作。

由于编者水平有限，书中如有不妥之处，敬请广大读者批评指正。

作　者

目 录

第一篇 故障诊断基础

第二篇 智能故障诊断关键技术

第三篇　智能故障诊断运用

第一篇　故障诊断基础

随着部队机械化和信息化水平的快速提升，车辆已成为重要的机动平台、运输平台和保障平台，在运输保障中发挥着重要作用。目前，信息技术在车辆上广泛运用，车辆结构复杂、高度集成，故障诊断理论方法迭代更新，扎实掌握故障诊断理论，是研究与车辆战术技术性发挥相匹配的故障诊断技术重要基础。

本篇首先分析车辆故障、故障诊断等基本概念，再介绍故障诊断技术的发展过程和重要意义，在此基础上重点分析发动机、底盘、电气电控系统的故障模式与机理，以及应急损伤机理与典型损伤模式，为后续故障诊断关键技术研究奠定理论基础。

第一章

绪　论

车辆经常运行在各种复杂环境中，其技术状况动态变化，故障发生随机难测，不同总成部件、不同运行环境、不同影响因素，会造成不同的故障。各种类型的故障现象不一样，熟悉故障的类型及其对应的现象表现，对及时掌握车辆的健康状态，发现异常情况并准确诊断故障部位，提高车辆精确化、预防性的视情维修水平，具有重要意义。

第一节　车辆故障

所谓故障，是指"一台装置在它应达到的功能上丧失了能力"，即机械设备运行功能的失常（Malfunction），并非纯指失效（Failure）或损害（Breakdown）。

车辆故障，是指车辆部分或完全丧失工作能力的现象。不同故障类型，具有不同故障现象，需要不同的故障诊断方法。掌握故障类型、故障模型和故障规律，对研究有效的故障诊断技术具有重要基础作用。

一、故障分类

故障的分类方法多种多样，随着研究目的不同而有所差异。

（1）按工作状态，可分为间歇性故障和永久性故障。间歇性故障有时发生，有时消失。永久性故障出现后，如果不经人工排除，故障将一直存在。

（2）按故障程度，可分为局部功能故障和整体功能故障。局部功能故障是指车辆某一部分存在故障，这一部分功能不能实现，而其他部分功能仍然完好；整体功能故障虽然可能是车辆的某一部分出现了故障，但整个车辆的功能不能实现。

（3）按故障形成速度，可分为急剧性故障、突发性故障和渐变性故障。急剧性故障是故障一经发生，工作状况急剧恶化，如果不停机修理，车辆就不能正常运行；与急剧性故障相类似的故障叫突发性故障，在故障发生的前一刻没有明显的症状，故障发生往往导致车辆功能丧失，甚至影响人身、车辆安全；渐变性故障发展较缓慢，故障出现后，一般可以继续行驶一段时间后再修理。

（4）按故障产生的后果，可分为危险性故障和非危险性故障。突发性故障和急剧性故障属于危险性故障，常引起车辆损坏，乃至影响车辆、人身安全，是车辆故障诊断与预防的重点。渐变性故障属于非危险性故障，故障发生后一般可以修复。

其他常见的故障分类方法见表 1-1。随着故障的发展，一种类型故障也可以转化为另一种类型故障。

表 1-1 常见的故障分类方法

序号	分类依据	分类名称
1	按故障性质	自然故障、人为故障
2	按故障产生根源	设计结构故障、加工工艺故障、使用故障
3	按故障发生部位	整体故障、局部故障
4	按故障发生时间	磨合期故障、正常使用期故障、耗损期故障
5	按故障对工作能力的影响	一般故障、关键故障
6	按故障对相关零件的影响	独立性故障、牵连性故障
7	按故障排除的难易	简单故障、复杂故障
8	按故障危害程度	轻微故障、普通故障、严重故障、致命故障

二、故障模式

故障模式是指"相对于给定的规定功能，故障产品的一种状态"。故障模式是通过人的感官或测量仪器得到的，如发动机怠速不稳、离合器打滑等状态，这是相对于给定的规定功能而言的，如发动机的怠速稳定功能、离合器能够传递规定最大转矩的功能。故障模式是车辆故障状态形式的分类，只涉及是何种车辆故障，而不涉及为什么产生这种故障。

车辆是由若干子系统（如润滑系统、冷却系统）构成的复杂系统，因此，确定零部件的故障模式是研究整车故障的基础。故障描述要尽可能地从零部件的故障模式来进行。只有在难以用零部件的故障模式描述或无法确认是某一零部件发生故障时，才选用总成、子系统的故障模式来描述，如车辆变速器异响、转向沉重等。整机性能方面的故障，以整机故障模式描述，如车辆动力性下降、油耗过高等。

车辆及其零部件的故障模式大致可分为损坏、退化、松脱、失调、堵塞与渗漏、整机及子系统故障等类型，主要包括：

损坏型——断裂、裂纹、烧毁击穿、弯曲、变形；

退化型——老化、变质、腐蚀、剥落、早期磨损；

松脱型——松动、脱落、脱焊；

失调型——间隙不当、流量不当、压力不当、行程不当、照度不当；

堵塞与渗漏型——堵塞、不畅、泄漏；

整机型——性能不稳、功能不正常、功能失效、起动困难、供油不足、怠速不稳、总成异响、制动跑偏等。

典型故障模式如图 1-1 所示。

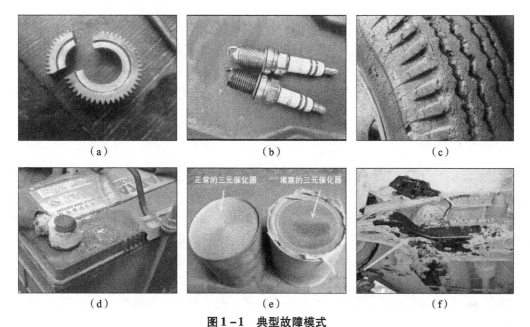

图 1-1　典型故障模式

（a）断裂；（b）烧毁击穿；（c）老化；（d）腐蚀；（e）堵塞；（f）泄漏

三、故障规律

大量使用和试验结果表明，大多数产品的故障率是时间的函数，典型故障率曲线的形状如图 1-2 所示。由于该曲线两头高、中间低，图形像浴盆，通常又叫浴盆曲线。可以看出，产品的故障率随时间的变化大致可划分为三个阶段：早期故障期、偶然故障期和耗损故障期。

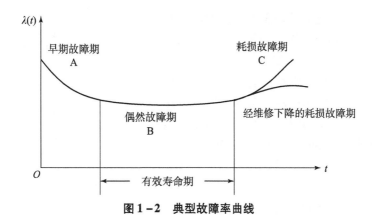

图 1-2　典型故障率曲线

1. 早期故障期

早期故障期出现在产品工作的初期，其特点是故障率高，且故障率随时间增加而迅速下降。故障的原因通常是设计制造缺陷或修理工艺不当，以及装配质量欠佳引起的。

早期故障可以通过强化试验或磨合、走合、调整加以排除。例如，加工材料不合格，装配不合技术要求，质量检验不认真等。对于刚修理过的产品来说，装配不合技术要求是发生故障的主要原因。对于新出厂的或修理过的产品，可以在工厂或投入使用的初期进行磨合、走合和调试，以便减少或排除这类故障，使产品进入偶然故障期。因此，一般不认为早期故障是使用中总故障的组成部分。

2. 偶然故障期

偶然故障期是指产品在早期故障期之后耗损故障之前的这段时期，这个时期是产品工作的良好阶段，也叫有效寿命期。它的特点是故障率低而稳定，近似为常数。这一阶段的故障是随机性的，与产品新旧无关。故障一般是由于使用保养不当或应力突然超过极限值、零件或元件的随机失效等因素造成的。偶然故障不能通过磨合、走合来消除，也不能通过定期更换故障件来预防。一般来说，再好的维修工作也不能消除偶然故障。偶然故障什么时候发生是无法预测的，但是，人们希望在有效寿命期内故障率尽可能低，并且有效寿命期尽可能长。因此，只能通过提高管理水平，包括提高驾驶员操作水平，加强产品保养来减少偶然故障的发生。

3. 耗损故障期

耗损故障期是产品使用的后期，其特点是故障率随时间的增加而显著增加。这是由于产品长期使用，零件产生磨损、变形、疲劳、腐蚀、老化等因素造成的。防止耗损故障的唯一办法就是在产品进入耗损期前后及时进行维修，这样可以把上升的故障率降下来。如果产品故障太多，修理费用太高（高于新品价格60%以上），则只能报废。准确掌握产品何时进入耗损故障期，对维修工作具有重要意义。

以上三个故障期是对一般情况而言的，并不是所有产品都有这三个故障阶段。有的产品只有其中一个或两个故障期，甚至有些质量低劣的产品在早期故障后就进入了耗损故障期。例如，车辆发动机曲柄连杆机构的磨损产生的故障率基本按照这三个时期发展，如图1-3中A所示；前桥通常只有后两个时期，如图1-3中B所示；车辆油路、电路一般只表现出一个时期，如图1-3中C所示；紧固件则基本有前两个时期，如图1-3中D所示；而某些质量低劣件，则随机故障期很短，即直接进入耗损故障期，如图1-3中E所示。

由此可以看出，由于机件的材质、使用水平和工作条件的不同，其实际故障规律也不同，即使故

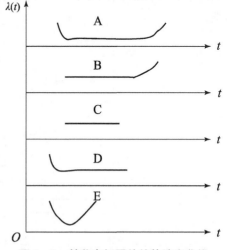

图1-3 某些车辆零件的故障率曲线

障率曲线符合典型故障率曲线，故障率曲线的长短也可能不一样。

我国车辆维修采取"定期检测、强制维护、视情修理"的策略，视情修理必须以现代检测与诊断技术作为技术保证。同时，随着人们对车辆的动力性、经济性、安全性、舒适性

和环保性等方面的要求不断提高，车辆技术正向着电子化、自动化、智能化方向发展，而这一发展方向必须依赖汽车的检测与诊断技术的支持。据资料统计，在车辆维修过程中，查找故障的时间约占70%，而排除故障的时间约占30%。随着车辆结构日益复杂，车辆检测与故障诊断的地位越来越重要。

第二节 车辆故障诊断与故障诊断学

故障诊断方法包括人工经验诊断、仪器设备诊断和智能故障诊断，而仪器设备诊断和智能故障诊断都涉及传感器技术、信号处理技术、计算机技术、人工智能技术等，融合物理、数学和信息技术等学科技术，逐步发展成了一门综合性学科。

一、车辆故障诊断

故障诊断是根据状态检测、监测所获得的信息，结合设备的结构和参数，对可能要发生或已经发生的故障进行预报、分析和判断，确定故障的类别、部位和原因，提出维修对策，使设备恢复到正常状态。

车辆故障诊断是指在整车不解体情况下，确定车辆技术状况和工作能力，查明故障原因和故障部位所进行的检查、分析、判断工作。车辆故障诊断技术是研究车辆检测方法、检测原理、诊断理论以及在车辆不解体条件下的检测手段，以确定车辆技术状况及其故障的一门学科，以工程数学、可靠性理论、信息理论为基础，以电子技术、计算机技术、人工智能技术为手段，通过对车辆性能参数或工作能力的检测，确定车辆的技术状况，识别及判断故障，甚至预测故障，为车辆继续运行或进厂维修提供可靠的依据。

二、车辆故障诊断的分类

车辆故障诊断从理论上大体上有三大分支，即车辆机械故障诊断、车辆电气（电控）系统故障诊断和车辆液压（气压）系统故障诊断，各类故障诊断有其独特的理论与方法。

（一）机械故障诊断

对车辆机械系统工作状况的检测与诊断，往往是利用车辆运行过程中的二次效应所提供的信息，如温升、噪声、润滑油状况、振动及各种物理、化学特性的变化来进行故障诊断。

车辆机械系统的故障具有如下特点：

（1）机械运行过程是动态过程，就其本质而言是随机过程。机械系统不同时刻观察的数据通常是不重复的，用检测数据直接判断运行过程故障是不可靠的，不同时刻观察值不一致，只能从统计意义上比较它们的差异，如图1-4所示。

（2）从系统特性上看，车辆机械系统故障除了如连续性、离散性、间歇性、缓变性、突发性、随机性、趋势性和模糊性等一般特性外，车辆各总成都是由成百上千个零件装配而

图1-4　车辆转向系统机械故障

成的，零部件间相互耦合，决定了车辆各总成故障的多层次性，一种故障由多层次故障原因所构成。故障现象与故障原因之间没有一一对应关系，很难从一个侧面或某个检测信息的分析结果做出正确的决策。

　　因此，车辆机械系统故障诊断是从随机过程出发，充分运用各种现代化的分析工具，分析测取的各种信息，综合判断各种故障现象的属性、形成与发展，从而实现故障诊断的目的。

（二）电气（电控）系统故障诊断

　　车辆电气与电子控制系统故障诊断分为数字电路故障诊断和模拟电路故障诊断。

　　数字电路仅有两种状态，即0和1。列出其输入、输出关系真值表，便可以很方便地找出原因-结果对应关系。数字电路故障诊断理论发展迅速，并日趋成熟。目前已经有相当多的诊断程序和诊断设备投入实际使用，如用于车辆电子控制系统诊断的解码器。

　　模拟电路故障诊断具有多样性。信号的连续性、非线性、容差和噪声以及检测点的有限性，使诊断问题变得十分复杂，难度大、精度低、稳定性差，从而导致检测诊断的效益低。目前，车辆模拟电路故障诊断尚未建立完整的理论，还没有通用的诊断方法。

　　诊断模拟电路故障，一般借助相似产品的使用经验或通过电路模拟得到的故障特征集，然后通过主动或被动的测试，将测试结果与故障特征比较，以发现和定位故障。

　　车辆电子控制系统由电子控制器（ECU）、传感器、执行元件和互相连接的线路组成。在车辆电子控制系统中，既有数字电路，又有模拟电路。传感器传递给ECU的控制信号进行A/D变换前是模拟信号，而ECU输出给执行机构的控制信号进行D/A变换后也是模拟信号。因而，诊断车辆电子控制系统这种数字电路和模拟电路综合一体故障具有多样性和复杂性。随着信息技术应用，新型车辆上集成了各种各样的电子控制系统，如图1-5所示，每一种电子控制系统又有其独特的结构，这给车辆电子控制系统的故障诊断带来了更大的困难。

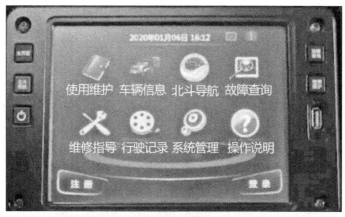

图 1 - 5 某型车辆电子控制系统故障诊断

（三）液压（气压）系统故障诊断

对车辆液压系统工作状况的检测与诊断，往往是通过车辆液压系统工作时的压力、流量、温度的测量，或润滑油品黏度、含水量、脏污程度分析来进行的。

近年来，液压系统在车辆上的应用越来越广泛。液压系统对污染等干扰因素敏感，而液压伺服系统是结构复杂的机、电、液综合系统，其可能的故障既有结构性的，又有参数性的，导致系统具有机液耦合、时变性和非线性等特征。绝大多数液压系统故障是由油液污染和磨损引起的，同时，由于制造材料和生产工艺缺陷以及疲劳、气蚀等原因，导致液压系统故障分布具有明显的随机性。

液压系统的故障发生率较高，而且液压系统一旦发生故障，又难以进行定位和诊断，会致使发生故障的系统得不到及时维修、故障得不到及时排除。因此，液压系统故障的特点、原因普遍存在模糊性，表现为同一故障可能由不同的原因造成，同一故障可能会产生不同的故障特征，不同的故障也可能引起同样的故障特征，多故障并发时，故障特征更复杂，如图 1 - 6 所示。

图 1 - 6 某型车辆液压系统故障

三、车辆故障诊断学

"诊断"是根据医学名词沿引而来。在医学上，"诊"就是"望、问、切、察"，"断"就是医生做出判断，指出发生了什么疾病。在医学诊断中，采用的是由现象判断本质，由当前推断未来的方法。这一逻辑思想方法推广到工程技术领域，逐步形成了机器故障诊断这一门新兴学科。

国标 GB/T 5624—2019《汽车维修术语》中对汽车诊断的常用术语作了如下规定：

汽车检测——确定汽车技术状况或工作能力的检查和测量。

汽车故障——汽车部分或完全丧失工作能力的现象。

汽车技术状况——定量或定性表征汽车外观和性能参数的总和。

在机械故障诊断中，还经常出现"监测"一词。所谓监测，是对机器技术状况进行定期的或连续的检测。

汽车诊断——确定汽车技术状况，查明故障部位及原因的过程。

车辆故障诊断学是研究车辆故障机理、车辆诊断理论、方法和检测诊断技术的一门学科。它包括车辆故障物理、诊断数学和检测诊断技术三方面的内容。

故障物理，又称失效理论，它是研究机器元件、部件失效机理，即失去功能的物理化学过程和失效模式。

诊断数学是研究诊断信息的选择、采集、处理和判断的数学原理与方法。

检测诊断技术是诊断理论与方法的一种工程实现，它包括检测仪器的研制、无损检测技术、寿命估计与预报技术和诊断系统等。

车辆故障诊断学是以工程数学、可靠性理论、信息理论为基础，以电子技术、计算机技术、人工智能技术为手段，以车辆故障为主要研究内容的一门综合应用学科。

第三节 故障诊断技术发展过程

故障诊断技术是随着人类自然科学技术和思维科学发展而发展的，国内外对机械设备的故障诊断技术理论与工程应用进行了系统、深入的研究，新理论、新技术和新方法不断涌现，故障诊断技术已经发展成为多学科交叉的综合性技术，其发展过程主要经历了人工经验检测诊断、仪器设备检测诊断、智能故障诊断，并逐步过渡到故障预测与健康管理技术，不断提高故障诊断的准确性和可靠性。

一、人工经验检测诊断

人工经验检测诊断法是修理人员凭借丰富的实践经验和一定的理论知识，在车辆不解体或局部解体情况下，借助简单工具，用眼看、耳听、手摸、鼻闻等手段，边检查、边试验、边分析，进而对车辆技术状况作出判断的一种方法。这种检测诊断方法具有不需要复杂的专用检测仪器设备、可随时随地进行操作等优点，在未来相当长的时期内仍有十分重要的实用价值。但是，也有检测诊断速度慢、准确性差、不能进行定量分析和对人员自身技术水平要求较高等缺点，如图 1 - 7 所示。

图 1 - 7 人工经验检测诊断

二、仪器设备检测诊断

仪器设备检测诊断法是在人工经验检测诊断法的基础上发展起来的一种检测诊断法。该方法可在不解体情况下，用仪器设备检测诊断车辆运行参数，为分析、判断车辆技术状况及故障诊断提供定量的依据。采用计算机控制的仪器设备甚至能自动分析、判断、存贮并打印车辆的技术状况、故障种类、故障位置及故障程度。仪器设备检测诊断法的优点是检测速度快、准确性高，能定量分析；缺点是投资大、占用场地大，操作人员需要系统培训等。该方法适用于车辆检测站、大中型维修企业和特约维修服务站等，是车辆诊断与检测技术的发展方向，如图 1 - 8 所示。

图 1 - 8 便携式角度仪诊断转向系统故障

三、智能故障诊断

人工智能技术的迅速发展，特别是专家系统、人工神经网络、机器学习、深度学习在故障诊断领域的进一步应用，为智能无人车辆故障诊断的发展奠定了基础。智能诊断技术能够有效地获取、传递、处理、再生和利用诊断信息，利用计算机来模拟人类专家对复杂系统进行诊断，充分发挥领域专家在诊断中的作用，并实现专家知识和经验的交流、汇集、复制、传播和长期保存。

目前，主要的智能诊断技术是基于数据驱动的故障诊断技术，不需要建立复杂部件或者系统的动力学模型，通过利用大量历史数据建立和优化模型，就可获得良好的效果，因而非常适用于复杂机械设备的智能故障诊断。基本的诊断流程通常包括信息采集、特征提取、模式识别和预测决策，如图 1-9 所示。

信息采集，利用布置在设备不同位置的传感器获取设备的健康状态信息；特征提取，通常可利用时域、频域和时频域等现代信号处理方法来实现；在故障识别、故障预测、维修决策环节，通常采用神经网络、机器学习、深度学习等人工智能算法对提取的特征进行训练，识别故障类型、

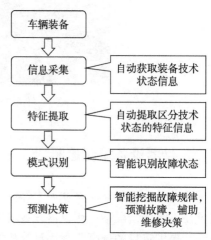

图 1-9　智能诊断技术框架

挖掘故障规律、预测故障趋势，辅助科学维修决策。通过信息集成技术研究，融合信息采集、特征提取、状态识别和预报决策技术，集成为车辆智能诊断仪，能自动采集信息，自动提取特征，智能诊断故障，并进行故障预测，如图 1-10 所示。

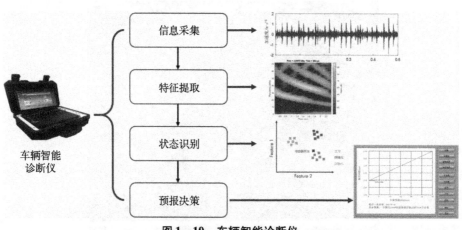

图 1-10　车辆智能诊断仪

四、故障预测与健康管理技术

（一）PHM 的概念

故障预测与健康管理（Prognostic and Health Management，PHM）技术是一种先进的装备维修保障理念和维修管理模式，通过综合利用先进传感器技术采集的各种技术状况信息和参数，在多种装备技术状况评估算法和模型支持的基础上，准确评估装备的健康状态并预测装备的潜在故障，准确评估和管理装备的技术状况，合理调度和支配现有可用维修资源，结合决策分析技术形成相应的装备维修保障策略，实现装备的视情维修，有效避免装备重大事故的发生，提高装备的完好性和可靠性。

（二）PHM 的研究现状

PHM 相关技术逐渐在工程实践中得到应用，最早起于 20 世纪 70 年代。随着故障诊断技术、故障特征提取技术、信息融合等技术的快速发展，有力地推动了 PHM 理论与相关技术发展。目前国外对 PHM 技术广泛的应用研究主要集中在军事和民航等领域，经过多年的快速发展，逐渐取得了显著的成效。主要研究和应用成果体现在以下几个方面。

1. 国外研究现状

1）F-35 战机自主式保障系统

F-35 战机自主式保障系统通过监控飞机的实时状态，感知和隔离异常或故障，预测故障时间，并能进行维修保障决策，达到装备完好性的任务需求。F-35 战机自主式保障系统所采用的 PHM 技术充分吸收融合了当今世界上 PHM 技术领域最新研究成果，在很大程度上促进了其 PHM 系统的研发和功效的发挥。因此，F-35 战机自主式保障系统达到了当前 CBM 技术的最高水平。

F-35 战机自主式保障系统的基本功能主要体现如下：一是通过采用分层模型，提高了装备检测的准确率，降低了检测手段的虚警率，同时快速、准确地隔离系统故障；二是综合利用任务计划需求、可用维修资源、当前故障诊断和预测信息，快速、准确、高效地做出维修保障决策；三是综合利用装备的当前信息和历史信息评估装备的健康状态，并预测装备的剩余使用寿命。战机 F-35 美军自主式保障系统体系结构的部分组成如图 1-11 所示。

2）美国陆军健康与使用监测系统（HUMS）

PHM 技术最早应用于陆航直升机的健康与使用监测系统（Health and Usage Monitoring System，HUMS）。HUMS 在陆航直升机应用中经过 10 多年的发展，促使美军设计开发了陆军装甲车辆健康与使用监测系统。该系统将军用加固机箱及仪器安装于重型、中型、轻型装备及卡车上，考虑并融合了多个部队用户的需求，描述了使用参数的全谱特性，采用技术方案确定地形轮廓或剖面并跟踪车辆之间的差别或变化、识别操作或使用异常等，系统将车辆使用概况、用于趋势预测的致命信息提供给车队管理人员、指挥员、工程师、测试人员、预防性维修人员（PMs），并为每个车辆的现场级维修提供详细信息，如图 1-12 所示。

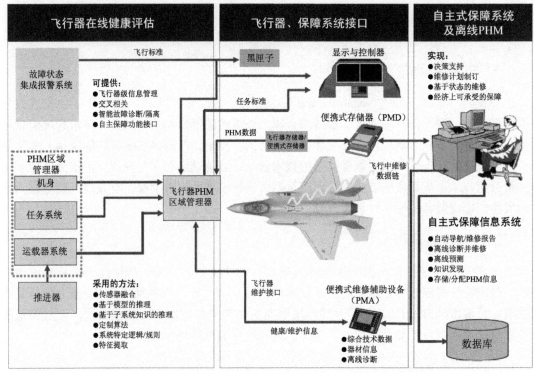

图1-11 美军F-35战机自主式保障系统体系结构的部分组成

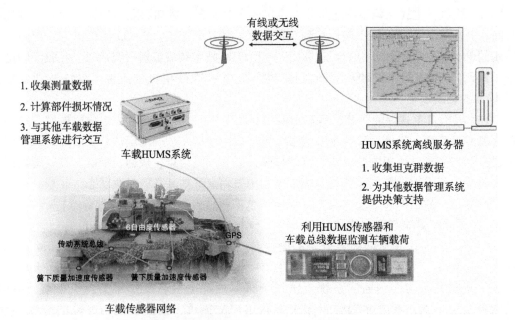

图1-12 美军陆军HUMS系统结构示意图

3）PHM技术在民用航空领域的应用

PHM技术在民用航空领域也得到了广泛的研究和应用。飞机状态管理（Aircraft Health

Management，AHM）系统由美国波音公司开发，安装部署到波音公司和法国空中客车公司的多款民航飞机中。该系统在法航、美航、日航和新航等商业民航领域中的应用结果表明，通过 PHM 技术在民航领域中的应用可以显著降低民航飞机的维修保障成本，在一定程度上有效避免因飞机故障造成的航班延误，提高飞机运行可靠性，为民航可靠性计划的实现提供有力的支持。

2. 国内研究现状

我国最早在 PHM 技术领域的研究始于 20 世纪 50 年代，受限于当时薄弱的国家工业基础，发展进度缓慢。自 PHM 技术列入我国"863"发展计划以来，PHM 技术领域相关理论和技术开始得到大力发展，并得到重点支持。在 PHM 技术的理论框架构建及关键技术研究与应用等方面，北京航空航天大学可靠性工程学院进行了卓有成效的研究；在民用航空飞机 PHM 系统设计与应用方面，西北工业大学也开展了大量的应用研究；在基于状态的维修和 PHM 理论结合应用研究方面，多家相关领域的科研院所和机构也做了大量的研究工作。车辆信息及健康管理系统如图 1 - 13 所示。

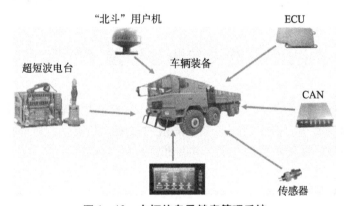

图 1 - 13 车辆信息及健康管理系统

（三）PHM 的关键技术

故障预测与健康管理技术，主要包括传感器应用技术、数据处理技术、健康状态评估技术、故障预测技术和维修决策技术。

1. 传感器应用技术

传感器是 PHM 的信息获取终端，及时、准确的信息采集能有效保证 PHM 的准确性和可靠性。传感器应用技术主要涉及监测对象选择、状态特征参数选取、状态监测传感器选择、传感器优化配置等技术。

2. 数据处理技术

传感器采集的原始数据包含各种有效信息和噪声，若直接进行故障预测和健康管理分析，则存在信息冗余和信息处理工作量大的问题，需要进行预先的数据处理。数据处理技术主要包括数据清理技术、数据分析技术、特征提取技术和数据挖掘技术。

3. 健康状态评估技术

对传感器采集的信息进行必要的信号处理，根据处理结果进行装备健康状态评估是 PHM 的重要环节，要实现有效的状态评估，主要研究两项技术：状态分级技术和状态评估技术。

4. 故障预测技术

根据健康状态评价结果和历史故障情况，进行故障预测，能对预防性维修提供有效辅助，关键是要建立有效的故障预测模型，包括 ARMA 模型、GM(1,1) 灰色预测模型、基于神经网络的预测模型，根据不同的预测对象选择合适的故障预测模型。

5. 维修决策技术

根据状态评估和故障预测结果，进行科学的维修决策分析，是 PHM 的最终目的，也是体现 PHM 重要意义的重要环节，主要包括维修行为决策、维修时机决策和状态间隔期决策。

第四节　发展故障诊断技术的意义

车辆作为重要的机动平台，遂行各种保障任务，保持和快速恢复战术技术状况，是保障战争取得胜利的重要支撑，探索研究有效、高效的故障诊断技术，对促进落实维修制度改革、提高维修保障效率和保障机动安全，具有重要的军事意义。

一、促进维修制度改革

定期维修是历史上最早采用的维修制度，不管每个车辆的技术状况如何，都必须按照规定的期限进行维修。这种维修制度以时间或行驶里程为标准，维修时机容易掌握，管理比较简便，但维修针对性差，维修工作量较大。

为了克服定期维修的缺点，使维修工作做得更合理、有效和经济，20 世纪 60 年代以后采用不解体检测技术，从而产生视情维修制，即状况监视维修制，其在故障机理分析的基础上，进行连续的不解体检测，当维修对象的可靠性下降到"潜在故障"（尚能正常工作，但已有故障迹象）出现时，就进行维修。视情维修并不规定维修周期，而是根据机器的技术状况变化情况来确定维修内容，它既不会造成"过剩维修"，也不会引起"不足维修"。

视情维修需要客观、准确的技术状况检测和故障诊断技术，因此智能诊断技术是进视情维修制度落实的重要技术手段。

二、提高维修保障效率

随着技术更新和进步，电控发动机、自动变速器、CAN 总线系统在新型车辆推广应用，提升性能的同时，结构相对复杂，集成度更高，增加了技术状况检测和故障诊断难度，车辆维修保障工作量明显增加，仅靠传统的人工经验诊断法已远远满足不了现代车辆维修的要求，迫切需要有效的先进手段对车辆进行快速检测和诊断。

在车辆维修过程中，据资料统计，查找故障的时间约占 70%，而排除故障时间约占 30%。为提高车辆维修效率，迫切需要研究车辆智能诊断技术，自动采集状态信息，自动进行特征提取，智能定位故障部位，能有效提高车辆技术状况检测与故障诊断效率。

为了保证车辆始终处于完好技术状态，必须严格执行规定的车辆日常维护制度，加强车辆的技术管理，同时，还必须正确、合理地研制和使用维护的设备及检测诊断仪器，培训和提高相关人员的技术使用水平。

三、保障车辆运行安全

车辆使用频率高、强度大、环境恶劣、技术状况动态变化、使用中易发生故障，对行车安全和车辆使用将造成直接影响，因此，需要先进技术手段，能基于历史故障和现有技术状态，对未来时间或里程范围内的故障趋势进行预测，从而增强早发现、早隔离和早处理的能力，避免重大事故发生。

资源链接

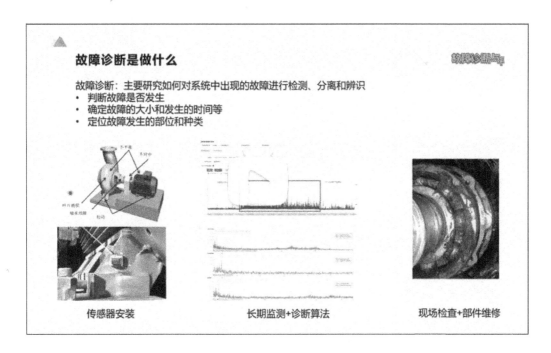

理论辨析

1. 什么是车辆故障？

2. 车辆故障诊断与车辆故障诊断学有什么区别？

3. 车辆故障诊断包括哪些分类？

4. 故障诊断技术发展过程包括哪些阶段？

问题研讨

1. 智能诊断技术快速发展并广泛应用于车辆，智能诊断关键技术有哪些？

2. 结合深度学习、大数据、云计算，谈谈故障预测与健康管理的发展趋势。

第二章

车辆常见故障模式及其机理

　　车辆包括发动机、底盘、电气电控系统，不同总成和零部件具有不同的故障模式，引起故障的机理也不尽相同，掌握不同故障模式对应的故障机理，是研究故障诊断技术的基础和关键。

第一节　发动机常见故障模式与机理

　　发动机作为车辆的动力来源，担负着为车辆提供动力的重要任务。柴油发动机结构复杂，集成度高，随着电控高压共轨、可变进排气等技术的集成与运用，故障模式更加多样，故障机理也更加多元，如图 2－1 所示。本章以柴油发动机为例来研究发动机常见故障模式和机理。

图 2－1　电控高压共轨柴油发动机（ISDE300）

一、发动机常见故障模式

　　柴油发动机结构复杂，工作环境恶劣，故障率较高，故障种类多。归纳起来，柴油发动机有如下几类故障：柴油发动机机械异响故障、燃油供给系统故障、电控系统故障、润滑系统故障、冷却系统故障及附件故障等，其中，柴油发动机机械异响是最常见的故障之一，当产生机械故障时，轻则引起机件损坏，重则损坏发动机。

常见的柴油发动机机械异响故障有以下几种：

（1）曲轴轴承异响——由于曲轴轴承与主轴颈的配合间隙过大，或固定螺栓松动，或轴承损坏等造成的曲轴轴承与主轴颈相互撞击而出现的异响。振动最明显部位在气缸体下部轴承座处。

（2）连杆轴承异响——由于连杆轴承与连杆轴颈的配合间隙过大，或连杆螺栓松动，或轴承损坏等造成的连杆轴承与连杆轴颈相互撞击而出现的异响。振动明显部位在气缸体下部。

（3）活塞敲缸异响——由于活塞与气缸壁的配合间隙过大或连杆弯曲、扭曲所造成的活塞敲击气缸壁而出现的异响。

（4）活塞销异响——由于活塞销与活塞销座孔，或活塞销与连杆小头销座孔的配合间隙过大所造成的活塞销敲击活塞销座孔而出现的异响。

（5）气缸漏气异响——由于发动机在做功行程中的部分高压气体从活塞环与气缸壁之间窜入曲轴箱冲击油底壳而发出的异响。

（6）气门脚异响——由于气门间隙过大所造成的异响。

（7）气门挺杆异响——由于气门挺杆与导管、气门杆与导管磨损松旷所造成的异响。

（8）发动机附件异响——由于发动机附件不正常的技术状态引起机件互相撞击而产生的异响。

二、发动机常见故障机理分析

发动机发生机械故障时，会产生相应的振动，不同故障对应的振动频率、振动幅值不尽相同，掌握故障振动机理特点，能为研究恰当的故障诊断方法提供基本遵循。

1. 气缸与活塞故障振动分析

发动机的气缸壁与活塞之间有一定的间隙。间隙过小，活塞会在气缸内卡死，产生拉缸故障；间隙过大，活塞撞击气缸壁的冲击力增大，使发动机的振动增加，性能变差。发动机气缸体上的振动响应信号能间接确定气缸壁与活塞的间隙。通过对气缸体上的振动信号进行分析计算，可以得出以下两点结论：

（1）时间波形随间隙增大而发生滞后。

（2）气缸壁总振动量级随磨损间隙增大而增大，到达极限时，总振动量级急剧增加。

柴油发动机的总振级随气缸壁与活塞间隙变化见表 2 - 1。

表 2 - 1　柴油发动机的总振级随气缸壁与活塞间隙变化

配合间隙/mm	0.07 ~ 0.10	0.20 ~ 0.25	0.45 ~ 0.50	0.65 ~ 0.70
总振动量级（mv^2）	2.90	4.53	6.46	18.01

2. 连杆故障振动分析

当发动机连杆组件发生故障时，可以用总功率和故障系数两个参数来评价。

3. 气门机构故障振动分析

发动机气门机构的故障主要表现为气门间隙增大。试验表明，在气门轴心方向上（如气缸盖上部等处）安装传感器可以测取气门振动能量大小。当气门间隙增大时，气门落座时的冲击能量显著增加。图 2 - 2 表示了柴油发动机不同气门间隙与气门落座时总能量的关系。

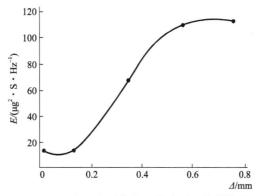

图 2 - 2 不同气门间隙与气门落座时总能量的关系

4. 喷油提前角偏移的振动分析

柴油发动机的喷油提前角偏离会影响发动机的经济性。当供油提前角过大时，会使燃气在上止点前燃烧过多，不仅增加了压缩负功，而且油耗增加，功率下降，压力升高率和最高燃烧压力迅速升高，工作粗暴，怠速不良；反之，发动机后燃增加。柴油发动机正常喷油提前角时的功率谱图如图 2 - 3 所示。正常工作时，第一个波峰所对应的频率 f_1 为 4 433 Hz，当喷油提前角偏离正常值时，第一个峰值增大许多，其对应的频率 f_1 稍有增长。可用第一个波峰的频率与幅值来诊断喷油提前角是否正常。

此外，气门漏气、活塞环漏气、进气压力低、燃油雾化质量不良均会引起发动机振动信号改变，可以结合其他参数来诊断这些部位的技术状态。

第二节 底盘常见故障模式与机理

底盘是车辆机动的重要部分，包含传动系、转向系、制动系和行驶系，各系统的组成部件不同。齿轮、轴承、轴是底盘的主要零部件组成，其中，齿轮和轴承故障比例较高，具有与发动机不同的故障模式与机理。

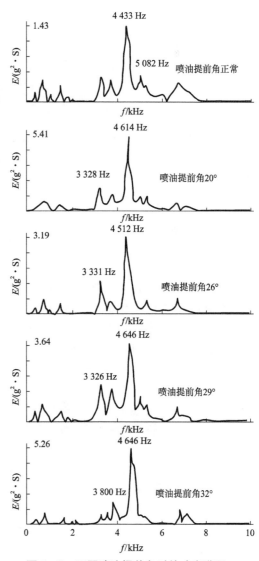

图 2 - 3 不同喷油提前角时的功率谱图

一、齿轮常见故障模式与机理分析

齿轮的主要失效形式包括齿面磨损、齿面擦伤、齿面疲劳剥落、断齿等，其中，齿面疲劳剥落包括麻点疲劳剥落、浅层疲劳剥落和硬化层疲劳剥落。

1. 齿面磨损

磨损同润滑不良有关，但引起磨损最主要的原因是润滑油中存在磨粒，如金属微粒、金属氧化物或其他磨料。这些外界的硬粒开始嵌入金属表面，然后在另外一个金属表面撕下金属，如图 2-4 所示。因此，齿面磨损主要是由于润滑油不足或油质不清洁造成齿面剧烈的磨粒磨损，会使齿廓形状显著改变，侧隙加大，以致齿厚过度减薄，可能导致断齿。

图 2-4　齿面磨损

2. 齿面擦伤

齿面擦伤是常出现的齿轮故障，表现为一个齿面的金属会熔焊在与之啮合的另一个齿面上，在齿面上形成垂直于节线的划痕胶合，一般在重载和高速运转条件下容易发生。

齿面擦伤主要是由于油膜破裂，金属与金属直接接触产生局部高温熔焊，然后表面被撕裂的现象，如图 2-5 所示。油膜破裂有两种不同的机理。一是"冷擦伤"，发生在低速时。由于表面不平或润滑油黏度不够，造成部分接触区域油膜过薄，在金属之间产生切削过程。二是"热擦伤"，是指相对滑动速度过高时，由于油膜温度过高，局部油膜不能将两个金属表面分开，从而使金属熔焊拉伤。

图 2-5　齿面擦伤

3. 齿面疲劳剥落

齿面疲劳剥落主要指齿面材料在应力作用下疲劳掉落的故障现象。齿轮在啮合过程中，既有相对滚动，又有相对滑动，如图 2-6 所示。切向力的作用使运动较慢的轮齿表面产生拉应力，使运动较快的轮齿表面产生压应力。此时，如果在两个区域内有微小的裂纹，拉应力使裂纹张开，一旦润滑油进入裂纹中，在两齿接触时，裂纹中将形成很大的压应力。同时，主动轮齿上的啮合点由齿根移向齿顶，速度逐渐增高；被动轮齿面上的啮合点则由齿顶移向齿根，速度逐渐降低。主被动轮齿面相对滑动速度在节点处为零。这样两个齿轮的齿顶部分各自的滚动方向与滑动方向一致，表面均受压应力；两个齿轮的齿根部分各自的滚动方向与滑动方向相反，表面均受到拉应力。因此，齿轮表面疲劳剥落总是发生在轮齿根部近节圆处，轮齿其他部分的疲劳剥落则是由于长期的交变载荷作用的结果，如图 2-7 所示。

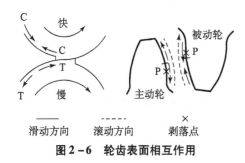

图 2-6　轮齿表面相互作用

图 2-7　齿面疲劳剥落

4. 断齿

齿根断裂的机理比较简单，但它是最常见的故障。断齿是指轮齿无法承受过大应力而发生了折断。轮齿在运行过程中，承受载荷，如同悬臂梁，其根部受到脉冲循环的弯曲应力作用最大，当这种周期性应力超过齿轮材料的弯曲疲劳极限时，会在根部产生裂纹。如果根部出现裂纹，齿轮又承受过量载荷，特别是冲击载荷，将使瞬时的局部应力达到很大值，从而使裂纹迅速扩展，可能造成齿根断裂，如图 2-8 所示。

图 2-8　断齿

二、轴承常见故障模式与机理分析

（一）轴承失效形式

对于车辆变速器，滚动轴承是最易损坏的部件之一。在实际使用中，滚动轴承的主要失效形式包括磨损、疲劳剥落、保持架散架、压痕和胶合等，如图2-9所示。

（a）　　　　　　　　　　　（b）　　　　　　　　　　　（c）

图2-9　轴承常见损伤

（a）磨损；（b）大片疲劳剥落；（c）局部疲劳剥落

（1）磨损。磨损是滚动轴承常见的一种失效形式。由于机械的原因，经常在轴承滚道、滚动体、保持架及座孔处产生磨损。磨料的存在是轴承磨损的基本原因。当磨料较粗时，轴承零件上的磨损带色暗；当磨料较细时，形成磨损带光亮。

（2）疲劳剥落。滚动轴承疲劳常表现为滚动体或滚道表面疲劳剥落或脱皮。造成剥落的主要原因是疲劳应力，有时是润滑不良。滚动轴承的内、外滚道和滚动体表面既承受载荷，又相对滚动，由于交变载荷的作用，首先在表面下一定深度处（最大剪应力处）形成裂纹，继而扩展到接触表面，使表层发生剥落坑，最后发展到大片剥落，这种现象就是疲劳剥落。疲劳剥落往往是滚动轴承失效的主要原因。

（3）保持架散架。保持架散架时，滚动体不能定位，保持架的碎片嵌入互相啮合的零件中，使其他零件损坏。

（4）压痕。由于装配不当、过载或撞击而在零件表面形成凹痕。凹痕在零件表面形成应力源，将加速其他损坏形式的形成。

（5）胶合。胶合是由于润滑不足、温度过高，从而形成一个零件的金属黏附到另一个零件表面的现象。

（二）轴承振动信号特征

当轴承磨损、零件表面疲劳剥落、出现压痕时，会产生冲击振动。各种故障也不一样，其振动形态也不一样。在车辆变速器轴承中，最常见的两种轴承故障是零件疲劳剥落和磨损。在此主要介绍疲劳剥落轴承的振动特征。

1. 疲劳剥落引起的振动频率

由于轴承元件的缺陷在运动中受到反复冲击而产生的低频脉动，叫轴承的"特征频率"，其发生周期是有规律的，可以从轴承的转速和轴承零件的尺寸求得。例如，在轴承零件的整个圆周上发生了一处剥落时，因剥落的位置不同，特征频率不相同。表2-2给出了特征频率的计算公式。滚动轴承的特征频率范围一般在1 kHz以下，是滚动轴承的重要信息特征之一，但由于这一频带内噪声干扰太大，信噪比较低。

表 2 - 2　特征频率的计算公式

表面剥落的位置	冲击振动发生的间隔频率/Hz
内圈	$zf_i = \dfrac{1}{2}f_a\left(1 + \dfrac{d}{D}\cos\alpha\right)Z$
外圈	$zf_o = \dfrac{1}{2}f_a\left(1 - \dfrac{d}{D}\cos\alpha\right)Z$
滚动体	$zf_s = f_a\left(1 - \dfrac{d^2}{D^2}\cos^2\alpha\right)\dfrac{D}{d}$

注：Z 为滚动体数目；f_a 为轴的旋转频率；D 为轴承的节径；d 为旋转体直径；α 为接触角。

2. 疲劳剥落故障的时域波形特征

1）轴承正常的振动波形

图 2 - 10 是正常滚动轴承的振动波形，它有两个特点：其一是无冲击；其二是变化慢。

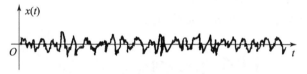

图 2 - 10　正常流动轴承的振动波形

2）轴承内圈有表面剥落时的振动波形

当内圈的某个部分存在剥落、裂纹、压痕和损伤等故障时，便会出现如图 2 - 11 所示的振动波形。

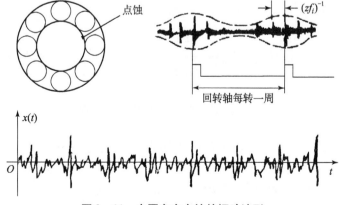

图 2 - 11　内圈存在点蚀的振动波形

滚动体通常有径向间隙，且单边受载，根据点蚀部分和滚动体发生冲击的位置不同，振动会发生强弱变化。其中多数与旋转频率、滚动体的公转频率的振幅调制有关。

3）轴承外圈有表面剥落时的振动波形

如果轴承外圈上发生点蚀，则产生如图2-12所示的振动波形。此时，点蚀的位置和承载方向之间的位置关系是一定的，所以与振幅调制无关，主要是脉冲调制。

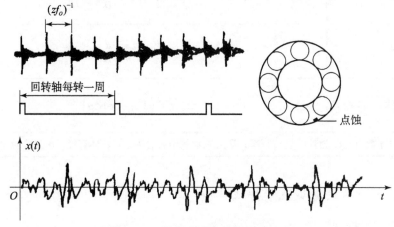

图2-12　外圈存在点蚀的振动波形

4）滚动体表面有剥落时的振动波形

当滚动体上有点蚀时，发生的振动波形如图2-13所示。

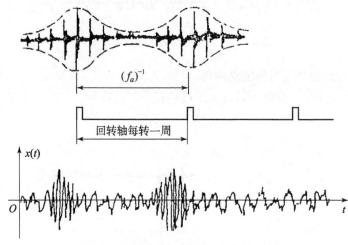

图2-13　滚动体存在点蚀的振动波形

这种情况与内圈点蚀相似，因轴承存在径向间隙，且单边受载，随点蚀与滚动体发生冲击的位置不同而产生振动幅值强弱变化，它与滚动体公转频率的振幅调制有关，但仍以脉冲调制为主。当剥落点转出承载区时，振动波形与正常轴承无异。

3. 磨损轴承的振动波形

滚动轴承磨损时，内、外圈及滚动体之间存在较大的间隙。滚动轴承静止时，由于轴及轴承自身重力的作用，轴的中心（轴承内环中心）o'和外环的中心o不在同一点上，随着磨损加大，偏心增加，如图2-14所示。当轴旋转时，轴的中心（内环的中心）会绕外环的中心振摆。由于轴承内圈在不平衡力的作用下撞击滚动体及外圈，轴承系统产生受迫振动。这种振动除了同步响应外，还伴有高次谐波。

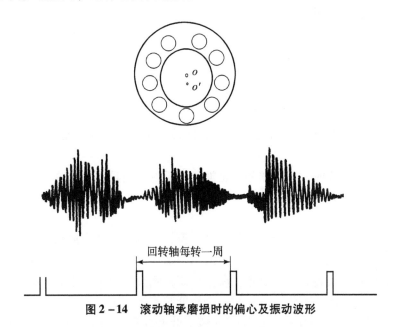

图2-14 滚动轴承磨损时的偏心及振动波形

回转轴每转一周

由于齿轮具有质量，轮齿可以看作弹簧，因此，齿轮可以看作一个振动系统；由于轮齿的弹簧刚度具有周期变化的性质，制造装配误差的存在及扭矩的变动所形成激振力的作用使轮齿产生扭转振动；由于轴、轴承和轴承座的变形以及齿形误差的影响，扭转振动将同时诱发轴向和径向振动。当上述振动通过轴承和座孔传到箱体时，箱体壁将产生振动并激发空气的振动而产生噪声。若没有齿轮箱，齿轮在三个方向上的振动直接激发空气振动而产生噪声。

变速器壳体上的振动是一种复杂的随机振动。实际测振时，拾振器总是置于变速器箱上。变速器箱体振动，除了齿轮、轴承等激励源外，还有发动机传来的振动、与变速器相连的传动系统其他部件的振动。但是变速器齿轮的振动具有周期性，齿轮振动具有如下特征。

1）周期啮合振动

车辆发动机功率经变速器第一轴、中间轴和第二轴的齿轮相互啮合而传送至驱动轮。齿轮啮合时，轮齿间互相产生撞击。如果把一对齿轮从接触到分离看成一次冲击，这相当于齿轮副分别受到一个频率为 $nZ_1/60$ 的周期性外力的作用，因而，齿轮啮合振动的频率为

$$f_{齿轮} = \frac{n}{60}Z_1 N \qquad (2-1)$$

式中，n——齿轮所在轴的转速，r/min；

Z_1——齿轮齿数；

N——谐波数，取值为1，2，…。

而某挡位齿轮的振动频率为

$$f_{啮合} = \frac{n_{轴}}{60}Z_4 N \qquad (2-2)$$

式中，$n_{轴} = n/\eta$；

$\eta = \dfrac{Z_2}{Z_1} \cdot \dfrac{Z_4}{Z_3}$ 为传动比，其中，Z_1 为常啮主动齿轮齿数；Z_2 为常啮被动齿轮齿数；Z_3 为某挡主动齿轮齿数；Z_4 为某挡被动齿轮齿数。

例如，变速器常啮主动齿轮齿数 $Z_1 = 23$，$Z_2 = 41$，五挡传动齿轮数 $Z_3 = 44$，$Z_4 = 20$，当发动机转速为 1 500 r/min 时，有

$$f_{常啮} = 25 \times 23 = 575 \text{（Hz）}$$

$$f_{五挡齿轮} = \frac{23}{41} \times \frac{44}{20} \times 25 \times 20 = 617.1 \text{（Hz）}$$

由于齿形齿面并不是理想的情况，转速的扰动也不可能是纯正弦波，因此，除了基频外，还有大量的谐波存在。

当齿轮齿面均匀磨损时，啮合频率及谐波频率不变，但幅值大小改变，高次谐波的幅值增大较多。通常至少要分析三个谐波的分量，才能从频谱上检测出齿轮磨损。

2）调幅现象

实际变速器箱的振动比较复杂，它们往往是调幅、调频以及附加脉冲的综合表现。

调幅现象是由齿面载荷波动对振动幅值的影响造成的。调幅的一个原因是齿轮偏心。这时的调制频率为齿轮的回转频率。后者比所要调制的啮合频率小得多。图 2 – 15 中的 $g(t) \cdot e(t)$ 是一个频率为 f_z 的余弦信号 $g(t)$ 被一个较低频率为 f_e 并带有直流分量的信号 $e(t)$ 调制后的时域波形图，$G(f)$ 和 $E(f)$ 是相应的傅里叶变换谱。根据卷积定理，时域中两个信号的乘积相当于频域中两个信号的卷积。因此，所得到的谱在载频 f_z 两侧有两个边频。两个边频与载频之间的距离等于调制频率 f_e。

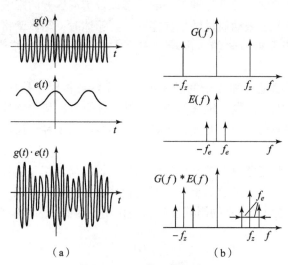

图 2 – 15   用余弦调制的谱

（a）时域；（b）频域

若齿轮上有一个齿存在局部缺陷，相当于齿轮的振动受到一个短脉冲的调制。脉冲的长度等于齿的啮合周期 $T_z = 1/f_z$。齿轮每转一圈，脉冲重复一次。由于脉冲可以分解为许多正弦分量之和，因此，在谱上形成了以载频 f_z、$2f_z$、$3f_z$、$\cdots$ 为中心的一系列边频。这些边频

数量大且均匀，每一边频间的距离等于轴的回转频率。当齿轮上存在着分布比较均匀的缺陷时，所得的边频高而窄，如图 2 – 16 所示。

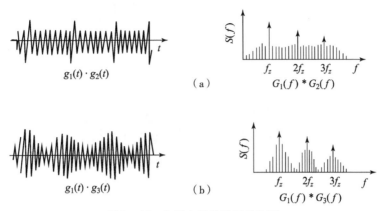

图 2 – 16　齿轮上缺陷引起的边频

3）调频现象

假定在齿轮的转速恒定且齿距完全均等的条件下可以得到调幅现象。但如果条件不满足，就会出现频率调制。实际上，齿面在相互接触时，会产生压力波动，在产生调幅现象的同时，也造成了扭矩的波动，从而导致角速度发生变化。由于齿轮上两种现象不可分割，其结果是得到一个调频、调幅综合作用形成的不对称边频带，如图 2 – 17 所示。例如，当齿轮存在偏心时，由于齿面载荷变化而引起调幅现象的同时，又由于齿轮转速不均匀而引起调频现象。

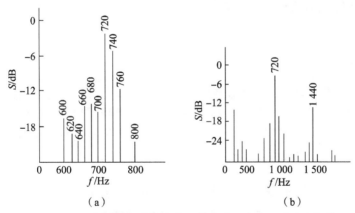

图 2 – 17　调频、调幅的综合作用在谱上形成的不对称边频带

4）附加脉冲

不论是调幅还是调频，所得到的时域信号都是对称于零线的。但实际测得的信号并不一定对称于零线。这时可以将信号分解成两部分，即调幅信号和附加脉冲信号，如图 2 – 18 所示。调制效应在谱图上是一系列的边频，这些边频以啮合频率及其谐波为中心；而附加脉冲是回转频率的低次谐波。

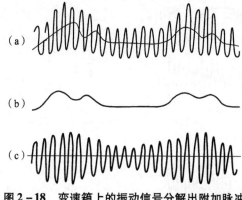

图 2 - 18　变速箱上的振动信号分解出附加脉冲

第三节　电气电控系统常见故障模式与机理

车辆电气电控系统是车辆的重要组成部分,其自身性能对车辆的动力性、经济性、可靠性、安全性、操纵性、稳定性、舒适性等各种性能都会产生直接而重要的影响。其主要包括电源系统、起动系统、辅助电器系统、发动机电控系统、底盘电控系统和车身电控系统。导线、接插件、开关、继电器、保护装置、控制器件是主要的零部件组成,具有不同的故障模式与机理。

一、车辆电气系统常见故障模式

(一) 车辆电气系统组成

车辆电气系统是保证车辆运行时供电、起动、照明及信号指示所需的基本电气装置和设备,主要包括车辆电源系统、车辆用电系统及车辆配电系统,如图 2 - 19 所示,三者组成闭合回路。车辆电气系统一般采用单线制,用电系统采用负极搭铁的方式接地。车辆电气系统一般采用"开关控制",体现为通、断两种状态。

```
电源系统  ──→  配电系统  ──→  用电系统
```

图 2 - 19　车辆电气系统示意图

车辆电气系统的具体组成如下:

1. 车辆电源系统

电源系统包括蓄电池、发电机及其调节器和其他能源提供设备等。发电机是主要电源,蓄电池是辅助电源,发电机与蓄电池并联工作。发电机配有调节器,其主要作用是在发电机转速和负荷变化时,自动调节发电机电压,使之保持稳定。此外,为了解决车辆低温起动问题，防止蓄电池在低温环境下容量下降影响起动，车辆上还增装了超级电容。

2. 车辆用电系统

车辆上用电设备数量较多，大致可分为以下几种：

（1）起动系统。主要指起动机，其任务是起动发动机。

（2）照明与仪表系统。包括车内外各种照明灯以及保证夜间安全行车所必需的灯光；仪表系统为驾驶员提供车辆行驶时最基本的操作信息（车速、发动机转速、机油温度、水温、行驶里程等），这些信息显示在仪表板上。

（3）信号系统。包括电喇叭、闪光器、蜂鸣器及各种信号灯，主要用来保证车辆运行时人车安全。

（4）辅助电器设备。包括电动刮水器、风窗洗涤器、低温起动装置、电动玻璃升降器、音响设备、防盗报警装置以及点烟器、倒车雷达等。

（5）点火系统。其作用是产生高压电火花，点燃汽油发动机气缸内部的可燃混合气体。随着车辆柴油化的发展，点火系统主要在军用汽油乘用车上使用。

3. 车辆配电系统

车辆配电系统包括中央配电盒、电路开关、保险装置、插接件和线束等。

（二）车辆电气系统常见故障模式

车辆电气系统故障总体上可分为两大类：一类是硬故障，即电气设备故障，是指电气设备自身丧失其原有功能，包括电气设备的机械损坏、烧毁，电子元器件的击穿、老化性能减退等，在实际使用和维修中，常常因线路故障而造成电气设备故障。电气设备故障一般是可修复的，但一些不可拆的电子设备出现故障后只能更换。另一类是软故障，也就是线路故障。电气设备线路故障包括断路、短路、接触不良或绝缘不良等，造成电气系统不能正常工作。接触不良故障有时容易出现一些假象，给故障诊断带来困难。搭铁不良有可能造成电气设备开关失控，电气设备工作出现混乱。这是因为有的搭铁线是几个电气设备共用，一旦接触不良，将造成多个电气设备工作异常。

二、车辆电控系统常见故障模式

（一）车辆电控系统组成

车辆电控系统主要包括传感器、执行器和电子控制单元三个部分，如图 2 - 20 所示。传感器可以测量系统内部和外部的状态，其作用是将发动机和车辆行驶的工况及温度、压力等物理状态量转变为电信号，输送给电子控制单元。执行器将电子控制单元的控制命令转化为相应的力或运动，作用在被控对象上，将控制参量迅速调整到目标值，有的执行器的状态也可以直接反馈到电子控制单元，以实现更加精确和灵活的闭环控制。电子控制单元的作用是对各传感器输入的电信号进行综合处理，做出实时的判断，并输出控制信号。目前车辆电子控制器数量越来越多，这些电子控制单元通过网络形成一个分布式的控制系统，网络化已经是电子控制系统的基本特征。

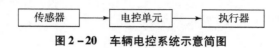

图 2 - 20　车辆电控系统示意简图

按照被控对象的不同，车辆的电子控制系统一般分为发动机电子控制系统、底盘电子控制系统和车身电子控制系统三大类。

1. 发动机电子控制系统

发动机电控系统是以电子控制技术为手段，以提高发动机动力性、经济性和排放性为目标，由各种传感器、执行器和电子控制单元组成的发动机综合管理系统，主要包括燃油喷射控制系统、点火控制系统、废气再循环控制装置、排放后处理控制装置、涡轮增压控制装置、可变气门控制装置和怠速控制装置等。

2. 底盘电子控制系统

底盘电控系统是与车辆行驶平顺性、制动安全性、操纵稳定性和越野通过性密切相关的电子控制系统，主要包括防抱死制动系统（ABS）、电控悬挂系统（ESS）、电控动力转向系统（EPS）、驱动防滑控制系统（ASR）、电控自动变速器（ECT）和轮胎中央充放气系统（CTIS）等。

3. 车身电子控制系统

车身电控系统是在车辆环境下能够独立使用的电子装置，它和车辆本身的性能并无直接关系，以节约能源，改善安全性，乘坐舒适性，提高车辆档次，增加享受型功能等为目的，多属辅助性功能。主要包括安全气囊控制系统、车内全自动空调控制系统、电子防盗系统、车辆信息显示系统、灯光自动控制系统、车辆防撞控制系统等。

（二）车辆电控系统常见故障及其产生原因

电控系统作为车辆的关键组成部分，其稳定性和可靠性对整车性能至关重要。然而，由于多种原因，电控系统可能出现各类故障，这些故障的发生往往会影响到车辆的正常运行，甚至威胁到驾驶安全。了解这些故障的常见原因和表现，对于及时诊断和维修至关重要。

故障原因的多样性是电控系统的一个突出特点。一个显著的原因是电气部件的老化或损坏。随着时间的推移，线束、传感器和控制模块等电气部件可能因长期使用而磨损或老化，导致电控系统出现故障。例如，一个传感器因长期暴露于极端温度下而使功能失常，可能导致 ECU 接收到错误的数据，进而引发系统误判。

除了部件老化外，不当的维护和修理也是导致电控系统故障的一个重要现象。错误的维护手段可能导致系统配置混乱或部件损坏。在一起事件中，一辆车在非专业维修后出现了发动机故障灯亮起的问题。经过专业人员的检查发现，这是由于维修时错误连接了电气线路，导致 ECU 接收到错误信号。

软件故障也是电控系统故障的一个重要现象。随着汽车电子化程度的提高，软件在电控系统中扮演着越来越重要的角色。软件缺陷、更新失败或不兼容等问题都可能导致电控系统功能异常。在某些情况下，即使硬件完好，软件问题也会导致车辆出现各种异常状况。

电控系统的故障表现形式多种多样。这些故障通常通过仪表盘上的警告灯、车辆性能变差、异常噪声和发动机问题等方式来体现。例如，ECU 感知到发动机温度过高时，会点亮仪表盘的警告灯，提醒驾驶员检查冷却系统。同样，ABS 系统检测到轮速传感器数据异常时，也会通过警告灯来告知驾驶员，这有助于确保行车安全。因此，仪表盘上的警告灯不仅是电控系统的一种重要提示工具，也提醒驾驶员及时采取行动以解决潜在的问题，确保行车安全和性能。

由于电控系统的复杂性，对故障的准确诊断和及时维修显得尤为重要。专业的诊断工具和技术能够有效识别故障产生的原因，为修复工作提供指导。随着电子技术的不断发展，对电控系统的维护和修理也提出了更高的要求，这不仅是对维修技术人员的挑战，也是整个行业技术进步的体现。通过对故障原因和表现的深入理解，可以更有效地预防和处理电控系统的故障，保证车辆安全和可靠运行。

三、车辆电气电控系统故障机理分析

车辆电气电控系统主要是由各种元器件组成的，把电路系统丧失规定功能的现象称为电路故障。元器件损坏的故障原因主要有两个：一是不正常的电气条件，二是不正常的工作环境。优良的电气条件取决于电路的正确设计，如果元器件能够在额定状态下工作，其寿命可以延长，如果过载使用，寿命必然会缩短；环境条件取决于元件周围的工作环境，高温、高湿、机械冲击和振动、高气压与低气压、空气中的尘埃和腐蚀性化学物质等，都可能影响元器件的寿命。

（一）电阻器类

电阻器类元件包括电阻元件和可变电阻元件，固定电阻通常称为电阻，可变电阻通常称为电位器。电阻器类元件在电子设备中使用的数量很大，并且是一种发热消耗功率的元件，由电阻器失效导致电子设备故障的比率比较高，据统计，约占 15%。电阻器的失效模式和原因与产品的结构、工艺特点、使用条件等有密切关系。电阻器失效可分为两大类，即致命失效和参数漂移失效。现场使用统计表明，电阻器失效的 85% ~ 90% 属于致命失效，如断路、机械损伤、接触损坏、短路、绝缘、击穿等，只有 10% 左右是由参数漂移导致的失效。电阻器的失效机理视电阻器的类型不同而不同，主要包括：

（1）碳膜电阻器。引线断裂、基体缺陷、膜层均匀性差、膜层刻槽缺陷、膜材料与引线端接触不良、膜与基体污染等。

（2）金属膜电阻器。电阻膜不均匀、电阻金属膜破裂、基体破裂、引线不牢或者断裂、电阻膜分解、银迁移、电阻膜氧化物还原、静电荷作用、引线断裂和电晕放电等。

（3）线绕电阻器。接触不良、电流腐蚀、引线不牢、线材绝缘不好和焊点熔解等。

（4）可变电阻器。接触不良、焊接不良、引线脱落、接触簧片破裂或引线脱落、杂质污染、环氧胶质量差和轴倾斜等。

电阻容易产生变质和开路故障。电阻变质后，其阻值通常会出现增大的漂移现象。电阻一般不进行修理，而直接更换新电阻。对于线绕电阻，当电阻丝烧断时，在某些情况下，可将烧断点焊接后重新使用。电阻变质多是散热不良、过分潮湿或制造时产生缺陷等原因造成的，而烧坏则是由于电路不正常，如短路、过载等原因引起的。

（二）电容器类

电容器常见的失效模式主要有击穿、开路、电参数退化、电解液泄漏及机械损伤等。导致这些失效的主要原因如下：

（1）击穿。介质中存在疵点、缺陷、杂质或导电离子；介质材料的老化；电介质的电化学击穿；在高湿度或低气压环境下极间边缘飞弧；在机械应力作用下电介质瞬时短路；金属离子迁移形成导电沟道或边缘飞弧放电；介质材料内部气隙击穿或介质电击穿；介质在制造过程中机械损伤；介质材料分子结构改变以及外加电压高于额定值等。

（2）开路。击穿引起电极和引线绝缘；电解电容器阳极引出金属箔因腐蚀或机械折断而导致开路；引出线与电极接触不良或绝缘；引出线与电极接触点氧化而造成低电平开路；工作电解质干涸或冻结；在机械应力作用下，工作电解质和电介质之间发生瞬时开路等。

（3）电参数退化。潮湿环境导致电介质老化及热分解；电极材料的金属离子迁移；残余应力的存在和变化；表面污染；材料的金属化电极的自愈效应；工作电介质的挥发和变稠；电极的电解腐蚀或化学腐蚀；引线和电极接触电阻增加；杂质和有害离子的影响。

由于实际电容器是在工作应力和环境应力的综合作用下工作的，因而会产生一种或几种失效模式和失效机理，甚至出现一种失效模式导致其他失效模式或失效机理的情况。例如，温度应力既可以促使表面氧化、加快老化进程、加速电参数退化，也可以促使电场强度下降，加速介质击穿，而且这些应力的影响程度随时间而变化。各失效模式有时是互相影响的。因此，电容器的失效机理与产品的类型、材料的种类、结构的差异、制造工艺、环境条件、工作应力等多种因素密切相关。

（三）电感和变压器类

此类元件包括电感、变压器、振荡线圈和滤波线圈等。其故障多由外界原因引起的。例如，当负载短路时，由于流过线圈的电流超过额定值，变压器温度升高，造成线圈短路、断路或绝缘击穿；当通风不良、温度过高或受潮时，也会产生漏电或绝缘击穿现象。

对于变压器的故障现象及原因，常见的有以下几种：当变压器接通电源后，若铁芯发出"嗡嗡"的响声，则故障原因可能是铁芯未夹紧，或变压器负载过重；发热高、冒烟、有焦味或保险丝烧断，可能是由于线圈短路或负载过重。

（四）集成块类

集成块类的常见故障及原因有以下几种。

（1）电极开路或时通时断：主要原因是电极间金属迁移、电腐蚀和工艺问题。

（2）电极短路：主要原因是电极间金属迁移电扩散、金属化工艺缺陷或外来异物等。

（3）引线折断：主要原因有线径不均匀、引线强度不够、热点应力和机械应力过大和电腐蚀等。

（4）机械磨损和封装裂缝：主要原因是原材料缺陷、可移动离子引起的反应等。

（5）可焊接性差：主要是由引线材料缺陷、引线金属镀层不良、引线表面污垢、腐蚀和氧化造成的。

（6）无法工作：一般是由工作环境等因素造成的。

（五）接触元件类

接触元件是用机械压力使导体与导体之间彼此接触，并具有导通功能的元件的总称。主要可分为开关、连接器（包括接插件）、继电器和起动器等。接触元件的可靠性较差，往往是电子设备或系统可靠性不高的关键所在。据统计，整机故障原因中，81%是由接触元件故障引起的。

一般来说，开关和接插件以机械故障为主，其次电气失效，主要由磨损、疲劳和腐蚀所致。接点故障、机械失效等是继电器等接触元件的常见故障模式。

1. 继电器常见的失效机理

（1）接触不良：触点表面嵌藏尘埃污染物或介质绝缘物、插件未压紧到位、接触弹簧片应力不足等。

（2）触点黏结：火花和电弧等引起接触点熔焊、电腐蚀严重引起接点咬合缩紧等。

（3）短路（包含线圈短路）：线圈两端的引出线焊接头接触不良、电磁线漆层有缺陷、绝缘击穿引起短路、导电异物引起短路等。

（4）线圈断线：潮湿条件下的电解腐蚀、有害气体腐蚀等。

（5）线圈烧毁：线圈绝缘的热老化、引出线焊头绝缘不良引起短路而烧毁等。

（6）接触弹簧片断裂：弹簧片有微裂纹、材料疲劳损坏或脆裂、有害气体在温度和湿度条件下产生的应力腐蚀、弯曲应力在温度作用下产生的应力松弛等。

（7）接点误动作：结构部件在应力作用下发生谐振。

（8）灵敏度恶化：水蒸气在低温时冻结、衔铁运动失灵或受阻、剩磁增大影响释放灵敏度。

2. 接插件及开关常见失效机理

（1）接触不良：接触表面尘埃沉积、有害气体吸附膜、摩擦粉末堆积、焊剂污染、接点腐蚀、接触簧片应力松弛和火花及电弧的烧损。

（2）绝缘不良（漏电、电阻低、击穿）：表面有尘埃和焊剂等污染、受潮、绝缘材料老化等。

（3）接触瞬断：弹簧结构及构件谐振。

（4）弹簧断裂：弹簧材料的疲劳、损坏或脆裂等。

（5）机械失效：主要是弹簧失效、零件变形、底座裂缝和推杆断裂等引起的。

（6）绝缘材料破损：主要原因是绝缘体存在残余应力、绝缘老化和焊接热应力等。

（7）动触头断刀（对于加压型波段开关）：机械磨损、火花和电弧烧损等。

资源链接

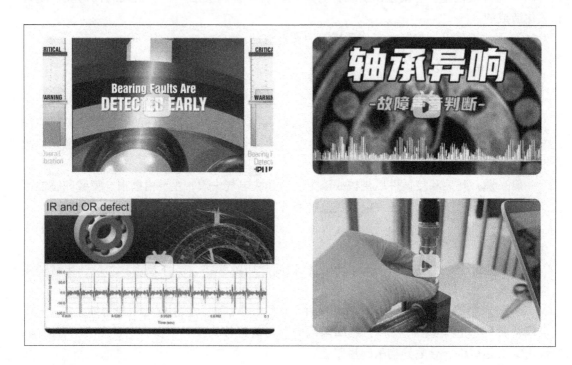

 理论辨析

1. 发动机常见故障模式有哪些？故障机理是什么？
2. 底盘常见故障模式有哪些？故障机理是什么？
3. 电气电控系统常见故障模式有哪些？故障机理是什么？

问题研讨

1. 三代车辆的电控发动机故障诊断有哪些特点？
2. 齿轮和轴承故障的振动特征原理有什么区别？

第二篇　智能故障诊断关键技术

　　车辆使用频率高、强度大、环境复杂，车辆发生故障后，直接影响使用效率。为了快速检测与恢复车辆的技术性能，需要有效的智能故障诊断技术，以便在车辆不解体的条件下快速、准确检测车辆技术状态，及时发现异常与故障，快速进行故障定位诊断，提高保持和快速恢复车辆机动能力。

　　本篇按照"信息获取—特征提取—模式识别"的故障诊断关键技术逻辑，首先介绍故障诊断信息获取技术、获取故障诊断需要的数据信息；然后分析时域、频域、时频域的特征提取技术，从数据中提取故障特征；最后介绍人工智能模式识别技术，基于故障特征识别出故障模式，为故障诊断实际运用提供关键技术支撑。

第三章

诊断信息智能获取技术

诊断的基础是信息，多维、全面、丰富的信息是有效诊断的重要保证，获取车辆信息的方式分为人工方式和传感器方式。目前，各种类型的传感器布置于车辆的重要位置，监测车辆的技术状态，为车辆感知自我健康状态、积累维修保障大数据提供一线数据支撑，而掌握车辆诊断参数、信息获取方式和信息预处理方法，是积累数据资源、提高数据资源可用度的重要基础。

第一节　车辆诊断参数

车辆的技术状态会随着使用情况而发生变化，而这些变化表现在一些主要的参数变化上，捕捉敏感的、有效的参数，对通过参数变化掌握车辆技术状态变化、及时发现车辆异常状态、提高部队的任务完成率具有重要意义。

一、诊断参数分类

车辆检测诊断参数包括工作过程参数、伴随过程参数和几何尺寸参数。

（一）工作过程参数

工作过程参数是车辆工作过程中输出的一些可供测量的物理量和化学量。例如，发动机功率、驱动车轮输出功率或驱动扭矩、车辆燃料消耗量、制动距离、制动力、制动减速度和滑行距离等，往往能表征检测诊断对象总体的技术状况，适用于总体评价。例如，通过检测得知底盘输出功率符合要求，说明车辆动力性符合要求，也说明发动机技术状况和传动系技术状况均符合要求；反之，通过检测得知底盘输出功率不符合要求，说明车辆动力性不符合要求，也说明发动机输出功率不足或传动系损失功率太大。底盘测功设备如图 3-1 所示。因此，可从整体

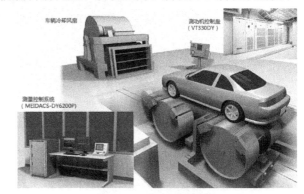

图 3-1　底盘测功设备

上确定车辆和总成的技术状况。车辆不工作时，工作过程参数无法测得。

（二）伴随过程参数

伴随过程参数是伴随车辆工作过程输出的一些可测量。例如，工作过程中出现的振动、噪声、异响、温度等，可提供诊断对象的局部信息，常用于复杂系统的深入诊断。振动测试设备如图3-2所示。车辆不工作时，伴随过程参数（温度除外）无法测得。

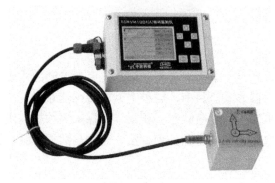

图3-2　振动测试设备

（三）几何尺寸参数

几何尺寸参数可提供总成、机构中配合零件之间或独立零件的技术状况。例如，配合间隙、自由行程等，都可以作为检测诊断参数来使用。气门间隙检测如图3-3所示。检测提供的信息量虽然有限，但却能表征检测诊断对象的具体状态。

图3-3　气门间隙检测

二、诊断参数选择

在车辆的使用过程中，能够表征车辆技术状况的参数有很多，为了保证检测诊断结果的可靠性和准确性，在选择检测诊断参数时，应遵循以下的原则：

1. 灵敏性

灵敏性也称为灵敏度，是指参数能反映出技术状况的微小变化。如果灵敏性高，则在车辆或其零部件从无故障到有故障的整个过程中，其技术状况的微小变化就能引起参数的较大变化。选用灵敏性高的检测诊断参数，可使检测诊断的可靠性提高。在结构参数变化过程中，输出值大的状态参数应优选为检测诊断参数。例如，当发动机气缸出现较大磨损时，发动机输出功率值下降只有 5% ~7%，而发动机气缸漏气率增大 40% ~50%。后一种状态参数的变化率远大于前一种，所以应首选气缸漏气率作为气缸磨损的检测诊断参数，气缸漏气率参考性振动参数标准见表 3 - 1。

表 3 - 1　气缸漏气率参考性振动参数标准

气缸密封状况	气缸漏气率/%	气缸密封状况	气缸漏气率/%
良好	0 ~ 10	较差	20 ~ 30
一般	10 ~ 20	换环或镗缸	30 ~ 40

2. 单值性

单值性是指检测诊断对象的结构参数从开始取值到终了取值的范围内，检测诊断参数应与技术状态参数具有一一对应的关系，即检测诊断参数在诊断范围内没有极值，否则，同一检测诊断参数将对应两个不同的技术状况参数，使车辆的技术状况无法判断。

3. 信息性

信息性是指检测诊断参数对车辆技术状况具有表征性。表征性好的参数，能揭示车辆技术状况的特征和现象，反映车辆技术状况的全部情况。参数的信息性越好，包含车辆技术状况的信息量越多，得出的检测诊断结论越可靠。

4. 稳定性

稳定性指在相同的测试条件下所测得的参数值离散度小，也就是测量的重复性好。不允许出现在相同的测试条件下进行测量时，测量结果之间相差较大的现象。

5. 经济性

经济性是指获得检测诊断参数的测量值所需的作业费用的多少，包括人力、工时、场地、仪器、设备和能源消耗等项费用。要求所确定的检测诊断参数容易测量，所用的设备尽量简单，测试工艺简便、费用少。

6. 方便性

方便性是指所确定的参数用于实际检测诊断时，其设备、工艺应用简单方便，且测量容易，否则使用过程中难以推广普及。

三、常用诊断参数

车辆诊断参数是指供诊断用的，表征车辆、总成、机构技术状况的参数。车辆的某些结构参数，如磨损量、间隙量等，虽然可以表征技术状况，但在不解体情况下直接测量往往受到限制，因此，在诊断车辆技术状况时，需要采用一种与结构参数有关而又能表征技术状况的间接指标（量），该间接指标（量）即诊断参数。可以看出，诊断参数既与结构参数紧密相关，又能够反映车辆的技术状况，是一些可测的物理量和化学量。

在车辆的使用过程中，能够表征车辆技术状况的参数有很多，常用的车辆诊断参数见表 3 – 2。

表 3 – 2　车辆常用的检测诊断参数

检测诊断对象	检测诊断参数	检测诊断对象	检测诊断参数
车辆整体	最高车速（km/h） 加速时间（s） 最大爬坡度（°），（%） 驱动车轮输出功率（kW） 驱动车轮驱动力（kN） 车辆燃料消耗量（L/km）， 　（L/100 km） 车辆侧倾稳定角（°） 车辆排放 CO 容积分数（%） 车辆排放 HC 容积分数（%） 车辆排放 NO_x 容积分数（%） 车辆排放 CO_2 容积分数（%） 车辆排放 O_2 容积分数（%） 柴油车自由加速烟度（Rb）	发动机总成	额定转速（r/min） 怠速转速（r/min） 发动机功率（kW） 发动机燃料消耗量（L/h） 单缸断火（油）转速平均下降值（r/min） 排气温度（℃）
		曲柄连杆机构	气缸压力（MPa） 气缸漏气量（kPa） 气缸漏气率（%） 曲轴箱窜气量（L/mm） 进气管真空度（kPa）
汽油机供油系	空燃比 汽油泵出口关闭压力（kPa） 供油系供油压力（kPa） 喷油器喷油压力（kPa） 喷油器喷油量（mL） 喷油器喷油不均匀度（%）	配气机构	气门脚间隙（mm） 配气相位（°）
柴油机供给系	输油泵输油压力（kPa） 喷油泵高压油管最高压力（kPa） 喷油泵高压油管残余压力（kPa） 喷油器针阀开启压力（kPa） 喷油器针阀关闭压力（kPa） 喷油器针阀升程（mm） 各缸喷油器喷油量（mL） 各缸喷油器喷油不均匀度（%） 供油提前角（°） 喷油提前角（°）	冷却系	冷却液温度（℃） 冷却液液面高度（mm） 风扇传动带张力（kN） 风扇离合器接合、断开时的温度（℃）
传动系	传动系游动角度（°） 传动系功率损失（kW） 机械传动效率（%） 总成工作温度（℃）	润滑系	机油压力（kPa） 机油液面高度（mm） 机油温度（℃） 机油消耗量（kg/L） 理化性能指标变化量 清净性系数 K 的变化量 介电常数的变化量 金属微粒的容积分数（%）

检测诊断对象	检测诊断参数	检测诊断对象	检测诊断参数
制动系	制动距离（mm） 制动减速度（m/s^2） 制动力（N） 制动拖滞力（N） 驻车制动力（N） 制动时间（s） 制动协调时间（s） 制动完全释放时间（s）	转向桥与转向系	车轮侧滑量（m/km） 车轮前束值（mm） 车轮外倾角（°） 主销后倾角（°） 主销内倾角（°） 转向轮最大转向角（°） 最小转弯直径（m） 转向盘自由转动量（°） 转向盘最大转向力（N）
行驶系	车轮静不平衡量（g·cm） 车轮动不平衡量（g·cm） 车轮端面圆跳动量（mm） 车轮径向圆跳动量（mm） 轮胎胎面花纹深度（mm）	其他	前照灯发光强度（cd） 前照灯光束照射位置（mm） 车速表允许误差范围（%） 喇叭声级（dB） 客车车内噪声级（dB） 驾驶员耳旁噪声级（dB）

四、诊断参数标准

为了定量地评价车辆、总成及机构的技术状况，确定维修的范围和深度，预报无故障工作里程，仅有诊断参数是不够的，还必须建立参数标准，作为比较的尺度和依据。车辆诊断的参数标准就是从技术和经济的观点出发，在车辆正常运行时，表示车辆处于某种工作能力状态下所获取的诊断参数界限值，即各种状态参数变化量的允许值。诊断标准是对车辆诊断的方法、程序、技术要求和限值等的统一规定。

（一）诊断标准分类

按标准的性质分类，可将诊断标准分为绝对标准、相对标准和类比标准。

1. 绝对标准

绝对标准是在确定了诊断对象和诊断方法后制定的标准。在现场测试中，最好使用绝对标准，因为它能根据实测诊断参数直接反映结构参数的变化。采用绝对标准时，必须十分清楚地理解结构参数的变化对诊断参数的影响时，才能采用。

2. 相对标准

相对标准是对某正常部件进行测试后，确定的一个基准值。通常是正常值乘一个系数作为某零部件的使用极限。现实中许多情况采用此类标准。由于我国目前技术水平和经济实力的限制，一个产品投入使用后，不可能对一些渐变故障的破坏特征有十分清楚的了解，然而，为了能对一些重要部件进行监测与诊断，可以采用相对标准。

3. 类比标准

类比标准是用数台同样规格的设备在相同条件运行时，通过对同一部件进行测量和相互比较来掌握异常程度的一种方法。对于一些为数不多的设备，可以采用此类标准。

（二）诊断标准的确定方法

1. 绝对标准的确定方法

在定义了车辆的正常和异响状态后，采用一定方法对诊断参数进行测量，就可以确定正常状态下和故障状态下诊断参数的概率密度函数，如图 3－4 所示。根据分布规律的条件概率值，可以计算出在特定误判概率条件下的诊断标准值 A。

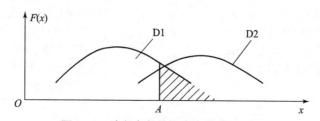

图 3－4   诊断参数的概率密度函数分布

D1—正常状态下参数分布规律；D2—故障状态下参数分布规律；

A—在一定误判率条件下的诊断标准值

2. 相对标准的确定方法

相对标准是通过测定一定数量的正常零部件运行参数，确定一个基准值，再用一个系数乘上基准值得到的。例如，专家推荐齿轮、轴承和旋转轴的相对标准为其正常条件下振动测量值的 5 倍或 6 倍，作为零件的使用极限标准，这种方法在实际使用中取得了较好的效果。我国铁道部在诊断齿轮、轴承等零件时采用了类似的方法，也取得了很好的效果。

3. 类比标准的确定方法

在工程实际中，不可能对每个零件进行实际测量来制定其诊断标准。通常采用类比的方法来确定。对于类似结构、类似使用条件，借鉴以往的使用经验来确定一些不太重要零件的诊断标准。

（三）诊断参数标准的组成

诊断参数标准一般由初始值、许用值和极限值三部分组成。

1. 初始值

初始值相当于无故障新车和大修车诊断数值的大小，往往是最佳值，此时车辆具有良好的使用性能。当诊断参数测量值处于初始值范围内时，表明诊断对象技术状况良好，无须维修便可继续运行。初始值一般由制造厂制定，是其他各种诊断标准制定的基础，设计、工艺要求和水平、结构特点和成本等技术经济条件决定了初始值的范围。

2. 许用值

许用值是根据初始值及允许变化范围、车辆技术性能和状况、使用条件和水平等因素制定的。当诊断参数测量值在此范围内时，则诊断对象技术状况虽然发生变化，但是尚属正常，无须修理（但应按时维护），可继续运行。超过此值，勉强许用，但应及时安排维修；否则，车辆带病行驶，故障率上升，可能行驶不到下一诊断周期便发生致命故障。

3. 极限值

极限值是车辆技术参数最低可使用的值。诊断参数测量值超过此值后，诊断对象技术状况严重恶化，车辆必须立即停驶修理。此时，车辆的动力性、经济性和排气净化性大大降低，行驶的安全性得不到保证，有关机件磨损严重，甚至可能发生机械事故。所以，车辆必须立即停驶修理，否则将造成更大的人身和经济损失。

第二节 诊断信息获取

诊断信息的获取直接影响车辆性能的检测与故障诊断。本节主要介绍诊断信息的获取方法、典型传感器原理和非稳态信号采集系统。

一、诊断信息的获取方法

车辆性能检测与故障诊断过程中，获取诊断信息的常用方法有直接观察法、磨损残余物测定法、温度测定法、压力测量法、整体性能测定法、振动噪声检测法等。

（一）直接观察法

对车辆运行状况直接观察，可以获得第一手资料。检测诊断人员凭借积累下来的经验可以对车辆技术状况进行判断。但这种方法是定性的，或者说是较粗略的，适用于能直接观察到的车辆零部件。往往需要借助一些简单的仪器进行测量，来提高人眼的观察能力。主要仪器有气缸内窥镜（图3-5）、厚薄规、气缸漏气率检测仪、尾气分析仪等。

除了使用一些辅助观察仪器外，将直接观察的情况进行记录并存档是十分有效的手段，特别是需要分析零部件在一段时

图3-5 气缸内窥镜

间的变化趋势，历史记录十分有助于现场故障判断。

（二）磨损残余物测定法

车辆零件，如轴承、齿轮、活塞环、气缸套等在运行过程中的磨损残余物可以在润滑油中找到。目前，测定润滑油中磨损物有三种方法：第一种是直接检查残余物，通过测定油膜间隙内电容或电感的变化、润滑油混浊度的变化等方法迅速获得零部件失效的信息。第二种是收集残余物，判断其形态。例如，采用磁性探头、特殊的过滤器等，收集齿轮、滚动轴承等工作表面疲劳引起的大块剥落颗粒。第三种方法是进行油样分析，采用光谱、铁谱分析方法来确定车辆运动机械配合副中什么零件发生了磨损。润滑油质量检测仪如图 3－6 所示。

图 3－6　润滑油质量检测仪

（三）温度测定法

车辆工作时，不仅伴有振动、噪声，而且自身温度也区别于背景温度。正常条件下，零部件的温度在一定范围内变化，如正常燃烧的车辆发动机水温为 80～90 ℃，温度的升高或降低意味着冷却系工作不良。发动机排气管的温度过高可能是点火过晚或混合气过浓过稀等。

测量温度有两种方法：接触法和非接触法。传统的水温传感器是接触测量法的一种，而红外成像法是非接触测量法的一种。研究表明，不同温度的物体都在向外界辐射红外线，且辐射功率与物体表面热力学温度的 4 次方成正比。当物体表面温度为 27 ℃时，温度每升高 1 ℃，辐射功率将增加 1.34%。因此，可利用被测物体自身发射的红外辐射不同于周围部件的红外辐射的特点来检测被测物体的表面温度及温度分布（温度分辨率为 0.01～0.1 ℃）。将被测物体的红外辐射转换成可见光显示出来，即为红外成像技术。利用红外成像技术能对被测对象技术状况进行判断，如图 3－7 所示。

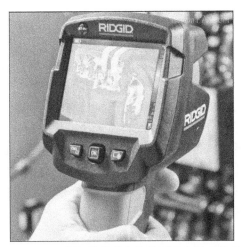

图3-7　利用红外热成像仪检测设备技术状况

（四）压力测量法

车辆检测中，压力测量是重要的方法之一，如图3-8所示。车辆各总成中需要检测的压力参数有机油压力、发动机气缸压力、进气管真空度、燃料系供油压力、各种助力装置产生的压力等。一般方法是将压力信号转换成电信号后，输入控制器进行处理，并由此来控制执行机构的各种操作。

（五）整体性能测定法

评价车辆整体性能的指标有动力性指标、经济性指标、通过性指标、安全性指标、平顺性指标等。测定这些指标中的参数，就可以确定车辆总体性能。汽车整体性能检测如图3-9所示。通常，如果车辆的总体性能指标较高，表明该车辆不会有大故障，但可能有些小故障存在，例如车辆发动机存在异响，较轻微的异响一般不影响车辆性能指标。反之，没有故障的车辆一般总体性能指标较高。所以，通过检测车辆总体性能，能判断主要总成是否存在故障。

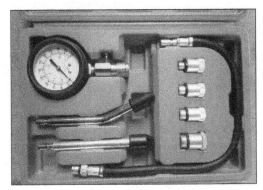

图3-8　气缸压力表

图3-9　汽车整体性能检测

二、典型传感器原理

传感器是一种信息获取装置，能感受到被测量的信息，并能将感受到的信息按一定规律变换成电信号或其他所需形式的信息输出，以满足信息的传输、处理、存储、显示、记录和控制等要求。传感器一般由敏感元件、转换元件和测量转换电路三部分组成。

传感器按被测量参数，可分为加速度传感器、速度传感器、位移传感器、压力传感器、负荷传感器、扭矩传感器和温度传感器等；按工作原理，可分为电阻应变式传感器、电容式传感器、电感式传感器、压电式传感器、霍尔式传感器、光电式传感器和热敏式传感器等；按能量的传递方式，可分为有源传感器和无源传感器；按输出信号的性质，可分为模拟传感器与数字传感器。车辆常用传感器见表3-3。

表3-3 车辆常用传感器

物理量	测定部位	传感元件	用途
旋转角度	曲轴转角	电磁拾音器/光电遮断器/霍尔集成电路	电子控制燃料喷射装置
	节气门开度	电位计	
	转向角、转弯角	光电遮断式/静电容量式	四轮转向系统
	车高	超声波/激光/电位计	悬架
	角速度/方位	振动陀螺仪/光纤陀螺仪/排气流量陀螺仪	导向系统
旋转速度	发动机转速	电磁拾音器/霍尔集成电路	电子控制燃料喷射装置、自动变速器、悬架、车门锁定、导航
	变速器转速	电磁拾音器/霍尔集成电路/MR元件	
	车轮速度		制动防抱死系统
压力	发动机进气压	半导体式	电子控制燃料喷射装置等
	发动机油压	机械膜片式/半导体式	
	制动液压	半导体式	制动防抱系统、牵引
流量	发动机吸入空气量	叶片式/热线式/卡曼涡旋式/加热薄膜式	电子控制燃料喷射装置等
液量	汽油/润滑油/水	浮子、电位计/静电容量式	
温度	发动机水温	热敏电阻	
	发动机进气温度	铂电阻	
	触媒温度	热电耦/热敏电阻	
	变速器温度	热敏铁氧体	自动变速器
	车内外温度	热敏电阻	太阳能通风装置

物理量	测定部位	传感元件	用途
排气/氧气	排气中氧浓度	导电性陶瓷/电解性陶瓷	电子控制燃料喷射装置等
加速度	重心弹簧上加速度	差动变量器/光电遮断器/霍尔集成电路	制动防抱死系统、四轮转向系统、导向系统
	碰撞减速度	机械式开关/半导体	安全气囊系统
	振动加速度	压电陶瓷片	爆震

表3-3所列传感器多用于车辆电控系统控制信息的采集，而常用于检测诊断的传感器主要有压电式加速度传感器、磁电式传感器和电涡流传感器等。

（一）压电式加速度传感器

1. 工作原理

某些物质受外力后产生极化，如石英，当受到外力作用后，不仅几何尺寸发生变化，其内部还产生极化现象，表面出现电荷，形成电场，当失去外力后，又恢复原状，这一现象称为压电效应。

如果将这种物质置于电场中，其几何尺寸也会变化。这种由外电场的作用而导致物质变形的现象称为"逆压电效应"或"电致伸缩效应"，天然石英和人工陶瓷（钛酸钡、锆钛酸铅）具有这种特性；天然石英具有各向异性，人工陶瓷是各向异性的多晶体材料，经极化处理后，其压电常数比石英晶体高达数百倍。人们利用这些物质制出了压电式加速度传感器。

图3-10所示为压电式加速度传感器的结构原理。在两压电片中间有一金属圆片作为加速度传感器的输出极板。在压电陶瓷片上面有质量块，在质量块的上面还有一个硬弹簧片。所有这些元件（压电陶瓷片、金属圆片、质量块、硬弹簧片）都装在同一金属座上，构成了压电加速度传感器。当压电加速度传感器安装在被测对象上时，整个加速度传感器与被测对象一起运动，质量块也随被测对象一起运动。此时，质量块产生一个惯性力作用在压电陶瓷片上：由于压电陶瓷片的压电效应，在压电陶瓷片的两个表面产生交变电荷量。在一定的条件下，这个电荷量正比于被测物的振动加速度。这就是压电加速度传感器的工作原理。

测量电路。由于压电式传感器的输出电压是微弱的电荷，传感器本身内阻大，输出能量微小，给后接电路带来一定困难。通常把传感器信号先输到高输入阻抗的前置放大器，经阻抗变换、放大后，由检

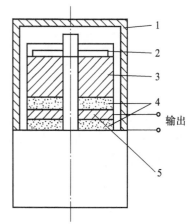

图3-10　压电式加速度传感器结构
1—壳体；2—弹簧；3—质量块；
4—压电片；5—金属圆片

测电路将信号输给指示仪表。

前置放大器有两方面的作用：第一，将传感器的高阻抗输出变换为低阻抗输出；第二，放大传感器输出的微弱电信号。前置放大器电路有两种形式：电阻反馈的电压放大器；电容反馈的电荷放大器。

（1）电阻反馈的电压放大器，电路输出电压与输入电压成正比。

使用电压放大器时，放大器的输入电压为：

$$u = R_0 i = \frac{q}{C} \frac{1}{\sqrt{1 + \left(\frac{1}{\omega c R_0}\right)^2}} \sin(\omega t + \varphi) \qquad (3-1)$$

电容 C 包括传感器电容 C_a、电荷放大器反馈电容 C_i 和电缆对地的电容 C_c，其中，C_c 比 C_a 和 C_i 都大，故整个系统对电缆相对于地的电容 C_c 的变化非常敏感。连接电缆的长度和形态的变化，都会导致传感器输出电压的变化，从而使仪器的灵敏度发生变化。

（2）电容反馈的电荷放大器，输出电压与输入电荷成正比。

电荷放大器是一个高增益带电容反馈的运算放大器。当略去传感器漏电阻及电荷放大器输入电阻时，它的等效电路如图 3-11 所示。如忽略漏电阻，则有：

$$u_y = \frac{-Aq}{(C + C_f) + A C_f} \qquad (3-2)$$

式中，u_i 为放大器输入端电压；u_y 为放大器输出端电压 $u_y = -A u_i$；A 为电荷放大器开环增益。当放大器增益足够大时，$u_y = -q/C_f$，在一定条件下，电荷放大器的输出电压与传感器的电荷量成正比，并且与电缆对地电容无关，因此，采用电荷放大器时，即使连接电缆长达百米以上，其灵敏度也无明显变化。但电荷放大器电路复杂，价格较高。

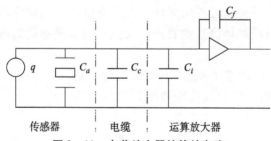

图 3-11　电荷放大器的等效电路

电荷放大器以电容作负反馈，使用中基本不受电缆电容的影响（适用于一般振动），通常用高质量元器件，输入阻抗也较高，但价格比较高昂。

压电式传感器具有低通特性，可测量极低频率的振动，但实际上由于低频小幅度振动时，加速度很小，传感器灵敏度有限，故输出信号很弱，信噪比很差；另外，由于电荷的泄漏、电路的漂移，器件的噪声都是不可避免，实际出现 $0.1 \sim 1\ Hz$ 的截止频率。

2. 结构形式

常用压电式加速度传感器的结构形式如图 3-12 所示，其安装有三种形式。

（1）中央安装压缩型传感器。压电元件—质量块—弹簧系统，装在圆形中心支柱上，支柱与基座连接，这种结构有高的共振频率。但传感器基座变形，影响拾振器的输出。此

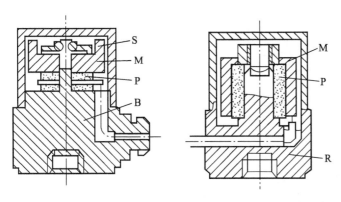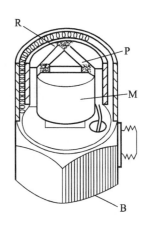

图 3 – 12　压电式加速度传感器

S—弹簧；M—质块；B—基座；P—压电元件；R—夹持环

外，测试对象和环境温度变化将影响压电片，并使预紧力发生变化，易引起温度漂移。

（2）环形剪切型传感器。结构简单，能做成极小型、高共振频率的加速度传感器。环形质量块粘在中心支柱上的环形压电元件上。但由于黏结剂会随温度增高而变软，因此，最高工作温度受到限制。

（3）三角剪切型传感器。压电片由夹持环将其夹牢在三角形中心柱上，加速度传感器感受轴向振动时，压电片承受切应力，这种结构对底座产生变形和温度变化，有极好的隔离作用，有较高的共振频率和良好的线性。

加速度传感器的使用上限频率取决于幅频曲线中的共振频率。一般小阻尼（ξ）的加速度传感器，上限频率可取共振频率的 1/3，误差低于 1 dB（12%），或取 1/5，误差 6%，相移小于 3°。

3. 固定方式

加速度传感器的共振频率与固定状况有关，加速度传感器出厂时的幅频特性曲线是在刚性连接的固定情况下得到的，但实际使用往往达不到刚性连接，共振频率有所下降。

加速度传感器的固定方式有如下几种：

（1）用钢螺栓固定是使共振频率达到出厂频率的最好方法，螺栓不得全部拧入基座螺孔，以免引起基座变形，影响加速度传感器的输出，如图 3 – 13（a）所示。

（2）绝缘时，可用绝缘螺栓和云母片来固定加速度传感器，但垫片应尽量薄，如图 3 – 13（b）所示。

（3）一层薄蜡把加速度传感器粘在试件平整表面上，如图 3 – 13（c）所示，可用于温度低于 40 ℃的场合。

（4）手持探针式，如图 3 – 13（d）所示，在多点测试时比较方便，但测量误差较大，重复性差，多在低频中使用。

（5）专用永久磁铁固定加速度传感器使用方便，多在低频中使用。各种典型的加速度传感器采用不同固定方法的共振频率分别为钢螺栓 31 kHz、云母垫片 28 kHz、涂薄蜡层 29 kHz、手持式 2 kHz、永久磁铁式 7 kHz。

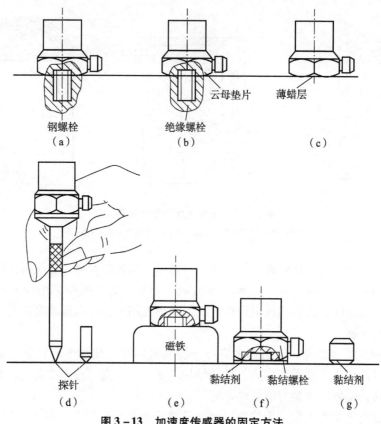

图3-13　加速度传感器的固定方法

4. 工程运用

在汽车领域,压电式加速度传感器可以用于测量车辆的加速度、速度、方向等参数,从而帮助汽车控制系统更好地控制车辆的行驶。

(二) 磁电式传感器

1. 工作原理

磁电式传感器是利用电磁感应原理,把被测物理量转换为感应电动势的一种传感器。它不需要辅助电源,就能把被测对象的机械能转换成易于测量的电信号,是一种有源传感器。

设有一线圈,匝数 W,当穿过该线圈的磁通 Φ 发生变化时,感应电动势为:

$$e = -W\frac{\mathrm{d}\Phi}{\mathrm{d}t} \qquad (3-3)$$

上式表明,线圈感应电动势大小与线圈匝数及穿过线圈的磁通变化率有关。而磁通变化率又取决于磁场强度、磁路磁阻及线圈运动速度。所以,改变速度会改变线圈感应电动势的输出。磁电式传感器可分为动圈式和磁阻式,车辆诊断常用磁阻式。

磁阻式传感器的线圈与磁铁彼此不做相对运动,由运动着的物体(导磁材料)来改变磁路的磁阻，从而引起磁力线增强或减弱，使线圈产生感应电动势。

测量齿轮由导磁材料制成，安装在被测旋转体上，随之一起转动，每转过一个齿，传感器磁路磁阻变化一次，线圈产生的感应电动势的变化频率（r/s）等于测量齿轮上齿轮的齿数 N 和转速 n（r/min）的乘积，如图 3 – 14 所示。

$$n = \frac{f}{N} \cdot 60 \tag{3-4}$$

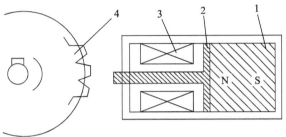

图 3 – 14　磁阻式磁电传感器工作原理
1—永久磁铁；2—软磁铁；3—感应线圈；4—测量齿轮

磁阻式磁电传感器使用方便，结构简单，可用来测量转速、偏心量、振动等，产生感应电动势的频率作为输出。电势的频率取决于磁通变化的频率。

2. 工程应用

磁电式传感器有较大的输出功率，故配用电路较简单，其零位及性能稳定，工作频带一般为 10 ~ 1 000 Hz，适用于速度、转速、振动、扭矩等测量。

1）测量相对速度

磁电式相对速度计的结构如图 3 – 15 所示。测量时，壳体固定在一个试件上，顶杆顶住另一个试件，则线圈在磁场中的运动速度就是两个试件的相对速度。速度计的输出电压与两个试件的相对速度成正比。相对式速度计可测量的最低频率接近零。

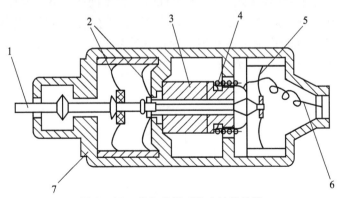

图 3 – 15　磁电式相对速度计的结构
1—顶杆；2、5—弹簧片；3—磁铁；4—线圈；6—引出线；7—外壳

2）测量扭矩

在驱动源和负载之间的扭转轴的两侧安装有齿形圆盘，其旁边装有相应的两个磁电传感

器，如图 3 – 16 所示。

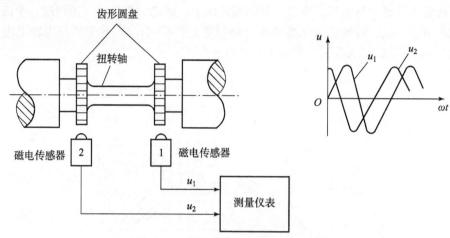

图 3 – 16   磁电式扭矩传感器工作原理

当齿形圆盘旋转时，圆盘齿凸凹引起磁路气隙的变化，于是磁通量也发生变化，在线圈中感应出交流电压，其频率等于圆盘上齿数与转数的乘积。当扭矩作用在扭转轴上时，两个磁电传感器输出的感应电压 u_1 和 u_2 存在相位差，这个相位差与扭转轴的扭转角成正比，传感器可以把扭矩引起的扭转角转换成相位差的电信号。

（三）电涡流传感器

金属导体置于变化的磁场之中运动时，金属导体内产生的感应电流。这种电流在导体内是自己闭合的，称为电涡流。

1. 工作原理

电涡流的大小与金属的电阻率 ρ、导磁率 μ、金属物的厚度 t 以及线圈与金属导体的距离 δ 等参数有关。当传感器与被测金属物体接近时，测量间距为 δ。若有一高频交变电流 i 通过线圈，便产生磁通 Φ。此磁通通过被测金属物体，并在被测金属物体表面产生感应电流 i_1 和交变磁通 Φ_1，在金属表面形成电涡流。根据楞次定理：电涡流的交变磁场与线圈的磁场变化方向相反，即 Φ_1 总是抵抗 Φ 的变化，如图 3 – 17 所示。

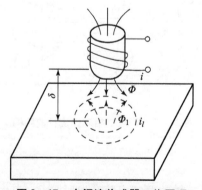

图 3 – 17   电涡流传感器工作原理

分析表明：线圈自感 L 与间距 δ 成反比，与导磁面积 A 成正比。它们的关系为

$$L = \frac{\omega^2 \mu_0 A}{2\delta} \qquad (3-5)$$

式中，ω 为线圈匝数；μ_0 为真空磁导率。

当取 $\omega = 10$，$A = 50 \text{ mm}^2$ 时，由于 δ 与 L 成反比，测出 L，就可测出 δ，如图 3-18 所示。

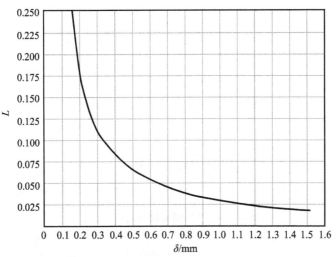

图 3-18　传感器自感 L 与间距 δ 的关系

根据电涡流传感器的测量电路不同，电涡流传感器可分为调幅式、调频式、差动电桥式等。这里仅介绍实际中应用较多的调幅式电涡流传感器，其电路原理如图 3-19 所示。

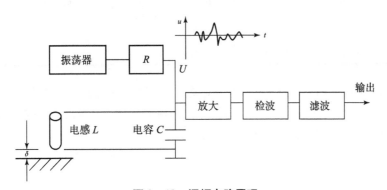

图 3-19　调幅电路原理

线圈自感 L、电容 C 组成并联谐振回路，谐振频率为

$$f = \frac{1}{2\pi\sqrt{LC}} \qquad (3-6)$$

振荡器提供了稳定的高频信号电源。实际测量时，随着线圈与被测金属体间距 δ 的变化，线圈阻抗发生相应的变化，使 LC 回路失调，这时输出信号 $U(t)$ 的频率仍然等于振荡器的工作频率，但其幅值随 δ 改变。它是一个调幅波，经放大检波后，可得到 δ 的动态

信息。

电涡流传感器的典型结构如图 3 - 20 所示。

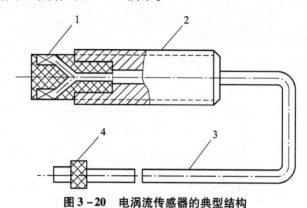

图 3 - 20　电涡流传感器的典型结构

1—传感器头；2—传感器体；3—固定电缆；4—接头

使用中，应注意以下几点：

（1）被测对象的金属材料不同，检测结果相差较大。当电涡流传感器的被测对象是铝块时，若取此时的输出为 1（0 dB），不同磁导材料的相对输出见表 3 - 4。

表 3 - 4　不同磁导材料的相对输出

抗磁物质材料				铁磁质材料	
材料名称	相对输出	材料名称	相对输出	材料名称	相对输出
铝	1	黄铜	0.97	铝	1
银	1.1	钛	0.94	镍	0.84
铜	1.09	铅	0.91	合金（Ni 80%、Fe 20%）	0.91
金	1.05	铀	0.84	钢	0.35 ~ 0.50
镁	0.99	不锈钢	0.82		

（2）材料的电阻率对电涡流传感器相对输出的影响。电涡流传感器检测不同对象时，电阻率不相同，输出结果差异较大。若把铝块作为检测对象，电涡流传感器的输出取 1，各种不同电阻率材料的输出结果如图 3 - 21 所示。

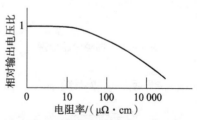

图 3 - 21　不同电阻率时，电涡流传感器的相对输出结果

（3）被测对象的形状、大小对电涡流传感器输出的影响。当电涡流传感器的被测对象为平面型导体时，在一定范围内，其面积大小对输出结果有一定影响。当被测对象的面积小于电涡流传感器的敏感部分面积时，随着被测对象面积减小，传感器输出值降低，但对传感器的线性度不产生影响。当被测对象的面积大于电涡流传感器敏感部分面积时，电涡流传感器的灵敏度不受影响。

当被测对象为轴时，若轴的直径为传感器灵敏部分直径的 3 倍以上时，轴直径大小对电涡流传感器的灵敏度无影响，否则，传感器的灵敏度下降。

此外，被测对象的材质不均匀、表面光洁度差异、几何形状变化对电涡流传感器的输出均在不同程度上有所影响。

安装传感器时，应尽量保证被测对象与传感器敏感部分表面平行。一般情况下，应保证两表面倾斜相差不超过 15°。由于电涡流传感器是面测量而不是点测量，当测量凸凹不平表面时，传感器输出的位移值是传感器敏感部分直径范围内的平均值。当两个以上传感器并排使用时，它们之间的距离不能小于传感器的直径，否则要受到影响。

2. 工程应用

电涡流式传感器的优点是灵敏度高、结构简单、抗干扰能力强、不受油污等介质的影响，可以进行非接触测量，它被广泛应用于工业生产和科学研究的各个领域。可用于测量压力、力、压差、加速度、振动、应变、流量、厚度、液位等物理量。在车辆故障诊断中常用来监测车辆传动轴的弯曲和不平衡。

三、非稳态信号采集系统

（一）发动机非稳态信号采集系统

柴油发动机是一个多机构组合、结构非常复杂的系统，为了对其运行技术状态进行监控和故障诊断，通常采用测量振动信号，提取振动特征的方法。在诊断发动机机械故障过程中，维修专家经常采用加速的方法辅助诊断，以提高故障诊断的准确性。如诊断连杆轴承故障时，采用一次性加速，其声响最明显；诊断曲轴轴承故障时，采用连续加速，使异响故障表现更明显。由此推断，发动机加速或减速过程中，各配合副处于非稳态激励状态，冲击增大；若发生机械故障，其振动特征往往比平稳状态下表现更明显，这样就可以依据振动特征甄别故障的发生。鉴于此，首先需要设计非稳态信号的数据采集系统。

由于非稳态振动信号的特殊性，系统在设计时要特别解决下述难题：

● 能准确捕捉到加速或减速过程中含有特定机械故障信息的振动信号，也就是要求传感器的频响特性可以覆盖振动信号的整个频率范围、传感器的安装位置要合适；采集系统的采样频率选取要合适、采样样本要足够长；采集的初始条件，即启动采集的触发转速要合适等。

● 解决加速或减速过程中信号测试的重复性，即保证数据采集系统初始条件不变的情况下多次重复采集的数据具有一定的稳定性。

根据上述要求，从传感器选型、测试部位的确定、触发转速和采样频率的选择、调理电路设计、非稳态信号采集的重复性设计等方面介绍发动机非稳态振动信号采集系统设计过程，并通过试验对非稳态振动信号进行重复性验证。

1. 传感器与测试部位的确定

1) 传感器选型

根据发动机的工作环境（如冲击加速度、温度范围）、机械故障的振动信号特征频段范围和可靠性要求等，选取美国 PCB 公司生产的 601A01 型 ICP 工业加速度振动传感器，其技术指标见表 3 - 5。该振动传感器具有良好的稳定性能和环境适应性能。

表 3 - 5　601A01 型 ICP 工业加速度振动传感器技术指标

型号	灵敏度	分辨率	频响	安装谐振频率	线性度	横向灵敏度
601A01	100 mV/g（1 ±20%）	50 μg	0.27 ~ 10 kHz（ ±3 dB）	16 kHz	±1%	≤5%
抗冲击	温度范围	激励电压	恒流源	敏感材料	接头	质量
±5 000g（峰值）	-54 ~ +121 ℃	18 ~ 28 V DC	2 ~ 20 mA	陶瓷	顶端两针接头	80 g

由表 3 - 5 可知，该传感器频响范围宽（0.27 ~ 10 kHz）、灵敏度高（100 mV/g）、谐振频率高（16 kHz）、高低温性能好、抗冲击能力强，用来测量频谱范围在 4 kHz 以内的发动机振动信号是合适的，同时，能满足在发动机上进行安装的抗冲击和温度要求。

2) 测试部位的确定

振动传感器通过加装强力磁座吸附于测试部位表面。对于每一种故障，应该选择最敏感部位进行检查。一般来说，测试点振动幅值的大小与它到振源的距离成比例，也与传递通道的特性有关。距离越远，信号衰减越厉害；传递通道特性不好，对特定频带信号衰减越厉害。经过比较，曲轴轴承、连杆轴承、活塞与活塞销几类型故障，在发动机的图 3 - 22 所示几个部位最敏感。

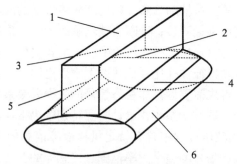

图 3 - 22　加速度振动传感器放置位置

1—第三缸顶部；2—缸体上部第三缸右侧；3—缸体上部第三缸左侧；

4—油底与缸体接合处第三缸右侧；5—油底与缸体接合处第三缸左侧；

6—第三缸油底下部

2. 触发转速和采样频率的选择

1) 触发转速的确定

柴油机每个机构总是对一定的激励最敏感，即在特定的转速下，柴油机特定的机构产生共振，进而利用加速度传感器可以检测到该机构技术状况信息。采用加速度传感器测试发动机机械故障正是要寻找每一机构对应的发动机最敏感的转速。由于事先对各种故障的敏感转速未知，所以采用遍历发动机工况的方法来设计采集系统，即分别选取 800 r/min、1 300 r/min、1 800 r/min 和 2 100 r/min 几种触发转速，对应发动机怠速、怠速稍高、中速和中速稍高几种工况，然后在后续数据处理中通过软件分析寻找故障特征合适的触发转速。

2）采样频率的选择

对某型柴油发动机的试验表明，发动机振动信号的频谱范围大约在 4 000 Hz 以内，根据采样定理，采样频率不得低于最高谐振频率的两倍，考虑到留有一定裕量，确定数据采集器的采样率为 12.8 kHz。采样点数确定为 16 384，即便在最低触发转速 800 r/min 下，也可以保证采集 8 个发动机工作循环以上，保证了足够的数据量。

3. 调理电路设计

1）恒流源电路

ICP 加速度传感器要求系统提供 2 ~ 20 mA 电流恒流源供电，其默认工作电流为 4 mA，故采用 LM334 电流源芯片，工作电压为 24 V，如图 3 - 23 所示。通过调整 R，可以得到不同的工作电流，为保证各通道的工作电流值一致，当调整电阻 $R = 20\ \Omega$ 时，可以保证传感器工作电流为 3.84 mA。

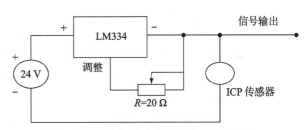

图 3 - 23　ICP 加速度传感器信号调理电路

2）电荷放大器

对压电陶瓷振动传感器的信号调理通常采用设计电荷放大器的方法。电荷放大器是一个具有深度负反馈的高增益放大器，其等效电路如图 3 - 24 所示。若放大器的开环增益 A_0 足够大，并且放大器的输入阻抗很高，则放大器输入端几乎没有分流，运算电流仅流入反馈回路 C_F 与 R_F。

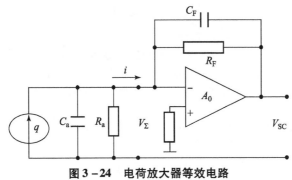

图 3 - 24　电荷放大器等效电路

3）滤波电路

ICP 传感器的输出信号有 10 V 的直流分量，该直流分量对于故障分析毫无意义。在电路中引入高通滤波电路，利用电容的隔直特性将直流信号滤去。为消除电路中的噪声干扰，在电路中还引入了低通滤波电路。图 3 - 25 所示是滤波器处理前后的信号波形图。

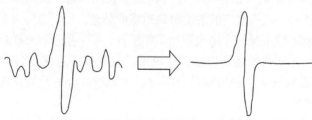

图3-25　信号处理前后图形

4. 非稳态信号采集的重复性设计

为解决非稳态振动信号测试的重复性问题，采用定转速触发采集一次性加速信号的方式解决上述问题。即采集系统可以随时监测加速过程中的发动机转速，一旦达到了预先设定的值，立即启动信号采集系统开始数据采集，达到预设的采样点数后停止。图3-26中，转速监测装置4、调理电路及A/D转换器5和计算机6构成了非稳态数据采集系统。它们与传感器、计算机及连接线路构成了定转速非稳态数据采集系统。系统工作过程如下：

（1）由专门设计的软件系统通过计算机向定转速非稳态数据采集器设定启动A/D转换器的起始转速和采样点数。

（2）发动机加速运转，转速传感器向转速监测装置输出转速脉冲。转速监测装置根据两脉冲间隔时间计算此时发动机的转速。当发动机转速达到预先设定的值时，输出控制信号，启动A/D转换器，振动传感器输入的模拟信号转换成数字信号，由USB口传输到计算机。

（3）当采样点数达到预先设定值时，A/D转换器停止工作。

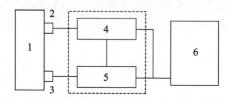

图3-26　定转速非稳态数据采集系统逻辑框图
1—发动机；2—转速传感器；3—振动传感器；4—转速监测装置；
5—调理电路及A/D转换器；6—计算机

柴油机振动信号测试系统由振动传感器、转速传感器、模拟信号示波器、A/D变换器、计算机等组成。

为了检验信号采集系统的正常工作和信号的重复性，多次试验，并通过数据分析来比较所采集数据的稳定性和重复性。

将发动机预热10 min，将振动传感器安放在发动机体左上部，设置采样频率为12 800 Hz，采样点数为8 192，选择采样通道为第一通道，测量6次加速过程振动信号，如图3-27所示。每次取1 024个采样点进行短时傅里叶变换，每一信号需要进行8次短时傅里叶变换，将8次短时傅里叶变换的频率点的幅值相加，称之为频率点能量累加；为了使分析结果具有更好的稳定性，采用频带能量累加方法，即5个频率点相加成一点，这样使其能量更加集中，得到图 3 – 28 所示的频带能量累加波形曲线。

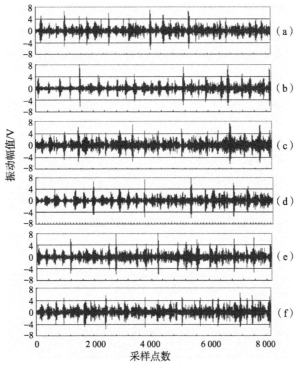

图 3 – 27　发动机左上部 6 次测量的加速过程振动信号时域波形图

（a）~（f）依次为第一次至第六次试验测量值

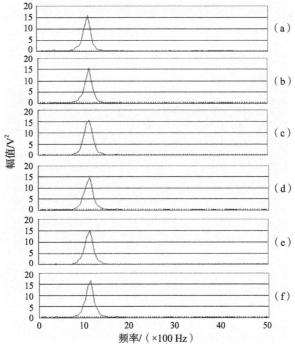

图 3 – 28　时域信号短时傅里叶变换频带能量累加波形曲线

（a）~（f）依次为第一次至第六次时域信号频域变换结果

（二）变速器非稳态信号采集系统

由于变速器结构复杂、振动源较多、信号传递路径复杂，微弱故障特征湮灭在噪声中，难以识别和提取，因此需要设计合理、可靠的试验方案，包括传感器的选取和布置、瞬变工况的实现和控制、振动信号和转速信号同步采集和预处理。

1. 信号采集系统设计

采用 BJ2020S 型变速器为研究载体搭建试验系统，结构及装置如图 3-29、图 3-30 所示。系统主要由负载控制设备、信号采集设备、动力控制设备组成；发电机模拟负载模块，电动机控制变速模块，NI PXI-1044 数据采集系统为信号采集模块。采用 SIMOZ2-72 型直流电动机驱动变速器，SIMO 直流发电机连接到变速器模拟负载，励磁调节器控制发电机电压实现加载；SMZA-S-130/220 调速柜调解电动机的转速。

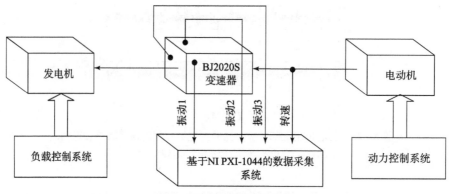

图 3-29   变速器试验结构

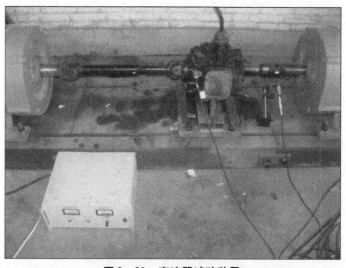

图 3-30   变速器试验装置

变速器的信号采集系统由振动传感器、转速传感器、电荷放大器、数据采集装置和计算机组成。本试验采用的 601A01 型 ICP 工业级加速度振动传感器，其具有环境适应性强、稳定性好的特点，能较好地反映变速器振动特性，其性能指标见表 3 - 5；采用广泛应用于故障诊断领域的美国国家仪器公司的 NI PXI - 1044 数据采集设备，参数指标见表 3 - 6；转速传感器采用性能稳定、敏感度高的 CZ400 型霍尔式传感器。

表 3 - 6　NI PXI - 1044 数据采集设备参数指标

插槽数量	最大系统带宽	机箱电源类型	槽冷却能力	板载时钟类型
14	132 Mb/s	交流	25 W	VCXO

变速器动力传递原理图如图 3 - 31 所示。基于变速器壳体设置传感器时，齿轮振动信号的传递路径是齿轮—传动轴—轴承—变速器壳体，轴承振动信号的传递路径是轴承—变速器壳体。显然，信号传输时的衰减量越小，越有利于提取微弱故障特征，因此，振动传感器设置在距振源最近的壳体上，转速传感器设置在输入轴端，如图 3 - 32 所示。

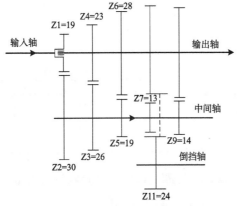

图 3 - 31　变速器动力传递原理图

图 3 - 32　振动传感器分布图

2. 故障设置

采用电火花加工方法，在二挡从动齿轮的齿面上设置长、宽、深为 3 mm × 1.5 mm × 0.15 mm 的坑点，模拟齿轮早期点蚀故障，如图 3 - 33 所示；在输出轴端 50307E 型轴承外圈和 6307N 型轴承内圈分别设置长、宽、深为 1.5 mm × 1.5 mm × 0.5 mm 的点蚀缺陷，模拟轴承早期点蚀故障，如图 3 − 34 所示。

图 3 − 33　齿轮故障部位

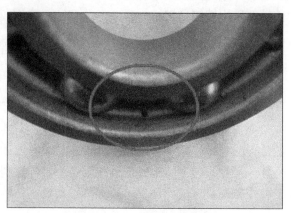

图 3 − 34　轴承故障部位

轴承的主要技术参数见表 3 − 7。

表 3 − 7　轴承的主要技术参数

轴承类型	滚动体直径 d/mm	节径 D/mm	滚动体数 Z	接触角 α/(°)
50307E	14.2	57.5	7	0
6307N	13.4	57.5	8	0

根据轴承技术参数，计算得到外圈、内圈的故障特征阶次 BPOO 和 BPOI 理论值为：

$$\mathrm{BPOO} = \frac{f_o}{2f_r}\left(1 - \frac{d}{D}\cos\alpha\right)Z = 1.13$$

$$\mathrm{BPOI} = \frac{f_o}{2f_r}\left(1 + \frac{d}{D}\cos\alpha\right)Z = 2.12 \qquad (3-7)$$

试验中采用的变速器有四个前进挡位和一个倒挡位，以输入轴为参考轴，计变速器各挡位及输出轴齿轮啮合阶次与故障轴承特征阶次，分别见表 3 − 8 和表 3 − 9。

表 3 − 8　各挡位及输出轴齿轮啮合阶次

挡位	一挡	二挡	三挡	四挡	输出轴
阶次/(次·r^{-1})	8.9	12.03	16.47	19	0.43

表 3 − 9　故障轴承特征阶次

故障类型	正常	外圈故障	内圈故障
轴承型号	50307E	50307E	6307N
特征阶次 $O_{外}/O_{内}$	1.13/1.88	1.13/1.88	1.32/2.12

3. 信号采集

以 NI PXI − 1044 为数据采集设备，采用霍尔传感器采集转速信号、加速度传感器采集振动信号。用电动机控制变速器进行急加速运转，将二挡齿轮某一齿上设置为轻微点蚀故障，变速器置于二挡位置。励磁电压调节为 200 V，从 0 r/min 加速至 1 500 r/min。齿轮振动信号采集频率为 20 kHz，采样点数为 24 576。以输入轴为参考，经理论计算，该齿轮故障特征阶次为 0.43。图 3 – 35 为采集的一组正常工况下变速器齿轮的转速信号和振动信号时域波形图。

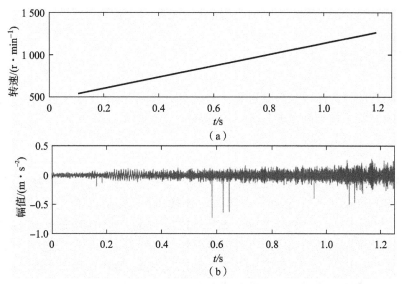

图 3 – 35　齿轮正常工况下采集的转速信号和振动信号时域波形图

变速器同样置二挡，输入轴转速从 0 r/min 急加速至 1 500 r/min，励磁电压调节为 200 V。采集轴承正常、内圈故障和外圈故障时的振动信号，采集频率设置为 40 kHz，采样时长为 2 s，采样点数为 80 000。为了保证数据有效、可靠，减小因设备安装带来的误差，更换轴承后，先运转 10 min，再进行数据采集。图 3 – 36 为采集的一组轴承正常工况下的转速信号和振动信号时域波形图。

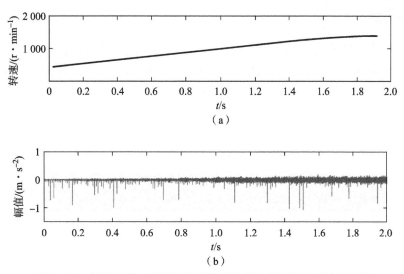

图 3 – 36　轴承正常工况下采集的转速信号和振动信号时域波形图

第三节　信号采样与预处理

通过传感器采集的信息是原始信号，包含噪声和其他无用分量，直接进行诊断运用，信噪比低、数据量大、处理效率低，需要进行信号采样和必要的预处理。

一、模拟信号预处理

从传感器得到的模拟信号大多要经预处理，使之符合 A/D 变换的要求，才能进入数据采集设备，目的是便于信号的传输与进一步处理。

（一）信号类型转换

常见传感器输出信号的形式有电阻信号、电容信号、电流信号、微弱电压信号等几种。实际检测时，常常需要在 A/D 转换前，将它们转换成标准的电信号（标准电流信号：4 ~ 20 mA；标准电压信号：1 ~ 5 V）。例如，应变测力传感器、热电阻传感器输出的信号均为电阻信号，为了便于后续处理，常用电桥将电阻信号转变为电压信号。这样，转换后的信号可在同一尺度下进行比较。需要注意的是，A/D 转换后的数字信号在分析之前，应通过适当的线性运算将采样值换算成信号的实际值。

（二）去直流分量

传感器检测的振动信号包含了交流分量和直流分量。有些信号中的直流分量是有用信息，有些信号中的直流分量是无用信息。在进行采样之前，应将交、直流分量分离。如车辆传动轴振动信号中，交流信号反映了振动的瞬态信息，直流分量可能是检测系统本身加上的一个偏置电压，也可能是两端轴承偏心引起的，需要进一步分析。

（三）信号放大

信号放大是增强微弱信号幅度或强度的过程。其目的在于使信号在传输后，特别是远距离传输后，有足够的信号强度。常用的信号放大器包括测量放大器、隔离放大器、可编程增益放大器等。

（四）信号隔离

信号隔离是指使用变压器、光或电容耦合等方法在被测系统和测试系统之间传递信号，避免直接的电连接。使用隔离的原因有两个：一个原因是从安全的角度考虑；另一个原因是隔离可使从数据采集卡读出来的数据不受地电位和输入模式的影响。如果数据采集卡的地与信号地之间有电位差，而又不进行隔离，那么就有可能形成接地回路，引起误差。

（五）信号滤波

为了消除检测到的信号中的噪声污染对后续分析带来的影响，常采用特定频段的滤波器对信号进行滤波。滤波器一般分为低通、高通和带通三种。每一种滤波器只允许特定的频率信号通过，其他频率的信号均衰减。因此，合理选择滤波器的参数，对于保留故障诊断中有用的频率成分是十分重要的。

在车辆故障诊断中，经常采用低通滤波器进行滤波。滤波器截止频率的选取要综合考虑检测设备的特点和后续 A/D 变换中的采样频率。根据香农（Shannon）采样定理，采样频率应高于分析频率两倍以上，否则，模拟信号中的高频分量可能混叠在低频信号中，形成一些虚假的低频信息，导致频率失真。

采用滤波器的目的是消除这种影响，经过滤波后的信号中的高频成分被过滤掉，这样可提高数字信号中特定频段上频谱的准确性。

（六）信号解调

解调可分为正弦波解调（有时也称为连续波解调）和脉冲波解调。正弦波解调还可再分为幅度解调、频率解调和相位解调，此外，还有一些变种如单边带信号解调、残留边带信号解调等。同样，脉冲波解调也可分为脉冲幅度解调、脉冲相位解调、脉冲宽度解调和脉冲编码解调等。对于多重调制，需要配以多重解调。

二、数字信号预处理

A/D 转换后的数字信号一般需要经过适当的预处理后才可由计算机处理。数字信号预处理包括异常值处理与标定。

（一）奇异点处理

在模拟信号检测与预处理过程中，任何一个中间环节的瞬时失常或外界的随机干扰都可能导致数字信号中含有异常值。在一些情况下，异常值的存在会直接影响处理结果。因此，对异常值的处理与识别应当谨慎。

3σ 规则，是常用的处理方法，σ 是数据点的均方根值。所谓 3σ 规则，是将 3σ 以外的点去掉，保留 3σ 以内的点，去掉数据野点。它是基于测试数据平稳正态假设。尽管平稳正态分布具有广泛代表性，但并非适合所有的测试数据，人们也发展了一些较为复杂的处理异常值的方法。基于现场诊断的实时性、处理方法的简便性和有效性考虑，3σ 规则在数字信号预处理中应用比较广泛。

（二）去除均值

根据对信号均值的估计值，消除信号中所含均值成分。例如，在计算信号的标准差等统计量时，需要去除信号均值。

（三）去除趋势项

消除信号中的缓慢变化成分，使信号满足一定的要求，便于后续处理。常用的趋势项消除方法有滤波法、多项式拟合法、最小二乘法等。

资源链接

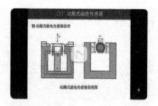

理论辨析

1. 车辆诊断参数有哪些？
2. 如何获取诊断参数？
3. 什么是数字信号处理？

问题研讨

1. 车辆故障诊断中，如何选择有效的诊断参数？
2. 非稳态采集系统的关键原理是什么？

第四章

特征智能提取技术

故障特征是描述故障的指标。从海量参数特征中提取出能有效反映故障状态变化的特征参数，称为特征提取技术。车辆运行在恶劣环境下，信号中掺杂各种噪声、振源分量，要提取出微弱故障特征，尤为困难，因此需要研究有效的特征提取技术。

第一节　基于相关信息的特征提取技术

所谓相关，是指变量之间的线性联系或相互依赖关系，通常可由统计方法或者函数方法进行数学表达。两个变量之间的相关程度可以用相关性指标（一般为相关系数）进行衡量，相关性指标可以作为特征提取的重要依据。

一、相关系数

统计学中用相关系数 ρ_{xy} 来描述两个随机变量 x、y 之间的相关性，即：

$$\rho_{xy} = \frac{c_{xy}}{\sigma_x \sigma_y} = \frac{E[(x - \mu_x)(y - \mu_y)]}{\sqrt{E[(x - \mu_x)^2]E[(y - \mu_y)^2]}} \tag{4-1}$$

式中，E 为数学期望；$0 \leqslant |\rho_{xy}|$；μ_x、μ_y 为随机变量 x、y 的均值；σ_x、σ_y 为随机变量 x、y 的标准差。

将对应的随机变量 (x_i, y_i) 画在坐标平面上，将呈现某种散布，如图 4-1 所示。

图 4-1（a）表示变量和之间为确定性关系，为正相关（相关系数为 1）；图 4-1（b）表示变量和为确定性关系，为负相关（相关系数为 -1）；图 4-1（c）表示变量和之间存在一定的相关性（相关系数介于 0 和 1 之间，或者 -1 和 0 之间）；图 4-1（d）表示变量和之间完全不相关（相关系数为 0）。

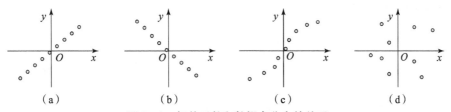

图 4-1　相关系数和数据点分布的关系

（a）$\rho_{xy} = 1$；（b）$\rho_{xy} = -1$；（c）$0 \leqslant \rho_{xy} \leqslant 1$；（d）$\rho_{xy} = 0$

二、自相关函数

信号 $x(t)$ 的自相关（Autocorrelation）函数定义为：

$$R_x(\tau) = \lim_{T \to \infty} \frac{1}{T} \int_0^T x(t)x(t+\tau)\,\mathrm{d}t \qquad (4-2)$$

式中，T 为信号 $x(t)$ 的观测时间；$R_x(\tau)$ 描述了 $x(t)$ 与 $x(t \pm \tau)$ 之间的相关性。实际中常用以下自相关系数表示：

$$\rho_x(\tau) = \frac{R_x(\tau)}{\sigma_x^2} \qquad (4-3)$$

式中，$R_x(\tau)$ 为信号 $x(t)$ 的自相关函数；σ_x 为信号 $x(t)$ 的标准差。

自相关函数 $R_x(\tau)$ 有如下性质：

（1）自相关函数 $R_x(\tau)$ 是实偶函数，即 $R_x(\tau) = R_x(-\tau)$。

（2）当 $\tau = 0$ 时，自相关函数具有最大值，$R_x(0) = \Psi_x^2$，Ψ_x^2 是 $x(t)$ 的均方值。

（3）对于各态历经随机信号 $x(t)$，有 $|R_x(\tau)| \leqslant R_x(0)$，$R_x(\tau)$ 在 $\tau = 0$ 处取得最大值。

（4）随机信号 $x(t)$ 的均值为 μ_x 时，$\lim\limits_{\tau \to \infty} R_x(\tau) = \mu x^2$。若随机信号均值为 0，则其自相关函数将随 τ 的增大而快速衰减；当 $\tau \to \infty$ 时，趋于零。

（5）周期信号的自相关函数仍然为同频率的周期信号，其幅值与原周期信号的幅值有关，但丢失了原周期信号的相位信息。

三、互相关函数

随机信号 $x(t)$ 与 $y(t)$ 的互相关（Cross-correlation）函数定义为：

$$R_{xy}(\tau) = \lim_{T \to \infty} \int_0^T x(t)y(t+\tau)\,\mathrm{d}t \qquad (4-4)$$

式中，T 为随机信号 $x(t)$ 与 $y(t)$ 的观测时间；$R_{xy}(\tau)$ 是 τ 的函数，可完整地描述两信号波形相似的程度或取值依赖关系。

同样，可以用互协方差函数 $C_{xy}(\tau)$ 表示 $x(t)$ 和 $y(t)$ 之间的相互关系。互协方差函数为：

$$C_{xy}(\tau) = \lim_{T \to \infty} \int_0^T \{[x(t) - \mu_x][y(t+\tau) - \mu_y]\}\,\mathrm{d}t \qquad (4-5)$$

式中，μ_x、μ_y 为 $x(t)$ 和 $y(t)$ 的均值函数。

实际中常用如下互相关系数表示：

$$\rho_{xy}(\tau) = \frac{C_{xy}(\tau)}{\sigma_x \sigma_y} \qquad (4-6)$$

式中，$C_{xy}(\tau)$ 为互协方差函数；σ_x 为信号 $x(t)$ 的标准差；σ_y 为信号 $y(t)$ 的标准差。

互相关函数的性质如下：

（1）互相关函数 $R_{xy}(\tau)$ 既非偶函数，也非奇函数，是可正可负的实函数，且在 $\tau = 0$ 时不一定取得最大值。当 $R_{xy}(\tau) = 0$ 时，称 $x(t)$ 和 $y(t)$ 不相关。若在 τ_0 处互相关有最大峰值，表示在 $x(t)$ 与 $y(t+\tau_0)$ 有最大的相关性。如果 $x(t)$ 与 $y(t)$ 是统计独立的，且假设其均值 μ_x、μ_y 中至少有一个为零，则对于任意的 τ，$R_{xy}(\tau)=0$；反之，当 $R_{xy}(\tau)=0$ 时，$x(t)$ 与 $y(t)$ 并不一定是相互独立的。

（2）对于任意的 τ，$R_{xy}(\tau)$ 满足 $[R_{xy}(\tau)]^2 \leqslant R_x(0)R_y(0)$。

（3）若信号是零均值的，在 $\tau \rightarrow \infty$ 时，$R_{xy}(\pm \infty) \rightarrow 0$。

（4）互相关函数 $R_{xy}(\tau)$ 具有反对称性，即 $R_{xy}(-\tau)=R_{yx}(\tau)$。

（5）若两个信号 $x(t)$ 和 $y(t)$ 均含有周期性分量，且周期相等，则互相关函数 $R_{xy}(\tau)$ 也含有相同周期的周期性分量。

四、相关特征提取实例

（一）基于自相关函数的特征提取

用噪声诊断汽车故障时，依靠自相关函数 $R_x(\tau)$ 就可在噪声中发现隐藏的周期分量，确定汽车的缺陷所在。特别是对于早期故障，周期信号不明显，直接观察难以发现，自相关分析就显得尤为重要。

1. 确定信号的周期

图 4-2（a）和图 4-2（b）分别给出了汽车车身振动信号 $x(t)$ 及其自相关函数 $R_x(\tau)$。车身振动信号 $x(t)$ 的波形比较杂乱，难以观察到周期成分。但从自相关函数 $R_x(\tau)$ 上却可以发现 $x(t)$ 中含有周期信号，信号频率为 $f=\dfrac{1}{0.15\ \text{s}}=9.5\ \text{Hz}$。

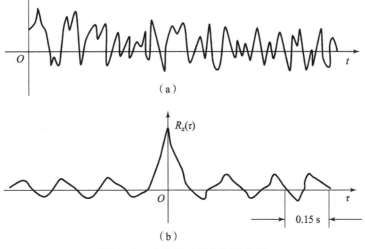

图 4-2　车身振动的自相关分析

（a）车身振动信号；（b）自相关函数

2. 识别变速箱运行状态

图 4 - 3 是两台变速箱噪声的自相关函数。图 4 - 3（a）是正常状态下噪声的自相关函数，随着 τ 的增大，$R_x(\tau)$ 迅速趋于 0，这说明变速箱噪声是随机噪声。图 4 - 3（b）所示的自相关函数 $R_x(\tau)$ 中含有周期分量，当 τ 增大时，$R_x(\tau)$ 并不趋于 0，这标志着变速箱工作异常。将变速箱中各根轴的转速与自相关函数 $R_x(\tau)$ 上周期性波动的频率进行比较，可确定存在缺陷轴的部位。

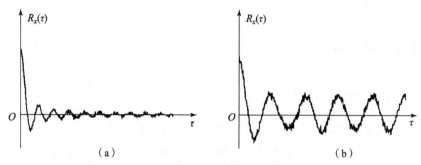

图 4 - 3　变速箱噪声的自相关分析

（a）正常状态下变速箱噪声信号的自相关函数；（b）异常状态下变速箱噪声信号的自相关函数

（二）基于互相关函数的特征提取

互相关函数可用于故障信号特征频率的选取。图 4 - 4 是在发动机气缸内敲击时激励信号与发动机机体上四个测点振动响应之间的互相关函数。3#测点离激励点最近。从图中也能看出，激励点与外部测点之间的关系对于不同的测点和不同频率处相关程度是不同的。

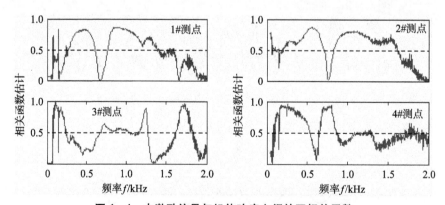

图 4 - 4　内激励信号与机体响应之间的互相关函数

在某些频段，互相关系数在 0.5 ~ 1 之间，信号相关程度比较高；在某些频段，互相关系数在 0 ~ 0.5 之间，信号相关程度较低。从图中还能看出，在 3#测点，1.7 kHz 附近激励信号与测点的相关系数较大，而激励信号与其他测点在此频段附近的互相关系数较小，所以，在此测点对活塞敲缸故障进行诊断时，可以选择 1.7 kHz 附近作为活塞敲缸故障的特征频段。

第二节　基于时域信息的特征提取技术

信号时域蕴含着丰富的故障信息，可以运用数理统计方法获得反映车辆运行状态的统计特征，相应的技术可以概括为基于时域信息的特征提取技术。

基于时域信息的特征提取技术主要涉及时域参数的估计或计算。时域参数主要包括均值、均方值、均方根值、方根幅值、方差、标准差、峭度、歪度、峰值等。值得一提的是，信号的时域参数与概率密度函数 $p(x)$ 有密切关系。

一、概率密度函数

随机信号 $x(t)$ 的取值落在区间内的概率可用下式表示：

$$P_{\mathrm{prb}}\left[x < x(t) \leqslant x + \Delta x\right] = \lim_{T \to \infty} \frac{\Delta T}{T} \tag{4-7}$$

式中，ΔT 为信号 $x(t)$ 取值落在区间 $(x, x + \Delta x]$ 内的总时间；T 为总的观察时间。

当 $\Delta x \to 0$ 时，概率密度（Probability Density，PD）函数定义为：

$$p(x) = \lim_{\Delta x \to 0} \frac{1}{\Delta x}\left[\lim_{T \to \infty} \frac{\Delta T}{T}\right] \tag{4-8}$$

概率密度函数反映了随机信号幅值的分布规律，如图 4-5 所示。

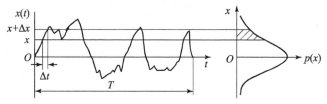

图 4-5　概率密度函数 $p(x)$ 的计算

不同信号所具有的概率密度函数可以有极大的差别，可以作为故障诊断的依据。

二、常用时域参数

对于连续信号 $x(t)$，假设其概率密度函数为 $p(x)$，则时域参数可做如下数学表达（其他未列参数，请同学们自主完成数学表达和意义理解）。

（一）均值

$$\bar{x} = \int_{-\infty}^{+\infty} xp(x)\,\mathrm{d}x \tag{4-9}$$

参数意义：信号的均值反映信号中的静态部分（直流分量），一般对诊断不起作用，但对计算其他参数有很大影响，所以，一般在计算时应先从数据中去除均值，剩下对诊断有用的动态部分。

（二）均方值

$$r_{rms} = \sqrt{\int_{-\infty}^{+\infty} x^2 p(x)\,dx} \qquad (4-10)$$

参数意义：均方值用来描述信号的平均能量或平均功率，在工程信号测量中一般仪器的表头示值显示的就是信号的均方值。均方值的正平方根为均方根值，常称为有效值。

（三）方根幅值

$$X_R = \int_{-\infty}^{+\infty} \sqrt{|x|}\, p(x)\,dx \qquad (4-11)$$

参数意义：方根幅值用来量化信号的整体强度，有助于分析信号的特性，比较不同信号之间的强度差异。

（四）平均幅值

$$|\bar{x}| = \int_{-\infty}^{+\infty} |x|\, p(x)\,dx \qquad (4-12)$$

参数意义：平均幅值能够反映周期性波动信号的强度、能量和稳定性。

（五）歪度

歪度：

$$\alpha = \frac{E[(X-\mu)^3]}{\sigma^3} \qquad (4-13)$$

式中，$\mu = E[X]$ 为总体均值；$\sigma = \sqrt{E[(X-\mu)^2]}$ 为总体标准差；$E[(X-\mu)^3]$ 为三阶中心矩。

参数意义：歪度反映随机信号的概率密度函数对于纵坐标的不对称性。这种不对称性可能预示着设备存在某种潜在故障。在机械振动分析中，歪度指标用于反映振动信号的不对称程度。

（六）峭度

$$\beta = \int_{-\infty}^{+\infty} x^4 p(x)\,dx \qquad (4-14)$$

参数意义：峭度表示信号概率密度函数峰顶的陡峭程度，属于量纲为1的参数。峭度用于描述振动信号的形状特征。由于它与轴承转速、尺寸、载荷等无关，对冲击信号特别敏感，故特别适用于表面损伤类故障，尤其是早期故障的特征提取。

（七）峰值

$$x_{max} = \max |x(t)| \qquad (4-15)$$

参数意义：峰值表示随机信号在时域空间上的单峰最大值。在装备运行良好的情况下，峰值变化范围不大，一旦出现峰值异常，通常意味着装备健康状况出现了问题，可能存在某种故障隐患。

一般情况下，随着车辆磨损程度增大，均方根值 x_{rms}、方根幅值 x_r、平均幅值 $|\bar{x}|$、峭度 β、峰值 x_{max} 均会逐渐增大。峭度 β 对信号中大幅值最为敏感，对探测信号中含有脉冲的故障特别有效，峰值 x_{max} 探测脉冲性故障的灵敏度居中，x_r 的灵敏度最差。

三、时域特征提取实例

（一）基于歪度的特征提取

通常情况下，振动信号是轴对称的，此时歪度应该接近 0。如果设备在某一个方向的摩擦或者碰撞较大，就会产生振动的不对称性，使得歪度产生较大变化（歪度既可为正，又可为负，一般取绝对值）。歪度变化越大，不对称越严重。假如某设备的概率密度分布情况如图 4-6 所示。其中，$\alpha = 0$ 代表正常状态，$\alpha < 0$ 表示故障模式一，$\alpha >$ 表示故障模式二。由此可见，提取设备振动信号的歪度作为特征参数，可以用于识别设备的故障模式。

（二）基于峭度的特征提取

在轴承无故障运行时，由于各种不确定因素的影响，振动信号的幅值分布接近正态分布，峭度指标 $K = 3$；随着故障的发生和发展，振动信号中大幅值的概率密度增加，信号幅值的分布偏离正态分布，正态曲线出现偏斜或分散，峭度值也随之增大。峭度指标的绝对值越大，说明轴承愈加偏离其正常状态，此时故障越严重。比如，当 $K > 3$ 时，轴承可能出现了较为严重的故障，如图 4-7 所示。由此可见，提取轴承振动信号的峭度作为特征参数，可以用于识别轴承的故障模式。

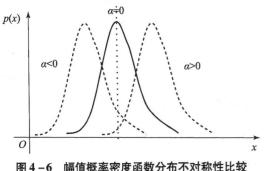

图 4-6　幅值概率密度函数分布不对称性比较

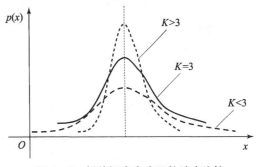

图 4-7　幅值概率密度函数峭度比较

第三节　基于频域信息的特征提取技术

信号的频域分析方法是一种通过研究信号的频率特性来分析信号的方法。常用的信号频域分析方法有傅里叶变换、频谱分析、倒频谱分析等。

一、傅里叶变换

傅里叶变换（Fourier Transform，FT）是最基本的频域分析方法，用于将信号从时域转换到频域。傅里叶变换不能直接用于计算机计算（基于二进制的数字运算），必须借助离散傅里叶变换（Discrete Fourier Transform，DFT）。通过 DTF 将信号的时域和频域进行离散化处理，才能实现对有限长序列的频谱分析。

连续时间信号 $x(t)$ 的 DFT 定义为

$$X(k) = \sum_{n=0}^{N-1} x(n) e^{-j2\pi kn/N} (k = 0,1,2,\cdots,N-1) \tag{4-16}$$

式中，$x(n)$ 是波形信号的采样值；$X(k)$ 是频域信号的采样值；N 是序列点数；Δf 是频率间隔；k 是频域离散值的序号；n 是时域离散值的序号。

DFT 的逆变换定义为

$$x(n) = \frac{1}{N} \sum_{k=0}^{N-1} X(k) e^{j2\pi nk/N} (n = 0,1,2,\cdots,N-1) \tag{4-17}$$

式（4-16）和式（4-17）构成了离散傅里叶变换对。

核心思想：将一个复杂信号分解为一系列简单的正弦信号和余弦信号的叠加（参照复变函数中的欧拉公式）。

二、频谱分析

频谱分析（Spectrum Analysis，SA）一般借助功率谱密度（Power Spectrum Density Function，PSD）函数，它反映了信号功率在频域随频率 ω（或 f）的分布。功率谱密度函数包括自功率谱密度函数和互功率谱密度函数。

（一）自功率谱密度函数

自功率谱密度函数是信号 $x(t)$ 的自相关函数 $R_x(\tau)$ 的傅里叶变换，简称自功率谱或自谱，其定义为

$$S_x(\omega) = \int_{-\infty}^{\infty} R_x(\tau) e^{-j\omega\tau} d\tau \tag{4-18}$$

同样，根据傅里叶变换理论，$S_x(\omega)$ 的逆变换为 $R_x(\tau)$，表达为

$$R_x(\tau) = \frac{1}{2\pi} \int_{-\infty}^{\infty} S_x(\omega) e^{j\omega\tau} d\omega \tag{4-19}$$

物理意义：自功率谱密度函数是信号能量的度量，等于信号的均方值。

（二）互功率谱密度函数

两组随机信号 $x(t)$ 和 $y(t)$ 的互谱密度函数定义为互相关函数的傅里叶变换称为互谱密度函数，简称互功率谱或互谱。其表达式为

$$S_{xy}(\omega) = \int_{-\infty}^{\infty} R_{xy}(\tau) e^{-j\omega\tau} dt \tag{4-20}$$

由于互谱密度函数是复函数，所以单边互谱密度函数 $C_{xy}(\omega)$ 又可写成

$$C_{xy}(\omega) = |C_{xy}(\omega)| e^{j\theta_{xy}(\omega)} = C_{xy}(\omega) + jQ_{xy}(\omega) \tag{4-21}$$

式中，$C_{xy}(\omega)$ 称为共谱密度；$Q_{xy}(\omega)$ 称为重谱密度。

物理意义：互功率谱密度函数用于描述两个信号在频域中的相互关系，类似于时域分析中的互相关。

三、倒频谱分析

倒频谱（Cepstrum）是对功率谱 $S_x(f)$ 的对数值进行傅里叶逆变换，数学表达为

$$C_p(q) = f^{-1}[\lg S_x(f)] \tag{4-22}$$

倒频谱中自变量 q 称为倒频率，它具有与自相关函数 $R_r(f)$ 中的自变量 τ 相同的时间量纲。q 值大者称为高倒频率，表示谱图上的低速波动；q 值小者称为低倒频率，表示谱图上的快速波动。

物理意义：倒频谱是频域函数的傅里叶再变换，对功率谱函数取对数的目的，是使变换以后的信号能量格外集中，同时还可解卷积成分，易于对原信号进行识别。

四、频域特征提取实例

以某型车辆装备发动机燃烧状态监测为例。通过计算，得到了柴油机不同燃烧状态下测得的缸盖振动信号的功率谱。正常信号功率谱如图 4-8 所示，1#~6#缸失火故障状态下的功率谱如图 4-9~图 4-14 所示。

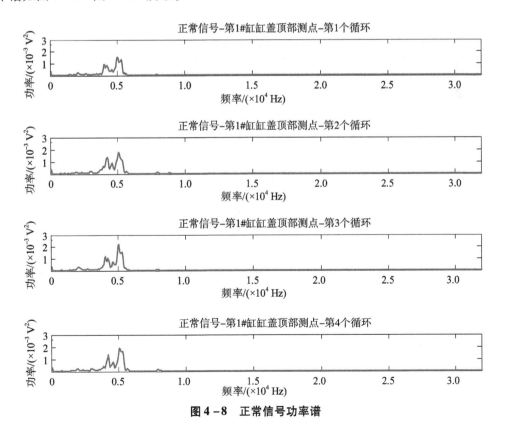

图 4-8　正常信号功率谱

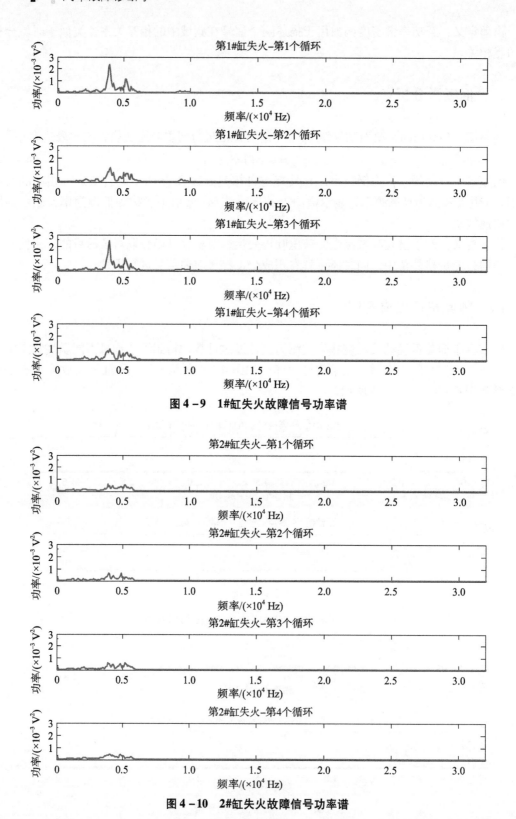

图 4 – 9　1#缸失火故障信号功率谱

图 4 – 10　2#缸失火故障信号功率谱

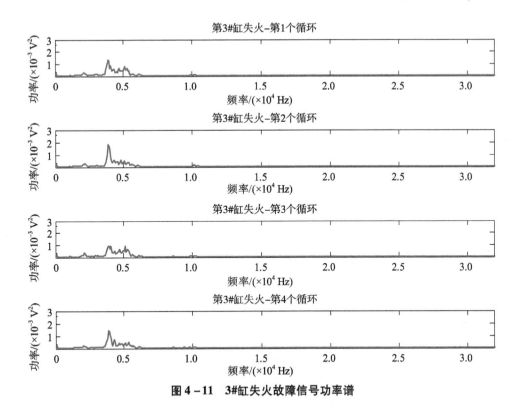

图 4-11　3#缸失火故障信号功率谱

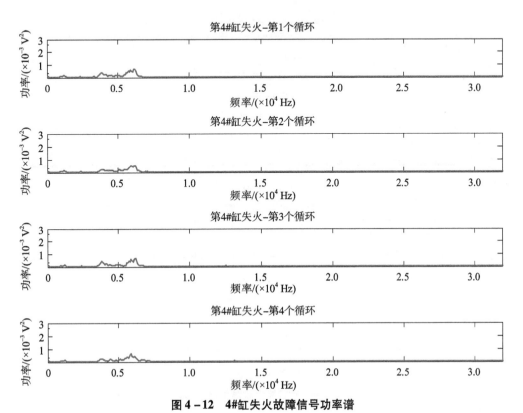

图 4-12　4#缸失火故障信号功率谱

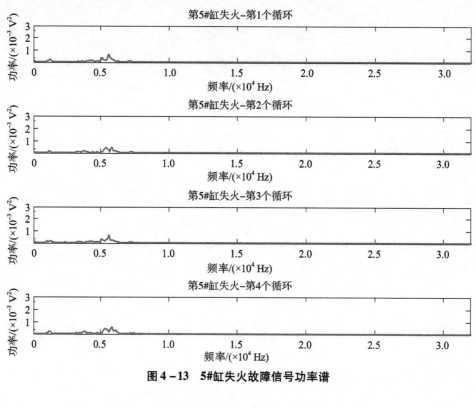

图 4 – 13　5#缸失火故障信号功率谱

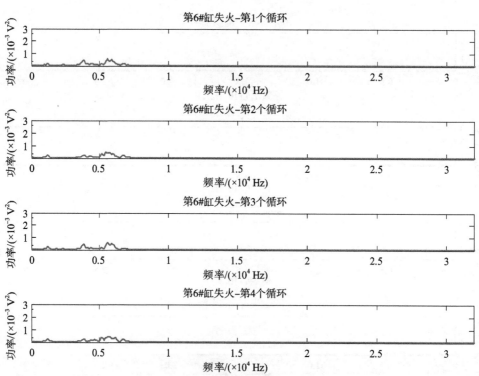

图 4 – 14　6#缸失火故障信号功率谱

可以看出，功率谱较好地描述了缸盖振动信号的能量分布情况，由于实验选用的采样率为 65 536 Hz，功率谱即反映了 0 ~ 32 768 Hz 这一频带的能量变化情况。功率谱中主要存在 0 ~ 0.05 kHz（包含点火频率）和 0.2 ~ 8 kHz 两个能量频带，在 10 ~ 32 kHz 这段狭长的高频空间也有零星的能量带分布。

对比正常信号和失火故障信号的功率谱可知，在 0.2 ~ 10 kHz 这段频带内，相比于正常信号，失火故障信号有比较明显的变化；在 0.5 ~ 8 kHz 内，功率谱的峰值有了比较明显的下降，而其他频段的峰值起伏不大。这些迹象表明：在 0.2 ~ 10 kHz 频段内，振动冲击成分有所减少，这是失火故障发生时，柴油机功率下降，结构振动产生的冲击力降低导致的。因此，可以将此频带作为失火故障的特征频带来进行研究。当然，也可以从 0 ~ 0.05 kHz 中的点火频率附近频带入手。

通过频域分析可以得出：单一地通过频域可以获得诸如能量分布、能量变化以及特征频带等与失火故障有关的信息，但是由于失火故障信号特征频带的相似性，不可能仅仅通过频带的差异性来利用传统方法对失火故障进行准确的检测与诊断。

虽然仅从时域和频域无法准确检测与诊断失火故障，但是通过对两者的分析，获得了一些与失火故障相关的信息，这为后续使用基于时 - 频域信息的特征提取技术来处理失火故障信号提供了重要的参考。

第四节　基于时 – 频域信息的特征提取技术

信号的时频域分析方法是一种将一维时域信号映射到二维时频平面的方法，可以更加全面地反映信号特征。常用的信号时频域分析方法有短时傅里叶变换、小波变换、压缩小波变换、魏格纳 - 维尔分布、希尔伯特 - 黄变换、变分模态分解等。

一、短时傅里叶变换

短时傅里叶变换（Short Time Fourier Transform，STFT）是在传统的傅里叶变换基础上，通过对信号进行加窗来分析其时间间隔内信号的频率特征，从而在时间、频域内描述信号特征。这种加窗方法改善了传统 FT 仅适用于平稳信号分析的缺陷，可以对非平稳的柴油机缸盖振动信号进行时频分析。

给定一个信号 $x(t) \in L^2(R)$，其 STFT 定义为：

$$\text{STFT}_x(t,f) = \int_{-\infty}^{+\infty} [x(\tau)h^*(\tau - t)]e^{-j2\pi ft}d\tau \tag{4-23}$$

式中，$h(\tau)$ 为窗函数；* 代表复数共轭。

二、小波变换

小波变换（Wavelet Transform，WT）是一种新的变换分析方法，能够根据分析信号的实际情况自动调节窗函数，既能看见信号的全貌，又能看见信号的细节，被人们称作信号分析的"显微镜"。

若函数 $x(t) \in L^2(R)$，则 WT 可以表述为：

$$\mathrm{WT}_x(b,a) = \frac{1}{\sqrt{a}}\int x(\tau)\boldsymbol{\Psi}^*\left(\frac{\tau-b}{a}\right)\mathrm{d}\tau, a > 0 \qquad (4-24)$$

式中，$\boldsymbol{\Psi}(\tau)$ 是母小波；$\boldsymbol{\Psi}^*(\tau)$ 是 $\boldsymbol{\Psi}(\tau)$ 的复共轭；$\mathrm{WT}_x(b, a)$ 是 a 和 b 的函数。因为 a、b、t 连续，故该式又叫作连续小波变换（Continuous Wavelet Transform，CWT）。

若 $\boldsymbol{\Psi}(\tau)$ 的傅里叶变换为 $\boldsymbol{\Psi}(\omega)$，且满足 $C_{\boldsymbol{\Psi}} = \int_0^{\infty} \frac{|\boldsymbol{\Psi}(\omega)|^2}{\omega}\mathrm{d}\omega < \infty$，则 $\mathrm{WT}_x(b, a)$ 存在逆变换，逆变换的公式为：

$$x(t) = \frac{1}{C_{\boldsymbol{\Psi}}}\int_0^{\infty}\mathrm{WT}_x(b,a)\boldsymbol{\Psi}_{a,b}(t)\mathrm{d}a\mathrm{d}b \qquad (4-25)$$

本质上来说，WT 就是利用基函数 $\boldsymbol{\Psi}_{a,b}(t)$ 将信号 $x(t)$ 分解成不同频带的子信号。由此，可以通过 WT 提取频带特征，然后利用逆变换进行重构，达到对信号消噪的目的。

三、压缩小波变换

压缩小波变换（Synchrosqueezed Wavelet Transform，SWT）是一种基于 WT 的时频重排算法，具有更高的时频分辨率，且支持信号的分解与重构。对单一信号 $s(t) = A\cos(\omega t)$ 进行 CWT，可得：

$$W_s(a,b) = \frac{A}{2}\int a^{1/2}[\delta(\xi-\omega)+\delta(\xi+\omega)]\boldsymbol{\Psi}^*(a\xi)\mathrm{e}^{jb\xi}\mathrm{d}\xi$$

$$= \frac{A}{2\sqrt{a}}\boldsymbol{\Psi}^*(a\xi)\mathrm{e}^{jb\xi} \qquad (4-26)$$

理论上来说，假设 CWT 母小波的主频为 $\xi = \omega_0$，则小波系数谱会聚集在尺度 $a = \omega_0/\omega$。实际的情况是，小波系数谱在尺度方向上是扩散的，一定程度地降低了时频聚集性，影响了分辨效果。令人欣慰的是，小波系数 $W_s(a, b)$ 在尺度方向上的扩散并没有改变其相位。于是对于 $W_s(a, b)$，可以计算它的瞬时频率：

$$\omega_s(a,b) = \frac{1}{2\pi}\frac{\delta}{\delta b}\mathrm{arg}(W_s(a,b)) \qquad (4-27)$$

式中，arg(＊) 代表复小波系数的相位。

SWT 即是根据得到的瞬时频率，将小波系数（b，a）投影到（b，$\omega_s(a, b)$）上。离散情况下的 SWT 可以表示为：

$$T_s(\omega_l,b) = (\Delta\omega)^{-1}\sum\nolimits_{j\,|\,\notin(a_k,b)\,-\omega_l\leqslant\Delta\omega/2}W_s(a_k,t)a_k^{-3/2}(\Delta a)_k \qquad (4-28)$$

式中，（$\Delta a_k = a_k - a_{k-1}$）和（$\Delta\omega = \omega_l - \omega_{l-1}$）分别是尺度坐标和频率坐标的离散值。

四、魏格纳－维尔分布

与线性变换 STFT 和 WT 不同，魏格纳－维尔分布（Wigner – Ville Distribution，WVD）是一种双线性时频分析方法，能在时域和频域上准确地描述单一信号本身。

信号 $x(t)$ 的 WVD 可以表示为：

$$\mathrm{WVD}_x(t,\omega) = \frac{1}{2\pi} \int_{-\infty}^{\infty} x^* \left(t - \frac{1}{2}\tau \right) x \left(t + \frac{1}{2}\tau \right) \mathrm{e}^{-\mathrm{j}\tau\omega} \mathrm{d}\tau \qquad (4-29)$$

若仿真信号为多分量的复合信号，比如 $S(t) = S_1(t) + S_2(t)$，将其代入式（4-29），得到 WVD 为：

$$\mathrm{WVD}_s(t,\omega) = \mathrm{WVD}_{s_1}(t,\omega) + \mathrm{WVD}_{s_2}(t,\omega) + \mathrm{WVD}_{s_1 s_2}(t,\omega) + \mathrm{WVD}_{s_2 s_1}(t,\omega) \qquad (4-30)$$

式中，$\mathrm{WVD}_{s_1 s_2}(t,\omega) + \mathrm{WVD}_{s_2 s_1}(t,\omega)$ 称为交叉项。虽然 WVD 有很高的时频聚集性，但是由于交叉项的存在，导致 WVD 较难分析多分量的柴油机缸盖振动信号。

五、希尔伯特 – 黄变换

希尔伯特 – 黄变换（Hilbert – Huang Transform，HHT）的核心是经验模式分解（Empirical Mode Decomposition，EMD）。通过 EMD，可以将信号分解成多个本征模态函数 c_i（IMF）和一个残余分量之和：

$$x(t) = \sum_{i=1}^{n} c_i + r_n \qquad (4-31)$$

接着对每一个 c_i 进行希尔伯特变换，可以得到瞬时频率及幅值，进而获得包含时间、频率和幅值的三维时频谱，即 Hilbert 时频谱。

$$x_i(t) = c_i(t) \qquad (4-32)$$

$$y_i(t) = \frac{1}{\pi} p \int_{-\infty}^{+\infty} \frac{x(\tau)}{t - \tau} \mathrm{d}\tau \qquad (4-33)$$

式中，p 为柯西主分量。

变换得到的 $x_i(t)$ 和 $y_i(t)$ 可以构建解析信号 $z_i(t)$：

$$z_i(t) = x_i(t) + \mathrm{i}y_i(t) = a_i \mathrm{e}^{\mathrm{j}\theta i(t)} \qquad (4-34)$$

其中，

$$a_i(t) = \sqrt{x_i(t)^2 + y_i(t)^2}, \theta_i(t) = \arctan(y_i(t)/x_i(t)) \qquad (4-35)$$

若定义瞬时频率 $\omega_i(t) = \mathrm{d}\theta/\mathrm{d}t$，则原信号可以表示为：

$$x(t) = \mathrm{Re} \sum_{i=1}^{n} a_i \mathrm{e}^{\mathrm{j}\theta_i(t)} = \mathrm{Re} \sum_{i=1}^{n} a_i(t) \exp \int \omega_i(t) \mathrm{d}t \qquad (4-36)$$

六、时 – 频域特征提取实例

（一）利用 WT 提取失火故障特征

以某发动机的失火故障为例。当发动机的转速为 800 r/min 时，点火频率为 40 Hz。鉴于柴油机运行时的非平稳时变性，将以点火频率为中心的 ±20° CA 范围内的失火故障信息作为研究重点。通过等角度采样、WT 等步骤，获得了柴油机正常状态、1#缸失火、2#缸失火、3#缸失火、4#缸失火、5#缸失火、6#缸失火等不同状态下缸盖振动信号的角 – 频分布图。

可以看出，正常状态下，各缸燃烧较为均匀，能量分布较为相近，如图 4-15 所示；1#

缸失火时，对应于 0°～120° CA 的能量较低，如图 4 - 16 所示；2#缸失火时，对应于 480°～600° CA 的能量较低，如图 4 - 17 所示；3#缸失火时，对应于 240°～360° CA 的能量较低，如图 4 - 18 所示；4#缸失火时，对应于 600°～720° CA 的能量较低，如图 4 - 19 所示；5#缸失火，对应于 120°～240° CA 的能量较低，如图 4 - 20 所示；6#缸失火时，对应于 360°～480° CA 的能量较低，如图 4 - 21 所示。

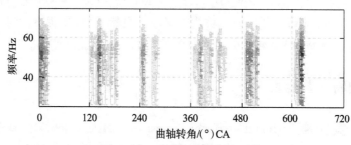

图 4 - 15　正常状态角 - 频分布

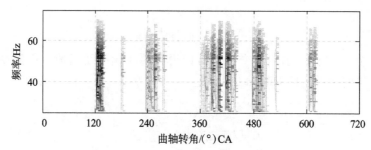

图 4 - 16　1#缸失火状态角 - 频分布

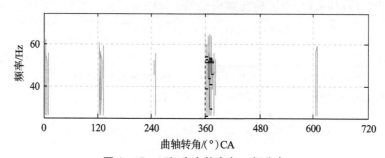

图 4 - 17　2#缸失火状态角 - 频分布

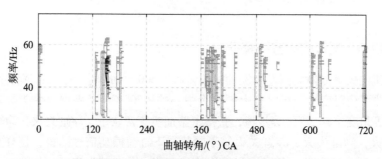

图 4 - 18　3#缸失火状态角 - 频分布

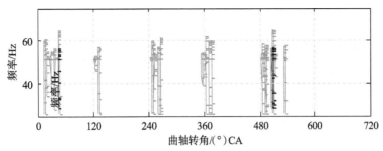

图 4-19　4#缸失火状态角-频分布

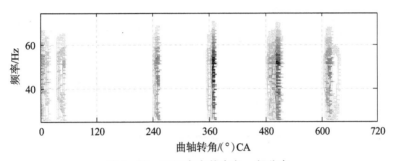

图 4-20　5#缸失火状态角-频分布

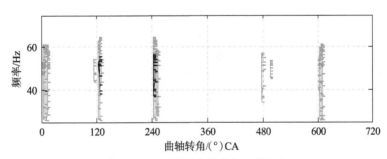

图 4-21　6#缸失火状态角-频分布

（二）利用 SWT 提取失火故障特征

某型车辆装备发动机缸盖振动信号时域波形如图 4-22 所示。从时域波形中可以得到柴油机 6 个缸燃烧引起的缸盖冲击波形，第 6 缸引起的振动冲击较大。图 4-23 显示，缸盖振动信号在 1 kHz、2 kHz、4.2 kHz 和 9 kHz 有明显的能量峰值，主要能量集中在 2.5～6 kHz 范围。

以该型车辆装备发动机失火故障为例。当柴油机出现失火故障时，缸盖振动信号主要能量集中在 2.5～6 kHz 范围，相比柴油机正常工作时的振动信号，能量略向高处飘移，将该频段作为柴油机失火故障的特征频带。当第 1 缸出现失火故障时，曲轴转角 0°～120° CA 范围的特征频带能量较小，约占整个工作循环特征频带能量的 9%，如图 4-24（a）所示；当第 2 缸出现失火故障时，曲轴转角 480°～600° CA 范围的特征频带能量较小，约占整个工作循环特征频带能量的 10%，如图 4-24（b）所示；当第 3 缸出现失火故障时，曲轴转角 240°～

360° CA 范围的特征频带能量较小，约占整个工作循环特征频带能量的 10%，如图 4 – 24 (c) 所示；当第 4 缸出现失火故障时，曲轴转角 600°~720° CA 范围的能量较小，约占整个工作循环特征频带能量的 9%，如图 4 – 24 (d) 所示；当第 5 缸出现失火故障时，曲轴转角 120°~240° CA 范围的能量较小，约占整个工作循环特征频带能量的 10%，如图 4 – 24 (e) 所示；当第 6 缸出现失火故障时，曲轴转角 360°~480° CA 范围的能量较小，约占整个工作循环特征频带能量的 8%，如图 4 – 24 (f) 所示。

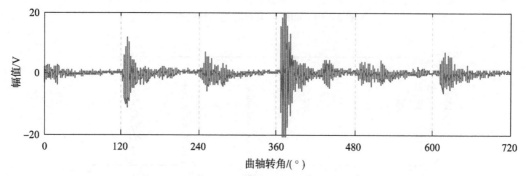

图 4 – 22　缸盖振动信号时域波形

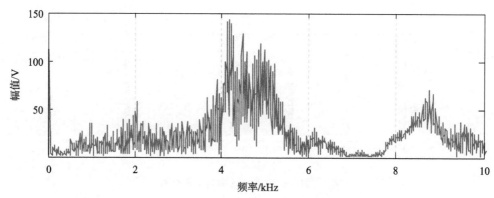

图 4 – 23　缸盖振动信号频谱

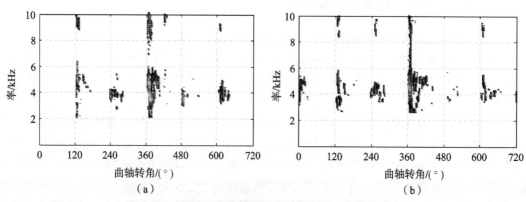

图 4 – 24　柴油机失火故障时振动信号时 – 频特征分布

(a) 第 1 缸失火；(b) 第 2 缸失火

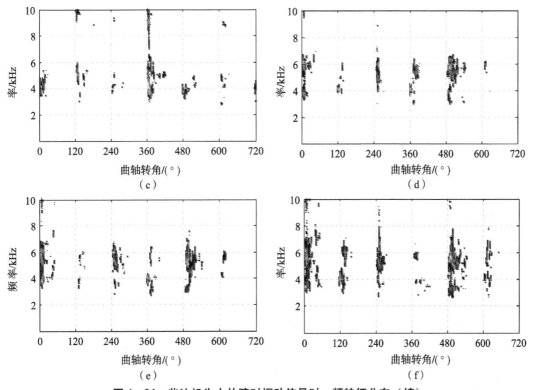

图 4 – 24 柴油机失火故障时振动信号时 – 频特征分布（续）

（c）第 3 缸失火；（d）第 4 缸失火；（e）第 5 缸失火；（f）第 6 缸失火

可见，发生失火故障的缸位燃烧质量较差，相较于正常燃烧缸产生的能量较低，只要设定合适的阈值，就能实现柴油机失火故障缸位的判别。

资源链接

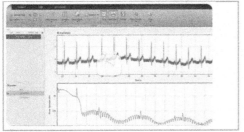

知识拓展

> 随着智能诊断技术的迭代发展，智能特征提取技术已经由传统型的浅层特征、具象特征，逐步走向深层特征、抽象特征。以卷积神经网络、深度信念网络、对抗神经网络等为代表的深度学习算法，已经广泛应用于机械故障的智能特征提取，并与分类器相结合，实现机械故障的智能分类识别。

理论辨析

1. 什么是特征智能提取？
2. 基于相关信息的特征提取技术有哪些？
3. 基于时域信息的特征提取技术有哪些？
4. 基于频域信息的特征提取技术有哪些？
5. 基于时–频域信息的特征提取技术有哪些？

问题研讨

1. 车辆故障诊断中，如何选择适合的特征提取方法？
2. 智能诊断的基本思路是什么？

第五章

智能模式识别技术

　　智能模式识别技术是利用计算机算法对事物或现象的各种形式的信息进行处理和分析，以实现对事物或现象的描述、辨认、分类和解释的过程。故障诊断是模式识别技术应用的一个重要领域。常用的智能模式识别技术有人工神经网络、支持向量机、深度学习等。

第一节　模式识别方法

　　模式识别（Pattern Recognition）是人工智能和机器学习领域的一个重要分支，涉及从数据中识别出模式或规律，并据此做出决策或分类。模式识别的概念可以追溯到 20 世纪 50 年代，随着计算机技术的发展而逐渐成熟。

一、模式识别的定义

　　模式识别又称图形识别，就是通过计算机用数学技术方法来研究模式的自动处理和判读。通常把环境与客体统称为"模式"。模式可以是物理上可见的，也可以是通过数学算法推导出来的。例如，在生物医学领域，通过模式识别技术可以进行图像分类任务，区分匹配模式图像和不匹配模式图像。在日常生活中，人们也经常进行模式识别，比如对光学信息（通过视觉器官获得）和声学信息（通过听觉器官获得）的识别，这是模式识别的两个重要方面。

　　模式分类是模式识别的主要任务和核心研究内容。分类器设计是在训练样本集合上进行优化的过程，也就是一个机器学习过程。现在所说的模式识别是指用机器实现模式识别过程，是人工智能领域的一个重要分支。例如，对于一些看起来相似但具有不同模式的物体，如不同种类的鱼，可以通过模式识别技术对其进行分类。对于一些小的模式变化，可能不容易直接分类，但可以通过算法来解决。

二、模式识别的方法

　　模式识别涉及多种数学技术方法，以下介绍几种常见的模式识别数学技术方法。

1. 基于统计学的方法

统计学方法在模式识别中占据重要地位。通过对大量数据的统计分析，建立模型，以实现对模式的识别。例如，可以计算样本的均值、方差等统计量，利用这些统计量来描述数据的分布特征。对于分类问题，可以使用贝叶斯决策理论，根据先验概率和条件概率来确定样本所属的类别。这种方法的优点是理论基础较为成熟，在很多实际问题中都能取得较好的效果；缺点是需要大量的样本数据来保证统计结果的准确性，并且对复杂的模式可能难以建立准确的统计模型。

2. 基于神经网络的方法

人工神经网络是一种模拟生物神经系统的计算模型，在模式识别中有着广泛的应用。神经网络可以通过学习大量的样本数据，自动调整网络中的权重和阈值，从而实现对模式的识别。例如，反向传播神经网络（BP神经网络）通过误差反向传播算法来调整网络参数，以最小化输出与期望输出之间的误差。卷积神经网络（Convolutional Neural Network，CNN）则特别适用于图像等具有局部结构的数据的模式识别。神经网络的优点是具有很强的自适应性和学习能力，能够处理复杂的模式；缺点是训练过程比较复杂，需要大量的计算资源和时间。

3. 基于数学形态学的方法

数学形态学是一种基于集合论的数学方法，主要用于图像处理和模式识别。它通过对图像进行膨胀、腐蚀、开运算、闭运算等基本操作，来提取图像中的形状特征。例如，可以使用形态学滤波器来去除图像中的噪声，或者使用形态学梯度来检测图像的边缘。数学形态学的优点是算法简单、计算效率高，能够有效地处理图像中的形状信息；缺点是对于复杂的模式，可能需要结合其他方法来提高识别效果。

4. 基于遗传算法的方法

遗传算法是一种模拟生物进化过程的优化算法。在模式识别中，其可以用于特征选择和分类器设计等方面。遗传算法通过模拟自然选择和遗传变异的过程，在解空间中搜索最优解。例如，可以将模式识别问题转化为一个优化问题，使用遗传算法来搜索最优的特征组合或者分类器参数。遗传算法的优点是具有全局搜索能力，能够避免陷入局部最优解；缺点是计算量较大，收敛速度较慢。

5. 基于模糊数学的方法

模糊数学是一种处理模糊性和不确定性的数学方法，在模式识别中可以用于处理模糊的模式和不确定的信息。例如，可以使用模糊聚类算法来对数据进行聚类分析，或者使用模糊逻辑来设计分类器。模糊数学的优点是能够更好地处理现实世界中的模糊性和不确定性，提高模式识别的准确性；缺点是模糊规则的设计比较困难，需要一定的经验和技巧。

模式识别的数学技术方法有很多种，每种方法都有其优点和缺点。在实际应用中，需要根据具体的问题和数据特点，选择合适的数学技术方法，或者结合多种方法来提高模式识别的效果。

第二节　卷积神经网络

卷积神经网络是一种深度学习算法，在图像识别、自然语言处理等领域有着广泛的应用。

一、卷积神经网络的原理

卷积神经网络是从生物学概念演变而来的，是一种以卷积操作为基础的前馈神经网络，目前已经成为图像处理、语义识别等应用领域的主流方法。卷积神经网络是深度学习的基本工具，尤其适用于图像处理。卷积神经网络由多个层串联组成，主要由输入层、卷积层、池化层、全连接层和输出层组成。其核心模块是卷积层和池化层，通过对数据进行卷积和池化的交替操作，可以更好地挖掘特征。全连接层用来做分类，若要预测连续数据（例如角度和距离），可以在网络末尾包含回归层。卷积神经网络模型如图 5 - 1 所示。

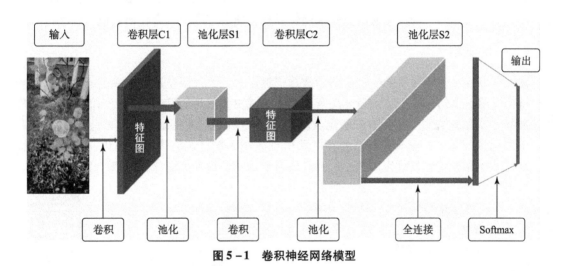

图 5 - 1　卷积神经网络模型

（一）卷积层

卷积层用于获取输入图像的特征信息，其内部包含多个尺寸可以人为定义的卷积核。卷积核的每个位置都对应一个数值，该数值决定了提取的特征信息大小。卷积核通过不断移动的方式获取图像所有像素点的特征信息，每次移动的距离间隔被称为步长。获取特征的过程是通过卷积核的权重系数与输入图像对应的位置像素值相乘再求和实现的，计算方法见式（5 - 1）。

$$\text{conv}_{xy} = \sum_{i=1, j=1}^{n} X_{ij} w_{ij} \tag{5-1}$$

式中，conv_{xy} 表示通过卷积操作获取的特征信息；X_{ij} 表示坐标为（i, j）的像素大小；w_{ij} 表示该位置对应的卷积核权重大小。通过卷积核与所有的输入图像像素值进行逐个的卷积运算后，产生输出特征信息，其示意图过程如图 5 - 2 所示。

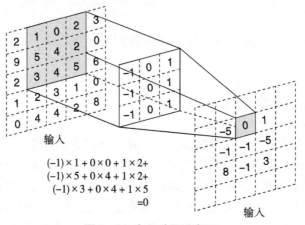

$$(-1) \times 1 + 0 \times 0 + 1 \times 2 +$$
$$(-1) \times 5 + 0 \times 4 + 1 \times 2 +$$
$$(-1) \times 3 + 0 \times 4 + 1 \times 5$$
$$= 0$$

图 5 - 2　卷积过程示意图

通过逐步移动卷积核的方式，对图像的每一片卷积核覆盖区域进行式（5 - 1）的计算。卷积核移动到边缘时，使用填充的方式来确保卷积核覆盖范围内均存在像素值。

（二）池化层

输入图像经过卷积层得到的特征图参数量仍然巨大，池化层是通过在一定区域内进一步融合特征图中信息的方式，达到特征图宽高变小，减少参数量的目的，从而降低网络计算难度、抑制过拟合的发生。特征图中池化区域的确定与卷积核在特征图上逐步平移的方式一致，由池化窗口尺寸、移动间隔长度和对无信息区域的填充机制决定。池化的方式是多样的，常用的池化方式可以分为两种：一种是最大值池化，最大值池化选择每一个选定区域内的最大值代表该区域的所有值；另一种是平均值池化，平均值池化是选择每一个选定区域的平均值代表该区域的所有值。以一个大小为 2×2 的池化核为例，设置移动间隔为 2，上述两种池化过程如图 5 - 3 所示。

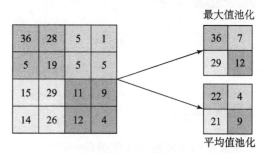

图 5 - 3　两种池化过程

（三）激活函数

激活函数的作用是对输入值进行一个非线性变换，并且决定是否继续将值传递到下一个层。先对输入激活函数的值进行非线性变换，再和设定的阈值对比，当变换后的值高于设定阈值时，神经元就会被激发，并以特定的输出函数决定传递给下一个神经元的内容，如图 5 - 4 所示。

神经网络中每一个神经节点将上一层节点输出值经过线性变换叠加后作为该节点的输入，经过多层神经网络的叠加后，整个网络仍然是线性变换。线性网络的表达能力是不足的，而使用激活函数就相当对网络中的信息进行了一次非线性变换，增强网络表达。卷积神

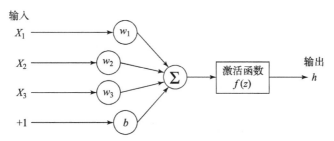

图 5-4　卷积神经网络的处理流程

经网络中有多种激活函数，较为广泛使用的有 sigmoid、tanh、ReLU、Leaky ReLU 等，数学形式见式（5-2）~式（5-4）。

$$\text{sigmoid}(x) = \frac{1}{(1 + e^{-x})} \tag{5-2}$$

$$\tanh = \frac{e^x - e^{-x}}{e^x + e^{-x}} \tag{5-3}$$

$$\text{ReLU} = \max\{0, x\} \tag{5-4}$$

sigmoid 函数是早期对深度学习方法进行研究时被经常使用的一种激活函数。当网络变得越来越深，在对网络进行训练优化时，sigmoid 函数常常产生梯度消失的问题，而且 sigmoid 函数还存在幂运算操作不易计算，输出全部为正值导致的收敛速度慢（非 zero-centered 问题）等缺点。使用 tanh 函数可以有效避免非 zero-centered 问题，但是仍然不能解决其他关键问题，例如优化时梯度消失和幂运算难度大的问题。ReLU 激活函数具有线性且不饱和的特性，函数图像如图 5-5 所示。如果输入量大于或等于 0，输出量则与输入量保持线性关系，而且梯度不会变为 0。ReLU 函数改善了梯度消失和幂运算问题。如果输入值小于 0，则输出也为 0，也就是说，ReLU 函数的输出依然是大于或者等于 0 的，仍然存在非 zero-centered 问题，而且输入为负值时，也会导致 ReLU 函数失效。Leaky ReLU 的前一部分输出被替换成 $0.01x$，而不是像 ReLU 采用将前一部分输出置 0 的方式，函数图像如图 5-6 所示。Leaky ReLU 拥有了 ReLU 的所有优势，还解决了输入值为负时 ReLU 失效的问题。

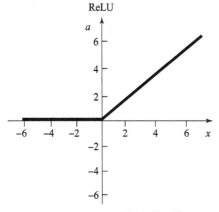

图 5-5　ReLU 激活函数图像

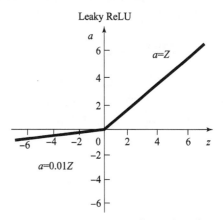

图 5-6　Leaky ReLU 激活函数图像

（四）全连接层

全连接层的神经元与上一层的所有神经元全部进行连接，每一个神经元均与上一层的所有神经元建立联系，其作用就是将从原始输入数据得到的特征图信息展平到特征标记域，最后全连接层会连接输出层，通过 softmax 分类器对物体进行类别判断。

二、卷积神经网络在故障诊断中的应用

卷积神经网络在故障诊断领域得到了广泛的应用，下面以卷积神经网络在柴油机高压油路故障诊断中的应用为例进行介绍。

柴油机作为重要的动力源，快速、准确诊断其故障具有重要意义。振动信号中蕴含了丰富的故障信息，以其不解体、易采集等优点，越来越广泛地被应用于故障诊断。但柴油机机构复杂，振源多样，并且振动信号大多是非平稳和非高斯信号，淹没在各种高斯噪声和干扰中，利用传统的二阶统计量（功率谱、自相关等）分析方法很难达到理想的效果。

本例介绍一种利用卷积神经网络识别振动信号三阶累积量（Third - order Cumulant，CUM3）灰度图的柴油机故障诊断方法。利用三阶累积量对高斯噪声的抗噪能力和卷积神经网络自动提取抽象特征的能力，对振动信号进行三阶累积量计算并生成灰度图像，作为卷积神经网络的输入；用小批量随机的方法划分训练样本，采用具有动量的随机梯度下降算法和学习率退火方法训练卷积神经网络，通过遗传算法优化训练参数，从而提高网络的收敛效果和计算效率，形成准确、高效的智能故障诊断方法。具体计算流程如图 5 - 7 所示。

（一）数据集建立

将一个工作循环缸盖上侧振动信号的三阶累积量灰度图作为一个样本，对 5 种工况下的每个转速分别取 60 组样本，每种工况组成 360 个样本的数据集，从

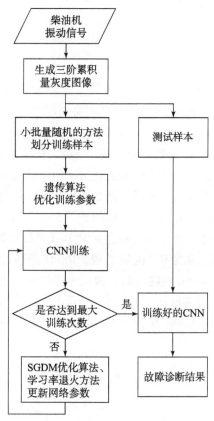

图 5 - 7　基于 CUM3 - CNN 的故障诊断流程

中取 240 个样本作为训练集，其余 120 个样本作为测试集。数据集的划分情况见表 5 - 1。

表 5 - 1　数据集的划分情况

序号	工况	训练集/组	测试集/组
1	正常	240	120
2	漏油	240	120

序号	工况	训练集/组	测试集/组
3	断油	240	120
4	喷油压力高	240	120
5	喷油压力低	240	120

（二）卷积神经网络构建

本例所用卷积神经网络模型参数见表 5 - 2。输入图像为 101×101 大小的灰度图像；卷积层设置 4 个 3×3 大小的卷积核，步长为 1；在卷积层之后，使用批量归一化层，来加速网络训练并降低对网络初始化的敏感度；批量归一化层后，接一个非线性激活函数——修正线性单元（ReLU）；池化层采用最大池化层，核大小为 2×2，步长为 2；之后连接一个 dropout 层，其 dropout 率用参数 p 表示，全连接层输出为 5，通过 softmax 层输出 5 种分类的概率。

表 5 - 2　卷积神经网络模型参数

层类型	参数	输出
图像输入层	灰度图像	$101 \times 101 \times 1$
卷积层	4 个 3×3 核，步长 1	$101 \times 101 \times 4$
批量归一化层		$101 \times 101 \times 4$
ReLU 层		$101 \times 101 \times 4$
最大池化层	2×2 核，步长 2	$50 \times 50 \times 4$
dropout 层	p	$50 \times 50 \times 4$
全连接层	5	$1 \times 1 \times 5$
softmax 层	5	$1 \times 1 \times 5$

（三）卷积神经网络训练

本例采用具有动量的随机梯度下降优化算法（Stochastic Gradient Descent with Momentum, SGDM）来训练卷积神经网络，学习速率采用退火的方法动态调节，将学习速率乘一个小于 1 的系数，每 10 轮减小一次学习率。为了降低计算成本，用随机小批量（mini - batch stochastic）的方法划分训练样本，批量大小为 32，每次用一个小批量来训练网络，完成整个训练数据集所有批量的训练为一轮完整训练周期，最大的训练轮数为 20 轮，每轮训练都会打乱数据，并在每轮训练结束计算基于验证数据集的准确度，验证数据不用于更新网络权重。

网络有 3 个重要的超参数需要调节，分别是初始学习速率 r、学习速率退火系数 f 和 dropout 率 p。为了提高模型的精度，减小泛化误差，本节采用遗传算法优化训练参数。遗传算法个体数目取 10，最大进化代数 50 代，交叉概率取 0.4，变异概率取 0.2，以网络对原测试集和分别混有 -3 dB、0 dB、3 dB 噪声的测试集的验证误差平均值作为适应度函数，其适应度曲线如图 5 - 8 所示。

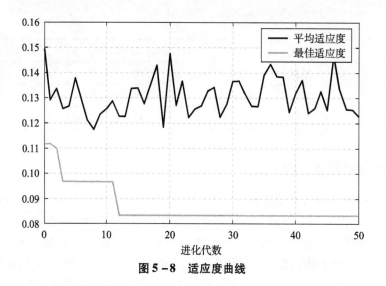

图 5 - 8　适应度曲线

经过 50 代进化，最终进化出的最优参数组合为：初始学习速率 $r = 0.004\ 5$、学习速率退火系数 $f = 0.688\ 5$ 和 dropout 率 $p = 0.468\ 9$。

（四）结果分析

采用训练集对本例的方法（CUM3 – CNN）进行训练，并通过测试集检验训练后模型的准确率，训练进度如图 5 – 9 所示。从图 5 – 6 中可以看出，经过 2 轮的训练，模型的验证准确度达到了 95% 以上，20 轮训练过后，最终的训练准确度和验证准确度都达到了 99.5%，表明该方法收敛速度快、泛化能力强。

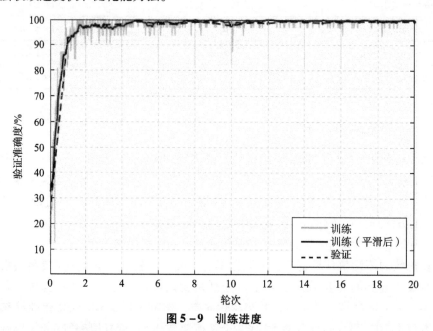

图 5 – 9　训练进度

缸体上侧振动信号和缸盖左侧振动信号训练网络模型对 5 种工况的最终验证准确度见表 5 – 3。

表 5 – 3　不同部位采集信号的最终验证准确度

序号	工况	测试集/组	最终验证准确度/%	
			缸盖上侧	缸盖左侧
1	正常	120	100	99.2
2	漏油	120	100	100
3	断油	120	100	99.2
4	喷油压力高	120	98.3	96.7
5	喷油压力低	120	99.2	99.2

从表 5 – 3 可以看出,对每个工况的 120 组测试集数据,CUM3 – CNN 方法具有较高的准确率,缸盖上侧信号比缸盖左侧信号的准确率更高,说明缸盖上侧振动信号对 5 种工况蕴藏的故障特征更加敏感,更适合用来进行故障诊断;缸盖上侧振动信号的 CUM3 – CNN 方法能准确区分传统方法难以分辨的 5 种工况,并且保持了较高的计算效率,实现了柴油机多故障工况的准确、高效故障诊断。

(五)对比分析

为了检验本方法的故障诊断性能,分别对比了本例所用的 CUM3 – CNN 方法和 1D – CNN 方法、STFT – CNN 方法、WT – CNN 方法在原测试集和噪声环境下的故障诊断准确率,以验证本方法的有效性。

1. 不同方法的故障诊断性能对比

用不同的方法对原始信号生成尺寸相同的灰度图数据集,所用的卷积神经网络结构和训练参数完全相同,对比 4 种方法的故障诊断性能,各方法在其对应的测试集的验证准确度对比如图 5 – 10 所示。

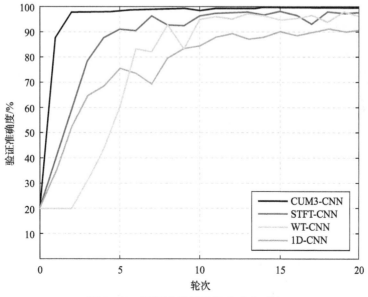

图 5 – 10　不同方法的验证准确度对比

从图 5 - 10 中可以看出, CUM3 - CNN 方法的收敛速度比 1D - CNN 方法、STFT - CNN 方法和 WT - CNN 方法都要快。表 5 - 4 列出了不同方法在各自对应测试集的最终验证准确度和训练时间对比。

表 5 - 4   不同方法的最终验证准确度和训练时间对比

方法	验证准确度/%	训练时间/s
CUM3 - CNN	99.50	31
1D - CNN	90.67	28
STFT - CNN	96.17	31
WT - CNN	97.50	31

从表 5 - 4 可以看出, CUM3 - CNN 方法的最终验证准确度为 99.50%, 比 1D - CNN 方法 (90.67%)、STFT - CNN 方法 (96.17%) 和 WT - CNN 方法 (97.50%) 的最终验证准确度高。以上结果说明, CUM3 - CNN 方法比 1D - CNN 方法、STFT - CNN 方法和 WT - CNN 方法用于柴油机故障诊断的准确率更高。

2. 噪声环境下的故障诊断性能对比

在实际诊断过程中, 采集到的信号难免会受到噪声的干扰。为了验证噪声环境下上述 4 种方法的故障诊断性能, 在测试集中加入信噪比为 - 5 ~ 5 dB 的高斯白噪声, 分别用不同的方法生成灰度图数据集, 输入到训练好的对应的卷积神经网络。不同方法在噪声环境下的故障诊断准确度对比如图 5 - 11 和表 5 - 5 所示。

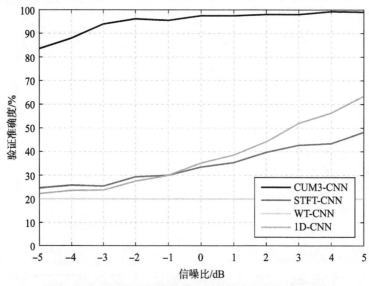

图 5 - 11   不同方法在噪声环境下的故障诊断准确度对比

表5-5 不同方法在噪声环境下的故障诊断准确度对比

信噪比/dB	CUM3-CNN/%	1D-CNN/%	STFT-CNN/%	WT-CNN/%
-5	83.50	22.17	24.67	20.00
-4	88.00	23.67	25.83	20.00
-3	94.00	23.83	25.50	20.00
-2	96.17	27.50	29.33	20.00
-1	95.50	29.83	30.00	20.00
0	97.50	35.17	33.50	20.17
1	97.50	38.50	35.33	20.17
2	98.00	44.17	39.67	20.33
3	98.00	52.00	42.67	20.00
4	99.17	56.33	43.33	20.33
5	99.00	63.50	48.33	20.33

从图5-11中可以看出,在噪声环境下,CUM3-CNN方法的故障诊断性能明显优于1D-CNN方法、STFT-CNN方法和WT-CNN方法。从表5-5中可以看出,随着信噪比的提高,CUM3-CNN方法、1D-CNN方法和STFT-CNN方法的故障诊断性能总体也在提高,CUM3-CNN方法的故障诊断准确度在83%~99%之间,1D-CNN方法的故障诊断准确度在23.17%~63.50%之间,而STFT-CNN方法的故障诊断准确度不足50.00%,WT-CNN方法的故障诊断准确度只有20.00%左右。以上结果说明,CUM3-CNN方法有良好的噪声抑制能力,在噪声环境下用于柴油机故障诊断,诊断准确度明显高于1D-CNN方法、STFT-CNN方法和WT-CNN方法。

 知识拓展

　　在滚动轴承智能诊断中,卷积神经网络可以用来实现滚动轴承的故障自动诊断。其原理是通过使用卷积神经网络对滚动轴承的振动信号进行处理,提取出其中的特征信息,然后将这些特征信息输入分类器中进行分类。在训练过程中,卷积神经网络会学习如何提取最重要的特征,并用这些特征来区分正常和故障轴承。具体来说,卷积神经网络通常由卷积层、池化层和全连接层组成。其中,卷积层用来提取图像中的特征信息,池化层则用来对特征进行降维处理,最后通过全连接层将特征传递到分类器中进行分类。

第三节　循环神经网络

循环神经网络是一种专门用于处理序列数据的神经网络。与传统的前馈神经网络不同，RNN 在处理每个时间步的输入时，会考虑前面时间步的信息，从而具有"记忆"能力。循环神经网络以其独特的结构和强大的处理序列数据的能力，在自然语言处理、时间序列预测、多媒体应用、气象预报、推荐系统等多个领域都有着广泛的应用。

一、循环神经网络的原理

循环神经网络区别于其他深度学习理论，重视数据的关联性和反馈作用，可以记忆上一层的信息并添加到当前层的计算中，隐含层间通过节点相连，擅长对语音、文本等时间序列进行数据处理，其网络模型如图 5 – 12 所示。x_t 为第 t 步的输入单元，在振动信号分析中，t 可以代表时刻；h_t 为第 t 步的隐藏层状态；o_t 为第 t 步的输出，通常是 softmax 分类器；U、V、W 为 RNN 网络各层之间的权重参数。

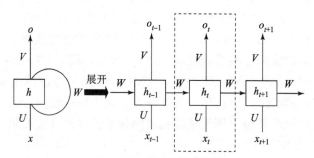

图 5 – 12　RNN 网络模型

第 t 个单元的计算过程如下：

$$\begin{cases} h_t = f(Wh_{t-1} + Ux_t + b_h) \\ o_t = \text{softmax}(Vh_t + b_o) \end{cases} \tag{5-5}$$

式中，b_h 和 b_o 为偏置项变量。

RNN 模型精度高、收敛速度快，具有非线性分析能力，对处理旋转机械故障数据效果较好。但由于 RNN 在训练过程一般采用时间反向传播算法（Backpropagation Through Time，BPTT），当样本长度较大时，随着网络的层数加深，残差指数下降，导致网络权重更新变慢，信息传递损失加大，会产生"梯度消失"或"梯度爆炸"的问题。为了解决这些问题，出现了一些改进的 RNN 结构，如长短期记忆网络（LSTM）。

LSTM 由 Jürgen Schmidhuber 提出，是在循环神经网络基础上的改进，其继承了 RNN 网络结构，均由输入层、隐含层和输出层组成。图 5 – 13 为 LSTM 的网络模型，创造性地引入了"门"结构和记忆单元 C_t 来控制下一层信息对神经元上一层已存信息的干扰程度，能够较长时间地存储并传递信息，解决了 RNN 非长时依赖问题。

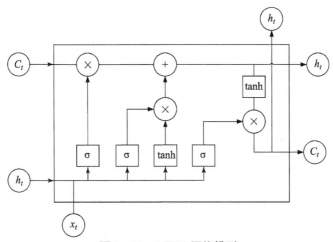

图 5 - 13　LSTM 网络模型

LSTM 的门控制器包括输入门、输出门、遗忘门和调制门。输入门、输出门和遗忘门利用 sigmoid 激活函数控制门的开关状态，调制门采用 tanh 激活函数控制门的开关状态。其中，遗忘门决定遗忘或保存哪些信息，输入门用于更新记忆单元状态，输出门用来确定下一个隐藏层状态。各门输出函数表达式为：

$$\begin{Bmatrix} i \\ f \\ o \\ g \end{Bmatrix} = \begin{Bmatrix} \text{sigmoid} \\ \text{sigmoid} \\ \text{sigmoid} \\ \text{tanh} \end{Bmatrix} T_{2n,4n} \begin{pmatrix} D(k_t^{l-1}) \\ k_{t-1}^l \end{pmatrix} \qquad (5-6)$$

式中，T 为时序；n 为分类数目；i 是输入门层的输出；f 是遗忘门层的输出；o 为输出门的输出；g 为调制门的输出；k_t^l 为隐藏层 l 中时刻 t 的输出。

二、循环神经网络在故障诊断中的应用

循环神经网络在故障诊断领域得到了广泛的应用，下面以 LSTM 在变速器齿轮早期故障诊断中的应用为例进行介绍。

变速器齿轮作为传输动力的关键部件，经常处在高温、高速、大载荷的工作环境，其故障的发生概率占变速器故障的 60%，及早地发现故障可以避免并发故障、延长设备使用寿命。但齿轮早期振动信号中故障信号微弱，且淹没在背景噪声中，故障特征提取和诊断难度较大。针对故障提取困难问题，维修专家认为，齿轮在变转速运转时，可以突出一些稳速条件下不容易显示的故障特征。传统的基于变转速的信号分析，一般采用阶比追踪方法，将时域的非平稳信号转化为角域的平稳信号，并结合小波分析、经典模态分解和循环解调等时频分析方法，通过包络分析提取出故障阶次。

本例以基于分数阶傅里叶变换（Fractional Fourier Transform，FRFT）和 LSTM 相结合的方法进行齿轮早期故障诊断。应用 FRFT 分离出故障齿轮所在挡位的分量，将该分量的时间序列以向量的形式输入 LSTM 网络中进行训练和检测，实现齿轮故障的识别。通过与提取小波包能量特征的 BP 神经网络和 SVM 对比，验证该诊断方法的有效性。

针对变速器齿轮早期故障诊断中故障特征微弱、难以提取和识别的问题，提出一种基于 FRFT 和 LSTM 的故障诊断模型。通过 FRFT 对原始信号降噪，增强故障特征；利用 LSTM 网络可以直接识别信号的时间序列，不用提取特征参数的优点，实现齿轮早期故障的识别。齿轮早期故障诊断流程如图 5 – 14 所示。

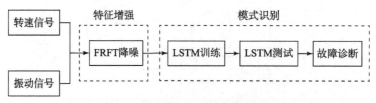

图 5 – 14　齿轮早期故障诊断流程

（1）输入采集的基于变转速急加速过程条件下的齿轮振动信号和转速信号的试验数据。

（2）根据变速器各齿轮的啮合比不同，计算出各分量的分数阶阶次，以包含故障信息分量的分数阶阶次进行 FRFT 运算，实现信号的降噪和故障分量的提取。

（3）将特征提取后的数据集分成训练样本和测试样本，运用 LSTM 神经网络对训练样本进行训练，不断调整网络参数，使训练准确率保持在较高区间并保存该网络。

（4）将测试样本输入训练好的网络，实现故障的识别。

（一）采集数据

试验平台装置原理如图 5 – 15 所示。试验对象为 BJ2020S 型四挡变速器的齿轮早期故障。在二挡，齿轮某一齿采用电火花加工法设置直径 $\phi = 0.2$ mm 的点蚀故障。采用 NI PXI – 1044 采集系统，在输入轴端设置霍尔式传感器采集转速信号，故障齿轮附近变速器表面设置 601A01 型振动加速度传感器采集振动信号，采样频率为 20 kHz，采样点数为 24 576。变速器在二挡工作，从 0 加速至 1 500 r/min，以输入轴为参考，各挡位齿轮的啮合阶次见表 5 – 6，理论计算可得故障阶次等同于输出轴转频，为 0.43。

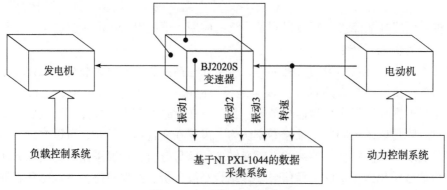

图 5 – 15　试验平台装置原理

表 5 – 6　各挡位齿轮的啮合阶次

挡位	一挡	二挡	三挡	四挡
阶次/(次·r^{-1})	8.9	12.03	16.47	19

（二）FRFT 分析

采集的转速信号和振动信号时域图及转速曲线如图 5 - 16 所示。对信号进行阶比包络谱分析，如图 5 - 17 所示，无法提取故障阶次。

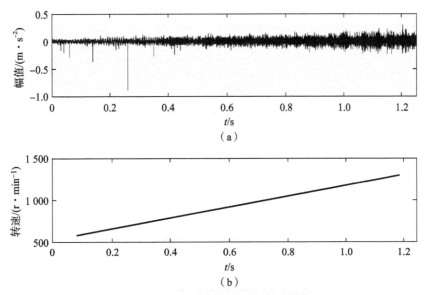

图 5 - 16 原始信号时域图及转速曲线

（a）时域图；（b）转速曲线

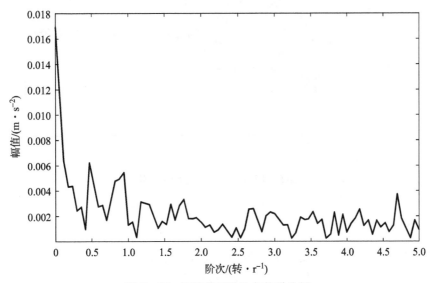

图 5 - 17 原始信号阶比包络谱分析

图 5 - 18 为根据各挡位传动比计算的分数阶阶次，故障齿轮所在挡位的最佳阶次为 1.005 2 次/r。对比图 5 - 16（a）和图 5 - 19，振动信号的噪声得到了很好的抑制。阶比

包络谱如图 5 - 20 所示，在图中可以清晰地看出与故障阶次接近的阶次 0.411 8 次/r，故障特征得到了有效增强。

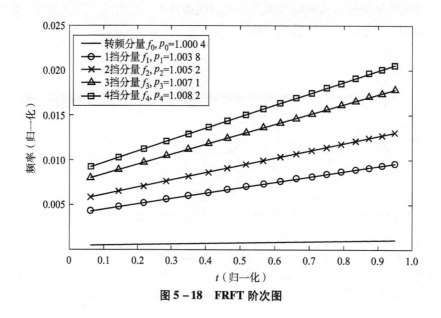

图 5 - 18   FRFT 阶次图

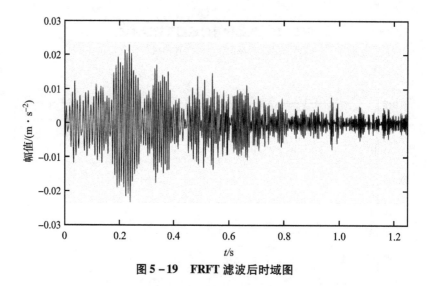

图 5 - 19   FRFT 滤波后时域图

（三）LSTM 分析

对齿轮正常信号和齿轮早期故障信号各采集 200 组，经过 FRFT 滤波并做归一化处理后，取各自前 100 组为训练样本，后 100 组为测试样本。

设置 LSTM 网络架构初始参数。输入数据的维度为 1，隐藏单位为 200，学习率为 0.01，输出的分类器设置为齿轮正常和齿轮故障两类。其训练过程如图 5 - 21 所示，图中横坐标为迭代次数，纵坐标为训练正确率。图 5 - 22 为损失函数图，横坐标为迭代次数，纵坐标为损

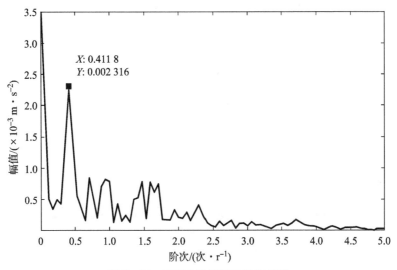

图 5 − 20　FRFT 滤波后阶比包络谱

失率。可以看出，当迭代次数在 300 次左右时，训练正确率达到 90% 以上并趋于稳定，相应的损失率逐渐收敛趋于 0。

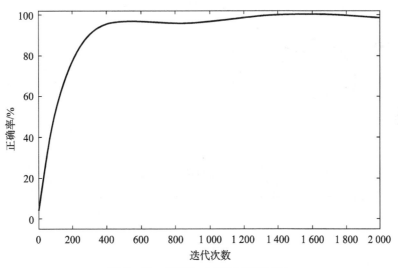

图 5 − 21　FRFT − LSTM 训练过程

　　将未进行 FRFT 滤波处理的信号的时间序列直接输入 LSTM 网络训练，其训练过程和损失函数分别如图 5 − 23 和图 5 − 24 所示，可以看出正确率一直在 50% 左右，并且其损失函数无法收敛，验证了 FRFT 滤波的有效性。

　　为了对比 FRFT − LSTM 诊断模型与 BP 神经网络和 SWM 的优越性，将 FRFT 滤波后的信号采用四层小波包分解，计算其小波包能量作为特征值，输入 BP 神经网络和 SVM 中，各诊断模型准确率对比见表 5 − 7，可以看出基于 FRFT − LSTM 模型的故障诊断方法的显著优越性。

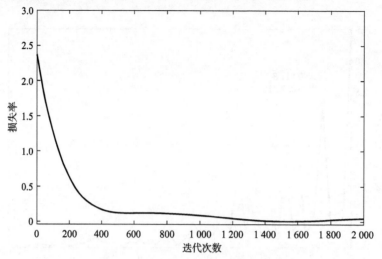

图 5 – 22　FRFT – LSTM 训练损失率

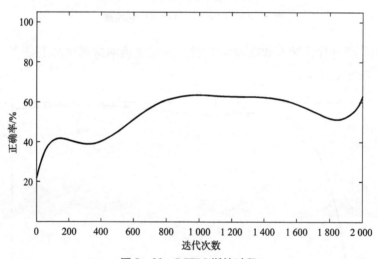

图 5 – 23　LSTM 训练过程

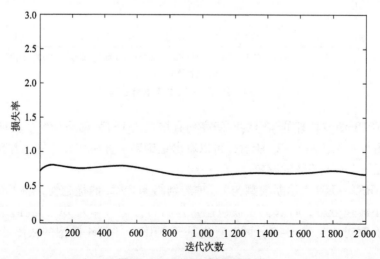

图 5 – 24　LSTM 训练损失率

表 5 - 7　各诊断模型准确率对比　%

故障类型	FRFT – LSTM	LSTM	FRFT – BP	FRFT – SVM
正常	93	63	84	77
故障	91	52	81	62

 资源链接

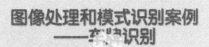

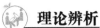 **理论辨析**

1. 什么是模式识别?
2. 模式识别方法的分类是什么?
3. 卷积神经网络的理论基础是什么?
4. 循环神经网络与卷积神经网络点区别是什么?

问题研讨

1. 分析人工神经网络与深度学习有何区别和联系。
2. 谈谈智能模式识别技术在故障诊断领域的应用前景。

第三篇　智能故障诊断运用

　　车辆各个总成部件结构存在差异，由于故障机理不同，故障特征也不一样，因此，需要选择合适的故障诊断技术，匹配不同总成部件、不同故障特征表现，才能实现有效的故障诊断，提高车辆的维修保障效率。

　　本篇首先按照车辆的总成结构，分别介绍发动机、底盘、电气电控系统的故障诊断运用；然后集中介绍智能故障诊断系统；最后结合新能源汽车与智能无人车辆的发展趋势，介绍新能源汽车与智能无人车辆故障诊断的常见故障与诊断方法。

第六章

发动机故障诊断

发动机作为车辆的核心总成，其机构复杂、组成零部件多、工作条件恶劣，发生故障的可能性较大。及时掌握其健康状态、发现异常情况并准确诊断故障部位，对提高其视情维修水平，具有非常重要的技术价值和工程意义。本章主要介绍发动机机械故障诊断、气缸压力无损检测诊断、发动机功率检测诊断等技术。

第一节　发动机机械故障诊断

发动机机械故障诊断是发动机故障诊断中的重要部分，主要涉及对发动机的各个机械部件进行检测、诊断和分析，确定是否存在故障，并确定故障的类型和位置。本节主要介绍利用循环双谱、经验模态分解、阶比谱等算法诊断发动机曲轴、连杆轴承故障。

一、循环双谱及曲轴轴承故障诊断

（一）双谱性质及计算

1. 双谱性质

（1）一般是复值的，具有幅值和相位，即：

$$B_x(\omega_1,\omega_w) = |B_x(\omega_1,\omega_w)| \exp[\phi_B(\omega_1,\omega_2)] \tag{6-1}$$

式中，$|B_x(\omega_1,\omega_2)|$ 和 $\phi_B(\omega_1,\omega_2)$ 分别表示双谱的幅值和相位。

（2）是双周期函数，两个周期都为 2π，即：

$$B_x(\omega_1,\omega_2) = B_x(\omega_1 + 2\pi,\omega_2 + 2\pi) \tag{6-2}$$

（3）有以下对称性：

$$B_x(\omega_1,\omega_2) = B_x(\omega_2,\omega_1) = B_x^*(-\omega_1,-\omega_2) = B_x^*(-\omega_2,-\omega_1) = B_x(-\omega_1-\omega_2,\omega_2)$$

$$= B_x(\omega_1,-\omega_1-\omega_2) = B_x(-\omega_1-\omega_2,\omega_1) = B_x(\omega_2,-\omega_1-\omega_2) \tag{6-3}$$

将双谱的定义区域分成 12 个扇形区，如图 6-1 所示，由双谱性质（3）可知，只要知

道三角区域 $\{\omega_2 \geqslant 0, \ \omega_1 \geqslant \omega_2, \ \omega_1 + \omega_2 \leqslant \pi\}$ 内的双谱，再根据其对称性，即可求出 (ω_1, ω_2) 平面上的所有双谱值。双谱估计有直接法和间接法两种，直接法先估计其傅里叶序列，然后对该序列做三重相关运算，即可得到双谱的估计。间接法先估计三阶累积量，再对累积量序列进行傅里叶变换得到双谱。在数据样本足够大的情况下，两种方法都提供了近似无偏的估计值。本章介绍的双谱估计采用间接法，双相干谱估计采用直接法。

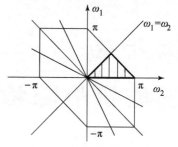

图 6 - 1　双谱的对称区域

2. 双谱计算

（1）傅里叶变换：

$$X(\omega) = \sum_{n=0}^{N-1} x(n) e^{-j(2\pi/N)\omega_n} \qquad (6-4)$$

（2）功率谱：

$$P_x(\omega) = \frac{1}{N} X(\omega) X^*(\omega) \qquad (6-5)$$

（3）双谱：

$$B_x(\omega_1, \omega_2) = \frac{1}{N} X(\omega_1) X(\omega_2) X^*(\omega_1 + \omega_2) \qquad (6-6)$$

（4）双相干谱：

$$b_x(\omega_1, \omega_2) = \frac{|B_x(\omega_1, \omega_2)|}{\sqrt{P_x(\omega_1) P_x(\omega_2) P_x(\omega_1 + \omega_2)}} \qquad (6-7)$$

（5）双谱沿 $\omega_1 = \omega_2$ 对角切片：

$$B_x(\omega_1, \omega_2)\Big|_{\omega_1 = \omega_2} = \frac{1}{N} X^2(\omega) X^*(2\omega) \qquad (6-8)$$

从上式可看出，$x(t)$ 在 (ω_1, ω_2) 处双谱的幅值等于其位于 ω_1、ω_2 和 $\omega_1 + \omega_2$ 处的频谱的幅值之积。双谱为复值谱，有两个频率变量 ω_1 和 ω_2。它的物理意义不是太明确，某种程度上它相当于信号歪度在频域的分解，所以它可以描述信号非对称性、非线性的特征。非线性相位耦合现象是指由于非线性对耦合频率处（信号中的 2 个频率成分间产生 1 个和频与 1 个差频频率成分）的功率值产生影响（QPC）。出现此种现象，说明系统已处于不稳定的状态，通过非线性耦合作用产生新的频率成分，能量从不稳定模态，通过耦合传递给新的频率成分，从而达到稳定振动模态目的。双相干谱 $b^2(\omega_1, \omega_2)$ 是规范化后的双谱，它可以在 0 到 1 之间定量描述信号的二次相位耦合。任何频率变量对 ω_1 和 ω_2 处的双相干谱描述了频率 ω_1 和 ω_2 二次相位耦合产生的能量在 $\omega_1 + \omega_2$ 处总能量中所占的比例。当双相干谱为 1 时，表示 $\omega_1 + \omega_2$ 处的能量全部来自 ω_1 和 ω_2 间的相位耦合；当其值为 0 时，表示不存在相位耦合。

双谱估计的作用通过建立复合线性调频仿真信号进行说明。

$$\text{signal}(t) = 0.5\cos[2\pi\omega(t)t] + \cos[20\pi\omega(t)t] \qquad (6-9)$$

瞬时频率：

$$\omega(t) = 5t + 2 \tag{6-10}$$

转速：

$$n(t) = 60 \times f(t) \ (\text{r/min}) \tag{6-11}$$

仿真信号采样频率为 500 Hz，采样触发转速为 $n = 120$ r/min，即当转速达到 120 r/min 时开始采样，共采得 1 024 点，如图 6-2 所示。

从图 6-2（a）中可清晰地看出，在 1 024 个采样点显示的波形中，频率是逐渐增加的，说明采样信号是一非稳定信号。而传统的功率谱估计方法只能分析服从高斯分布的稳态信号，对复合变频信号进行谱估计会出现频率混叠现象，如图 6-2（b）所示，说明常规的频谱分析方法不适合加速过程的振动信号。图 6-2（c）是仿真信号的双谱估计，基本上能揭示信号的频率成分。

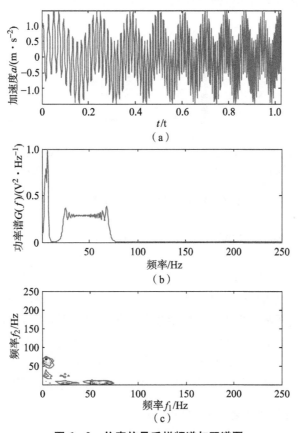

图 6-2　仿真信号采样频谱与双谱图

（a）信号波形；（b）信号的功率谱；（c）信号的双谱

3. 循环双谱计算

对矩的循环双谱定义为信号的三阶循环矩 $M_{3x}^a(\tau_1, \tau_2)$ 对 (τ_1, τ_2) 的二维傅里叶变换

$$M_{3x}^a(\omega_1, \omega_2) = \sum_{\tau_1 = -\infty}^{\infty} \sum_{\tau_2 = -\infty}^{\infty} M_{3x}^a(\tau_1, \tau_2) e^{-j(\tau_1\omega_1 + \tau_2\omega_2)} \tag{6-12}$$

对累积量的循环双谱定义为信号的三阶循环累积量 $C_{3x}^a(\tau_1,\tau_2)$ 对 (τ_1,τ_2) 的二维傅里叶变换

$$C_{3x}^a(\omega_1,\omega_2)=\sum_{\tau_1=-\infty}^{\infty}\sum_{\tau_2=-\infty}^{\infty}C_{3x}^a(\tau_1,\tau_2)\,\mathrm{e}^{-\mathrm{j}(\tau_1\omega_1+\tau_2\omega_2)} \tag{6-13}$$

汽车信号含有多个调制源，而相应部件的故障信号往往隐含在调制信号中。但是当调制信号较弱而被其他信号淹没时，传统的解调方法难以奏效。循环双谱不仅对噪声免疫，而且能够识别微弱的调制信号。为了说明循环双谱在汽车信号分析中的应用，设调制信号为

$$y(t)=[1+\cos(2\pi f_a t)]\cos(2\pi f_b t)+\sin(2\pi f_c t) \tag{6-14}$$
$$y'(t)=y(t)+r(t) \tag{6-15}$$

式中，调制频率 $f_a=30$ Hz；载波频率 $f_b=100$ Hz；$f_c=20$ Hz；$r(t)$ 是均值为 0、方差为 1 的白噪声；y' 为调制信号 y 受噪声污染后的信号。采样频率 $f_s=600$ Hz，采样点数 $N=1\,024$。仿真信号 $y(t)$ 加噪后信号 $y'(t)$ 的循环双谱分析如图 6-3 所示。

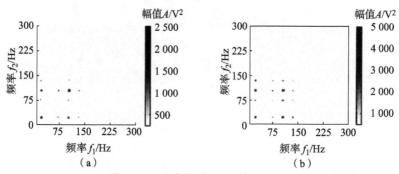

图 6-3　仿真信号的循环双谱分析

由图 6-3（a）可以清晰地观察到，在（100 Hz，100 Hz）、（20 Hz，20 Hz）处存在谱峰，还可以在双频率平面中得到（100±30）Hz 的频率成分，且这些频率成分之间存在着频率的相互作用。对比图 6-3（b）和图 6-3（a），可以获得同样的频率成分，这说明循环双谱不仅能够清晰地反映信号的特征，而且具有较强的抑制噪声的能力。

与双谱不同，在循环双谱中不存在频率耦合现象，只存在频率的相互作用。如上述算例的特征频率为 20 Hz 和 100 Hz，则在循环双谱图中，（20 Hz，20 Hz）、（20 Hz，100 Hz）、（100 Hz，20 Hz）以及（100 Hz，100 Hz）处有明显的峰值。正因为循环双谱中特征频率存在直接的相互作用，因而循环双谱图能够比较直观地表示信号的特征频率。

（二）双谱在曲轴轴承故障诊断中的应用

在 EQ6100 型汽油机上分别模拟曲轴承正常磨损（Δ_1）、轻微磨损（Δ_2）、中度磨损（Δ_3）以及严重磨损（Δ_4）四种技术状态。在主轴承不同间隙下，采集汽油机机体上的振动信号，采样频率为 3 000 Hz，采集数据长度为 10 240，测试过程中，发动机转速 1 710 r/min 左右。不同曲轴轴承四种状态下的时域、频域分析结果如图 6-4 所示。

从时域图上能看出，机体测得的曲轴轴承不同间隙的振动信号除了在曲轴轴承严重磨损的情况之外无明显的差别；而从功率谱图能发现，在 57 Hz 和 85.5 Hz 转频的两倍和三倍频处有明显的能量，且能量随着间隙的变大呈下降趋势，此外，它不能提供更多的信息。

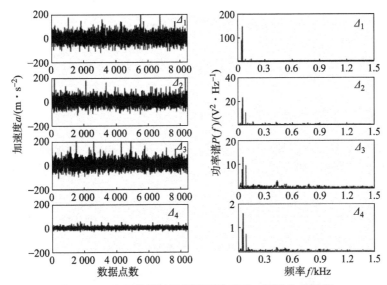

图 6 – 4　不同曲轴轴承间隙下的时域、频域分析结果

1. 双相干谱分析

对曲轴轴承四种状态下的振动信号进行双相干谱分析，如图 6 – 5 所示。

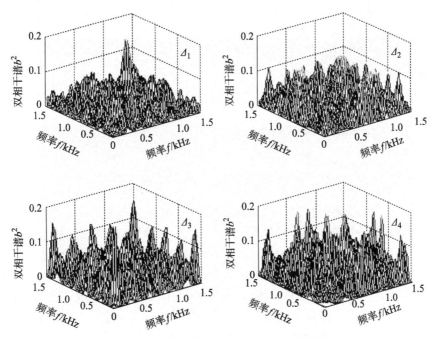

图 6 – 5　双曲轴轴承间隙下的双相干谱分析

在正常工况下，信号的双相干谱能量主要集中在中部，而主轴承磨损后，信号能量沿频率轴呈发散状态，然而四种工况下双相干谱的区别并不太大。通过计算得四种工况下非线性耦合

产生能量的最大值为：bic1$(1.023\,8,1.023\,8)=0.174\,81$，bic2$(0.761\,9,0.523\,81)=0.121\,89$，bic3$(0.095\,238,0.071\,429)=0.229\,15$，bic4$(0.857\,14,0.666\,67)=0.188\,96$。说明频率$\omega_1$和$\omega_2$间的相位耦合较弱。尽管双相干谱和双谱估计都来源于"高斯过程累积量均等于零的三阶累积量"，然而，从双相干谱的计算公式及实际应用可以发现，双相干谱的降噪能力较弱。

2. 双谱分析

图6-6是振动信号的双谱分析结果。随着磨损间隙的加大，频率成分增加，信号能量呈发散趋势。但由于印刷只能采用黑、白两色，所以不能反映其能量聚集区域。

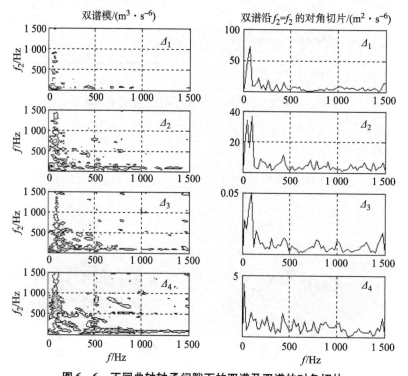

图6-6 不同曲轴轴承间隙下的双谱及双谱的对角切片

在标准工况下，能量集中在(60,60)频率附近处，频率成分较单一；曲轴轴承轻微磨损时，能量主要集中在(50,50)、(85.5,85.5)频率附近；曲轴轴承中度磨损时，能量主要集中在(85.5,85.5)频率附近，在(100,430)、(100,430)处也有零星能量；曲轴轴承严重磨损时，能量主要集中在(28.5,40)、(40,28.5)处，另外，在(100,440)、(100,700)、(100,800)、(100,880)、(440,100)、(700,100)、(800,100)、(880,100)频率处也有零星能量。某些频率成分之间存在非线性耦合现象，通过非线性耦合产生新的频率成分，以达到稳定振动模态的目的。从双谱的对角切片图中发现，主要能量集中在100 Hz以下，且随着间隙的变大，能量幅值衰减非常明显，说明随着曲轴轴承间隙的变大，间隙增大的曲轴轴承所承受的冲击载荷下降，其他各曲轴轴承的受力加大，见表6-1。

表 6 - 1 双谱对角切片的统计比较

间隙	Δ_1	Δ_2	Δ_3	Δ_4
总体能量/V²	469.373 3	329.729 3	0.516 2	0.005 1
最大峰值/V	71.878 7	36.312 8	0.049 8	$4.298\ 4 \times 10^{-4}$
100 Hz 以下的能量/V²	146.702 1	103.732 1	0.137 7	0.000 8

二、经验模态分解及曲轴磨损故障诊断

(一)EMD 原理

Norden E. Huang 提出了将任意信号分解为本征模态函数的经验模态分解方法,然而实际信号是复杂信号,并不完全满足本征模态函数的条件。所以,Norden E. Hunag 进行了如下假设:任何信号都是由一些不同的模态分量组成的;每个模态可以是线性的,也可以是非线性的。其局部极值点数和零点数相同,且上下包络线关于时间轴局部对称;任何时候,一个信号都可以包含许多模态分量,如果模态之间相互重叠,便形成复合信号。在此假设条件下,可以用 EMD 将信号的模态分量筛选出来,其步骤如下:

(1)给变量赋初值:$r_0(t) = x(t)$,$i = 1$。

(2)提取第 i 个 IMF。

给变量赋初值:$h_0(t) = r_i(t)$,$j = 1$。

①确认 $h_{j-1}(t)$ 的所有局部的极大值点和极小值点。

②用三次样条函数对 $h_{j-1}(t)$ 的局部极大值点与局部极小值点插值形成上、下两条包络线,如图 6 - 7 所示,使两条曲线间包含所有的信号数据。

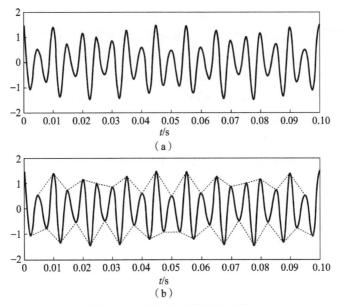

图 6 - 7 IMF 和信号的包络线

③计算上下包络线平均值 $m_{j-1}(t)$。

④计算差值：$h_j(t) = h_{j-1}(t) - m_{j-1}(t)$。

⑤利用标准偏差 SD 的值判断每次筛选结果：

$$SD = \sum_{i=0}^{r} \frac{|h_j(t) - h_{j-1}(t)|^2}{h_j(t)^2} \leq \varepsilon,\ \varepsilon \text{ 的值常取 } 0.2 \sim 0.3。$$

如满足停止准则，令 $\mathrm{imf}_i(t) = h_j(t)$，否则重复此步骤，并令 $j = j+1$。

（3）$r_i(t) = r_{i-1}(t) - \mathrm{imf}_i(t)$。

（4）若 $r_i(t)$ 极值点数不少于 2 个，则 $i = i+1$，转到 2，否则，分解结束，$r_i(t)$ 是残余分量。算法最后可得：

$$x(t) = \sum_{i=1}^{n} \mathrm{imf}_i(t) + r_n(t) \tag{6-16}$$

$r_n(t)$ 代表信号的平均趋势，即原始数据数列可表示为本征模态函数和一个残余项的和。

（二）Hilbert – Huang 变换的改进

虽然 Hilbert – Huang 变换目前已在许多工程应用中表现出明显的有效性，但该理论在很大程度上依据的是经验和零星理论，在提高 Hilbert – Huang 变换的效率与精度方面仍然存在 EMD 边界效应和模态混叠等问题，因此，对 Hilbert – Huang 变换的改进是值得进一步研究的课题。以下仅介绍 Hilbert – Huang 变换改进的部分成果。

1. 提高 EMD 分解效率

应用 EMD 对信号进行模态分解时，由于采用了三次样条函数对信号进行包络分解，并受"筛选"阈值的影响，容易出现"过分解"和"欠分解"现象。必须正确判断哪个模态分量包含实际信号中的频率成分，否则将出现错误的结果。另外，EMD 方法以信号的局部极大值和局部极小值定义的包络线的均值作为信号的局部均值，这种方法仅利用了信号中极值点的信息，导致局部均值的精度较低，且包络的求取需要进行两次三次样条插值，计算速度较慢。国内学者提出了自适应时变滤波法（Adaptive Time – Varying Filter Decomposition，ATVFD）和极值域均值模态分解法（Extremum Field Mean Mode Decomposition，EMMD），不同程度地提高了局部均值的估计精度。ATVFD 局部均值的选取不是基于局部极值的包络均值，而是在局部极值的基础上，通过时变滤波算法得来的，因而具有较高的估计精度。EMMD 算法中假设两极值点间的数据是均匀变化的，根据积分中值定理来计算相邻极值点间的均值，利用了信号的所有数据，进一步提高了局部均值的估计精度。

2. 消除或减小"边界效应"

由于信号的两个端点可能不是局部极值点，不满足 Hilbert 包络条件，所以采用三次样条包络时容易出现较大的摆动，称为"边界效应"。并且这种效应会逐渐向内"污染"整个数据序列，导致所得分解结果严重失真。边界效应严重影响着模态分解的效果，如何消除或减小边界效应的影响成为应用 EMD 方法的瓶颈，特别是对于短数据。

为了解决这个问题，Huang 在提出 EMD 方法的同时，还提出了根据特征波对原始数据进行延拓以抑制边界效应的方法，并在美国申请了专利。该特征波是由信号两端两个连续的极值点及其频率与幅值决定的。其他学者也提出了一些抑制边界效应的方法，包括直接对原始数据进行简单延拓的方法、采用神经网络对数据延拓法、在端点处按照端点数据变化的"平衡位置"附加两条平行线段的方法、边界波形匹配预测法、极值点延拓法、基于 AR 模型的时间序列线性预测方法、神经网络等，这些方法对抑制边界效应都有一定的效果。

支持向量机（Support Vector Machine，SVM）具有更高的预测精度，在解决小样本、非线性及高维故障诊断问题上具有独特的优势。可以利用该方法对时间序列进行双边延拓，在数据两端各得到若干个附加的局部极大值点和局部极小值点，再对模态分解后得到的各基本模式分量进行截取，从而将边界效应释放到原始数据的支撑区域外端，不影响对原始数据的分析和处理。

为了验证 SVM 延拓在克服边界效应方面的优势，建立仿真信号 $x(t) = \sin(200\pi t) + \sin(100\pi t)$，采样频率 2 000 Hz，数据长度 512 点。为避免边界效应的影响，对仿真信号进行基于支持向量机的延拓，如图 6 - 8 所示。SVM 在数据两端分别增加了 50 个数据点，时间跨度变为 0.356 s，虽然预测值较理论值有一定程度的误差，但基本上继承了原始数据内在的规律，补充了若干个局部极值点，为后续的模态分解过程提供了较好的原始边界点局部均值的估计精度。

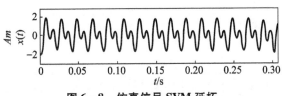

图 6 - 8　仿真信号 SVM 延拓

对仿真信号延拓前后分别进行 EMD 分解，如图 6 - 9 所示。

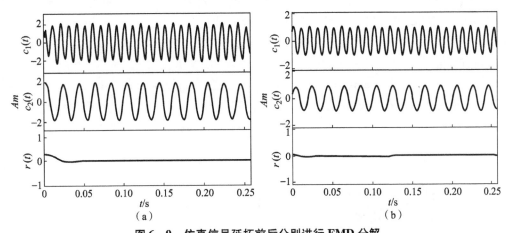

图 6 - 9　仿真信号延拓前后分别进行 EMD 分解

（a）原始信号模态分解；（b）延拓信号模态分解

图 6 - 9 （b）为延拓信号模态分解后舍弃两端各 50 个点的波形，分解得到的两个基本模式分量 $c_1(t)$ 和 $c_2(t)$ 与 EMD 直接分解原信号相比，在边界处的畸变较小，较好地复原了仿真信号中已知的两种不同的振荡模式，而且余项 $r(t)$ 在两端的变形也有较大程度的改善，更接近于理论值。可见，对数据进行合理延拓，可以将边界效应释放到有效时间支撑之外。

更为重要的是，基于支持向量机数据延拓的模态分解法只需要在分解之前进行一次性的延拓，分解过程中对所有模态和所有迭代过程都不再需要进行延拓，消除了误差传递和累积的影响。

3. 提高瞬时频率估计精度

EMD 将信号分解成独立的模态分量，为瞬时频率估计（Instantaneous Frequency Estimation，IFE）提供了良好的条件。然而，现实中采得的信号数据不可避免存在噪声的影响，应用 EMD 对信号进行模态分解时，噪声的存在有可能增加"筛选"次数，从而造成 IFE 结果出现误差。对信号进行预处理，再进行 IFE 有助于提高准确性。另外，对 IFE 采用最小二乘拟合法进行拟合、平滑，将会取得较好的修正效果。

设拟合的曲线在时频面坐标为 (x_i, y_i)，$i = 1, 2, \cdots, N$，其拟合曲线为

$$y = f(x) = a_0 + a_1 x + a_2 x^2 = \sum_{j=0}^{m} a_j x^j, j = 0,1,2,\cdots,m \qquad (6-17)$$

将试验数据代入方程（6-17），多项式在 x_i 处所得值与观测的函数值 y_i 之间的差值为 $\sum_{j=0}^{m} a_j x_i^j - y_i$ （$i = 1, 2, \cdots, N$），用 R_i 来表示。要使误差的平方和

$$\sum_{i=0}^{N} R_i^2 = \sum_{i=1}^{N} \left(\sum_{j=0}^{N} a_j x_i^j - y_i \right)^2 = \varphi(a_0, a_1, a_2) \qquad (6-18)$$

达到最小，令

$$\frac{\partial \varphi}{\partial a_k} = 2 \sum_{i=0}^{N} \left(\sum_{j=0}^{m} a_j x_i^j - y_i \right) x_i^k = 0, k = 0,1,2,\cdots,m \qquad (6-19)$$

求得多项式系数 a_k（$k = 0, 1, 2, \cdots, m$），拟合出多项式曲线，然后按瞬时频率的数据长度，根据拟合出的曲线重新取值，得到修正后的瞬时频率。该方法能有效地消除"边界效应"的影响。通过试验发现，采用二阶方程拟合曲线已经能达到较高的精度，增加阶数将导致计算量增加。为了验证消噪与最小二乘拟合法在 IFE 方面的优点，建立由三个线调频复合而成的仿真信号

$$S = \sin(2\pi f_1 t) + \sin(2\pi f_2 t) + \sin(2\pi f_3 t) + n(t) \qquad (6-20)$$

采样频率为 1 000 Hz，数据长度为 512 点，其中，S_1、S_2、S_3 三个线调频信号的瞬时频率分别为：$f_1 = 200 + 10t^2$，$f_2 = 100 + 10t^2$，$f_3 = 50 + 10t^2$，如图 6-10 所示。

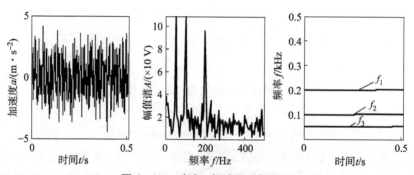

图 6-10 时域、频域及时频关系

图 6 - 11 是模态分解结果，将信号自适应地分解成 7 个模态分量和 1 个残余分量。imf_1、imf_2、imf_3 与真实的信号相对应的，而 imf_4、imf_5、imf_6、imf_7 是因为采用三次样条函数对信号进行包络以及"筛选"阈值条件过小导致"过分解"而引起的，并不对应信号的真实成分。

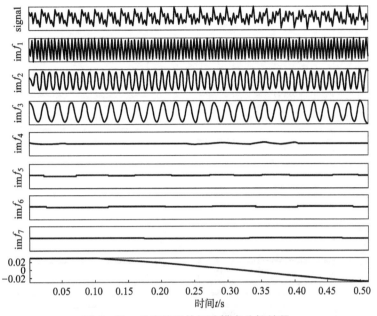

图 6 - 11　仿真信号的经验模态分解结果

仿真信号 Hilbert 谱如图 6 - 12 所示。可以看出，信号中的 3 个成分能完全分开，而且各模态分量能比较准确地刻画信号瞬时频率特征。然而，从图中也能发现，分解后的各个分量信号的起始和结束部分发生了变化，这是 Hilbert 变换的边界效应造成的，因此，进行 IFE 时，必将在两端出现较大的误差。

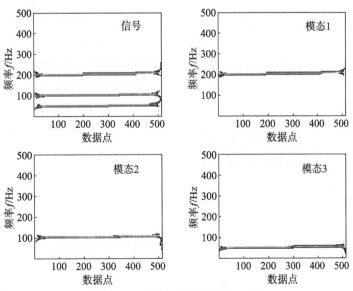

图 6 - 12　仿真信号的 Hilbert 谱

图 6 – 13 为仿真信号在无噪声条件下的 IFE。

图 6 – 13 中包括通过瞬时频率定义所得的理论 IFE（图 6 – 13（a））、通过时频分布（TFD）的一阶矩计算所得的 IFE（图 6 – 13（b）），以及采用最小二乘拟合法对其进行修正所得的 IFE（图 6 – 13（c）、图 6 – 13（d））。通过最小二乘拟合法修正后的 IFE 与原始的瞬时频率非常接近。

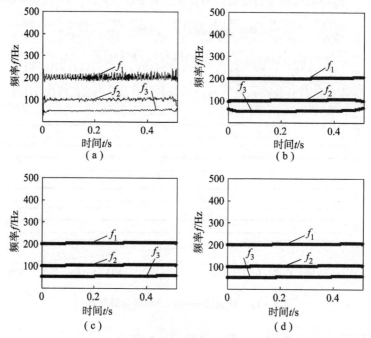

图 6 – 13　仿真信号在无噪声条件下的 IFE
（a）理论 IFE；（b）TFD 的 IFE；（c）理论 IFE 修正；（d）TFD 的 IFE 修正

现实中的信号常常受到噪声干扰，为研究此种状态下的 IFE，对原仿真信号增加均值为 0、方差为 1 的白噪声。此时的理论 IFE 几乎无法辨认，如图 6 – 14（a）所示。尽管采用最小二乘法对 IFE 有一定的修正效果，IFE 除 f_1 与真实值较接近外，f_2、f_3 与真实值差距较大，如图 6 – 14（c）所示。基于 TFD 的 IFE 对噪声的影响不是太敏感，如图 6 – 14（b）所示。进一步通过最小二乘法进行修正，可以得到较好的 IFE 估计效果，如图 6 – 14（d）所示。

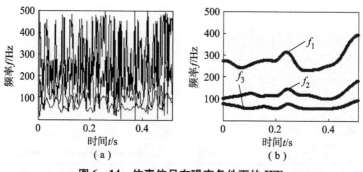

图 6 – 14　仿真信号在噪声条件下的 IFE
（a）理论 IFE；（b）TFD 的 IFE

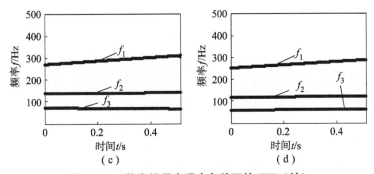

图6-14　仿真信号在噪声条件下的 IFE（续）

（c）修正后的理论 IFE；（d）修正后的 TFD 的 IFE

　　仿真信号分析说明，EMD 并没有自动消除噪声的能力，而噪声条件下通过 EMD 进行 IFE 将会出现较大的偏差。对实际采集的信号先进行消噪预处理，再进行 IFE，IFE 效果有很大的改善，如图 6-15（a）、图 6-15（b）所示。再应用最小二乘法对其进行修正，如图 6-15（c）、图 6-15（d）所示，IFE 将接近真实的瞬时频率。

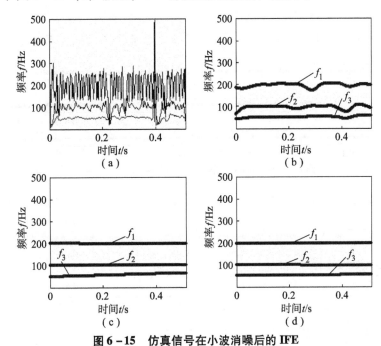

图6-15　仿真信号在小波消噪后的 IFE

（a）理论 IFE；（b）TFD 的 IFE；（c）修正后的理论 IFE；（d）修正后的 TFD 的 IFE

（三）EEMD 在内燃机曲轴轴承磨损状态分析中的应用

　　集合经验模态分解（Ensemble Empirical Mode Decomposition，EEMD）是对经验模态分解的改进，通过多次添加白噪声来减少模态混叠和提高鲁棒性。

　　设置内燃机曲轴轴承正常状态、轻微磨损、中等磨损以及严重磨损四种状态，信号采集器触发转速为 1 800 r/min，振动传感器测取内燃机缸体表面振动信号。采用 EEMD 与奇异值分解相结合的方法对内燃机曲轴轴承磨损状态进行分析，具体步骤为：

（1）对不同状态的振动信号进行 EEMD 分解，通过对比试验，加入与振动信号信噪比为 SNR = 5 dB 的白噪声，集合次数 NE = 200，选择分解后前 5 个模态分量构成初始特征向量矩阵。对信号进行 EEMD 分解后，得到了一组模态分量，其中一部分是包含主要故障特征信息的分量，而其他则是与故障关系不大的干扰成分或者是噪声。因此，为了减少计算量、提高故障诊断准确率，需要选择与故障密切相关的特征模态分量，通过对比各分量能量与信号总能量的比值，发现前 5 个模态分量的能量和占信号总能量的 98% 以上，所以选择分解得到的前 5 个分量组成初始向量矩阵。

（2）对初始矩阵进行奇异值分解，得到奇异值分解特征向量，作为特征参数组成故障特征矩阵。信号的奇异值是描述信号在采样时间内各个频率段特征的参数，所以，振动信号在各种磨损状态时不同频率段上的特征可以通过奇异值的差异进行有效描述。

将振动信号分别进行 EEMD 分解，得到一系列的模态分量和一个残余分量，内燃机缸体正常技术状况振动信号的分解结果如图 6 - 16 所示。对分解得到的各模态分量、原始信号分别计算能量，四组信号的前 5 个模态分量与信号总能量的比值见表 6 - 2，表中 A1 ~ A5 分别表示前 5 个模态分量与信号总能量的比值，A6 表示 5 个模态分量能量之和与信号总能量的比值。很明显，不同曲轴承磨损状态下的前 5 个分量能量之和均占信号总能量的 98% 以上，所以前 5 个分量可以代表信号的主要成分，将其他分量看作关系不大的成分或作为干扰成分舍去。

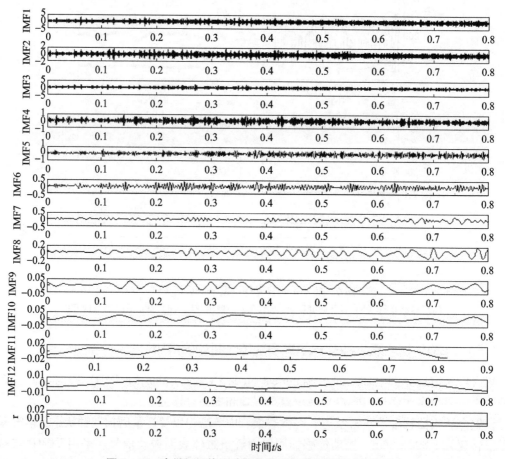

图 6 - 16 内燃机缸体振动信号各阶模态分量及残余分量

表 6 - 2　曲轴轴承四种技术状态振动信号 IFM 分量与信号总能量的比值　　　%

磨损程度	A1	A2	A3	A4	A5	A6
正常状态	52.441	15.891	20.182	5.821 3	4.894 4	99.229
轻微磨损	42.965	13.342	24.225	10.238	7.614 7	98.385
中等磨损	60.597	14.199	14.911	6.959 5	3.14	99.807
严重磨损	43.646	14.65	20.932	15.454	4.346 1	99.027

将表 6 - 2 中的 5 个模态分量构成初始特征向量矩阵,进行奇异值分解,得到特征参数矩阵。每种磨损状态下采集 3 组信号,分解结果见表 6 - 3。

表 6 - 3　曲轴轴承不同技术状态振动信号奇异值分解结果

曲轴轴承磨损程度	信号	σ_1	σ_2	σ_3	σ_4	σ_5
正常状态	第 1 组	114.28	77.369	66.729	32.557	27.097
	第 2 组	103.69	74.358	68.737	35.993	21.135
	第 3 组	110.13	76.483	67.197	36.369	27.328
	均值	109.366 7	76.070 0	67.554 3	34.973 0	25.186 7
轻微磨损	第 1 组	127.758 0	83.777 0	77.030 0	52.325 5	35.315 5
	第 2 组	118.847 0	91.821 3	79.738 4	42.745 2	31.115 0
	第 3 组	128.470 1	85.798 6	81.258 8	45.687 1	29.196 7
	均值	125.025 0	87.132 3	79.342 4	46.919 3	31.875 7
中等磨损	第 1 组	126.5	87.647	76.599	51.197	32.564
	第 2 组	124.96	84.975	75.28	59.98	38.009
	第 3 组	128.26	84.182	64.99	60.897	37.252
	均值	126.573 3	85.601 3	72.289 7	57.358 0	35.941 7
严重磨损	第 1 组	122.590 7	102.724 1	99.138 3	69.186 9	37.877 4
	第 2 组	126.158 5	92.292 7	83.104 4	68.796 7	38.614 4
	第 3 组	125.958 5	102.549 3	87.450 7	74.987 8	43.674 6
	均值	124.902 6	99.188 7	89.897 8	70.990 5	40.055 5

通过分析表 6 - 2、表 6 - 3,可以得到如下结论:不同模态分量的奇异值反映了振动信号在采样时间内各频率段的特征,对应着不同频段信号的能量变化。随着曲轴轴承磨损程度的增加,奇异值矩阵也相应地发生了变化,轻微磨损、中等磨损和严重磨损状态下振动信号的各个分量奇异值都高于正常技术状态时相应分量的奇异值。对各测点振动信号的前 5 个分量的奇异值均值进行累加,得到 313.15(正常状态)、370.29(轻微磨损)、377.76(中等磨损)、425.04(严重磨损)。说明随着曲轴轴承配合间隙变大,三个测点的奇异值累加结果呈现出逐渐增长趋势。这主要是因为随着轴承磨损间隙的增大,内部激励源曲轴轴颈对轴

承的冲击变大，通过一定通道传递到发动机缸体表面后，引起振动加剧，在各测点处振动信号总能量增大。

三、阶比谱及连杆轴承故障诊断

（一）阶比分析的理论基础

1. 阶的定义

阶 O 定义为每转的波动次数，即

$$O = \frac{\text{波动次数}}{\text{每转}} \ \text{（阶）}$$

阶 O 与频率 f 有一定的关系，为

$$f = n \times O/60 \ \text{（Hz）} \tag{6-21}$$

2. 阶比采样定理

对于等时间间隔（Δt）序列 $x(t)$，为了保证在采样过程中不致引起频率混叠，香农采样定理给出了带限信号不丢失信息的最低采样频率

$$f_s \geqslant 2f_{\max} \tag{6-22}$$

式中，$f_{\max}$ 为原信号中最高频率成分的频率，通常取

$$f_s = (2.56 \sim 4)f_{\max} \tag{6-23}$$

设阶比采样前的连续转角信号为 $x(a)$，在理想角域采样的情况下，单位冲激信号 $f(\theta)$，那么，可以得到阶比采样脉冲序列为

$$p(\theta) = \sum_{k=-\infty}^{\infty} \delta(\theta - k\Delta\theta) \tag{6-24}$$

$x(a)$ 经阶比采样后的输出为

$$x(\theta) = x(a) \cdot p(\theta) = \sum_{k=-\infty}^{\infty} x(a)\delta(\theta - k\Delta\theta) \tag{6-25}$$

$x(a)$、$x(\theta)$ 的傅里叶变换分别为

$$X_a[O] = \int_{-\infty}^{\infty} x(a)\mathrm{e}^{-\mathrm{j}2\pi O\theta}\mathrm{d}\theta \tag{6-26}$$

$$X(O) = \int_{-\infty}^{\infty} x(\theta)\mathrm{e}^{-\mathrm{j}2\pi O\theta}\mathrm{d}\theta = \int_{-\infty}^{\infty} (x(a) \cdot p(\theta))\mathrm{e}^{-\mathrm{j}2\pi O\theta}\mathrm{d}\theta \tag{6-27}$$

采样脉冲序列是周期为 $\Delta\theta$ 的周期函数，可以将其展成傅里叶级数，即

$$p(\theta) = \sum_{k=-\infty}^{\infty} \delta(\theta - k\Delta\theta) = \sum_{k=-\infty}^{\infty} F_k\exp\{2\pi kO_s\theta\} \tag{6-28}$$

这里，O_s 为每回转一周的采样次数，称为采样阶次，有

$$O_s = \frac{2\pi}{\Delta\theta} \tag{6-29}$$

而傅里叶级数的系数为

$$F_k = \frac{2\pi}{\Delta\theta} \tag{6-30}$$

那么，有

$$p(\theta) = \frac{2\pi}{\Delta\theta_k} \sum_{k=-\infty}^{\infty} \exp\{j2\pi kO_s\theta\} \tag{6-31}$$

将式 (6-31) 代入式 (6-27)，得

$$X[O] = \int_{-\infty}^{\infty} x(\theta).\exp\{-j2\pi O\theta\}d\theta = \int_{-\infty}^{\infty} x(a)p(\theta)\exp\{-j2\pi O\theta\}d\theta$$

$$= \frac{2\pi}{\Delta\theta_k} \sum_{k=-\infty}^{\infty} X_a(O - kO_s) \tag{6-32}$$

由此可见，阶比采样后，阶比谱依 O_s 作周期延拓，这说明，尽管分析域实现了变化，但是阶比采样仍然必须满足香农采样定理，才能使谱分析时不致出现频率的混叠与泄漏，即

$$O_s \geqslant 2O_{max} \tag{6-33}$$

式中，O_s 为采样阶比；O_{max} 为最大分析阶比。

如果 N 是序列的长度，n 为回转轴的转速（r/min），f_r 为回转频率，则

$$\Delta\theta = 1/Z \text{（}Z\text{ 为每转脉冲数或采样点数）} \tag{6-34}$$

采样长度

$$S = N \cdot \Delta\theta \tag{6-35}$$

最大分析阶比数

$$O_{max} = Z/2 \tag{6-36}$$

阶比分辨率

$$\Delta O = \frac{1}{S} = \frac{1}{N\Delta\theta} = \frac{Z}{N} \tag{6-37}$$

最高分析频率为

$$f_{max} = f_r O_{max} \tag{6-38}$$

由于一般的 DFT 都采用 2 的整次幂取点，因而每转的采样数 Z 也应取 2 的整次幂为佳，这样就可以保证整周期采样。

3. 阶比采样方法

阶比采样要求按等转角间隔采样。使采样频率随信号频率变化而变化的变频率采样方法为：当机器轴旋转时，每隔相等角度 $\Delta\theta$ 采样一次。这种采样方法可保证不论轴的转速如何变化，在每一回转周期内都能得到固定的采样点数。此方法又称为同步整周期采样，它的优点如下。

克服致命的"泄漏效应"：等转角采样后的信号以采样阶次做周期延拓，可避免信号 FFT 转换时的泄漏，大大提高了系统的分析精度。最重要的是，可准确提取信号中的相位信息。

保证历史数据的可比性：为了保证每次信号采集的起始基准相同，系统采用键相信号的上升沿触发采集信号，从而使所有机器旋转周期内的历史振动数据都具有纵向可比性。

可在采样序列中将变化的工频成分分离出来，应用阶比分析，即可获取与设备的工频及其谐波分量密切相关的故障信息。

1）硬件阶比采样

硬件阶比采样方法是采用模拟设备对信号进行采样，该技术已被应用于振动、噪声信号

检测领域多年，是非常成熟的技术。它有两种应用方法：

第一种方法是直接在转轴上固定光电脉冲编码器（或光电码盘），往往由编码器产生阶比分析的触发脉冲和等转角采样脉冲。采样阶次（O_s）一般是固定值。为避免混叠，阶比采样必须滤掉 $O_s/2$ 阶以上的阶次。如采用一般的定截止频率低通滤波方式，低转速时，在采样阶次一半（$O_s/2$ 阶）附近可能出现混叠，高速时又可能滤掉了有用的信号成分。此外，在测试对象上安装传感器将破坏测试对象的结构。

第二种方法是使用转速计的外部触发采样，通过每转一次的转速脉冲经锁相环倍频来跟踪转速的变化，如图 6 – 17 所示。

转速计被用于计算两个连续的转速脉冲并由此估计出轴的转速，由该转速算出对信号的新采样速率，并在下一个转速脉冲间隔期间保

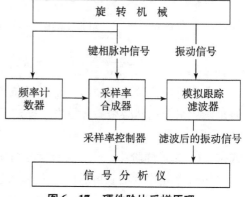

图 6 – 17　硬件阶比采样原理

持固定。由于定时的限制，新的采样速率不能被立即应用，通常有一个转速间隔的延时，因此，采样速率的调整滞后两转，在转速变化较大时会出现较大的误差。此外，相关设备的成本和复杂性限制了其使用的范围。

2）计算阶比采样

随着 DSP 处理速度的提高及现代数字信号处理方法的应用，计算阶比采样成为比较流行的方法。计算阶比采样通过插值算法和软件滤波器来实现等角度重采样，不需要安装转速采集硬件，在检测分析、故障诊断方面获得了较广泛的应用，如图 6 – 18 所示。

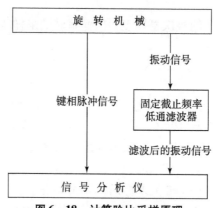

图 6 – 18　计算阶比采样原理

计算阶比采样从键相脉冲信号得到转速脉冲的抵达时间，由角度估算模块估计对应轴的转角，通过时间和角度的数据拟合建立两者之间的关系。由选定的重采样数据点（每转采多少点）得到相应的重采样时间，通过对异步采样数据的插值，得到同步采样数据。这样由异步采样数据（Δt）通过数据重采样方法，借助数据拟合与插值理论，合成了等角度采样数据（$\Delta\theta$），比传统的方法更加灵活，并可产生相同或更好的精度。另外，除了在机器上安装键相传感器外，它无需特定的硬件，这一特点对许多机械状态监测都是重要的。

4. 重采样插值技术

对于已采得的等时数据序列，要实现计算阶比采样，必须对等时间隔（Δt）序列 $x(t)$ 进行重采样，使其变为等角度间隔（$\Delta\theta$）序列 $x(\theta)$，而这必须依靠精确的键相脉冲时标与脉冲之间转角的对应关系，才能得到信号的等角度序列。一般假设机器是做匀变速转动，转角与时间满足二次多项式关系

$$\theta(t) = b_0 + b_1 t + b_2 t^2 \qquad (6-39)$$

式中，系数可以通过拟合三个连续的转速脉冲信号抵达的时间（t_1，t_2，t_3）来得到。因为转速脉冲的角度间隔是固定的（$\Delta\Phi$），故有

$$\theta(t_1) = 0$$
$$\theta(t_2) = \Delta\Phi$$
$$\theta(t_3) = 2\Delta\Phi \qquad (6-40)$$

$$\begin{Bmatrix} b_0 \\ b_1 \\ b_2 \end{Bmatrix} = \begin{bmatrix} 1 & t_1 & t_1^2 \\ 1 & t_2 & t_2^2 \\ 1 & t_3 & t_3^2 \end{bmatrix}^{-1} \begin{bmatrix} \theta(t_1) = 0 \\ \theta(t_2) = \Delta\Phi \\ \theta(t_3) = 2\Delta\Phi \end{bmatrix} \qquad (6-41)$$

通过对式（6-39）与式（6-41）求解，可得对应转角变化的时间

$$t = \frac{1}{2b_2}\left[\sqrt{4b_2(\theta - b_0) + b_1^2} - b_1\right] \qquad (6-42)$$

如果每转取固定的数据点，即实现等角度变化：$\theta = k\Delta\theta$，代入上式可得重采样的时间序列。重采样后的信号可以应用插值方法得到，如图 6-19 所示。

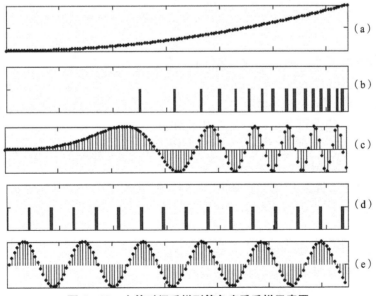

图 6-19　由等时间采样到等角度重采样示意图

(a) 转速变化；(b) 等时间转速脉冲；(c) 等时间采样数据；

(d) 等角度转速脉冲；(e) 等角度采样数据

计算阶比的精度取决于键相脉冲的估计时间精度和分辨率、采样频率的选择、转速的变化是否满足假设条件、数字信号的拟合及插值的精度等。

5. 阶比分析方法

1）阶比功率谱

直接对非平稳等时间数据序列进行频谱分析会造成频率成分混叠，影响分析效果。如通过重采样插值技术，信号由等时间间隔（Δt）序列 $x(t)$ 变为等角度间隔（$\Delta\theta$）序列 $x(\theta)$，无论转速转动快与慢，所得的等角度数据序列均为平稳信号，可以满足傅里叶变换对数据的要求。然而，频谱的横轴不适合采用频率作为单位，而采用阶，所得的谱称为阶比功率谱。阶比功率谱为

$$P(l) = \frac{2\Delta\theta}{N} \mid X(l) \mid^2 \quad (0 \leqslant l \leqslant N - 1) \qquad (6-43)$$

式中，$X(l)$ 为阶比幅值谱，阶比 O 只与信号在每个回转周期中的波动次数有关，与每秒轴回转的次数无关。

2）阶比跟踪谱

阶比谱分析适合转速变化不大的信号分析。如果转速变化较大，如加速、减速过程，这时如果使用阶比功率谱分析信号，将会出现阶比成分的混叠。因为 FFT 谱分析采用一定的窗及长度，对应于分析一定转速变化范围，而要分析转速变化范围较大的信号，则需较多的谱线。如测得的信号是从转速 600 r/min（10 Hz）到 6 000 r/min（100 Hz），最高分析阶比为 16 阶（对应 1.6 kHz 的频率跨度）；如频率分辨率为 2 Hz，在 600 r/min 时，每阶需用 5 条 FFT 谱线分析信号，在 6 000 r/min 时将需要 800 条 FFT 谱线才能分析它。

对于转速变化范围较大时的信号，采用阶比跟踪谱是最好的选择。阶比跟踪谱能清晰地反映转速、阶比、幅值三者之间的关系，容易发现汽车某些与转速有关的故障。根据实际需要，选择谱图中的某个或某段阶比成分进行分析，可进一步观察它随转速的变化。常见的阶比跟踪谱主要有三种：基于 FFT 变换的谱分析方法，是频域方法；基于 Vold - Kalman 滤波方法，是一种时域滤波法；基于 Gabor 变换的方法，是一种时频分析方法。

3）重排阶比跟踪谱

瞬变工况对故障的暴露有好处，但是由于角加速度是瞬变的，直接应用阶比跟踪谱将会带来较大的误差。因为加速度是瞬变的，不能保证对原始数据按 $\Delta\theta$ 间隔进行重采样，所以，在频域中，峰值并不能对应正确的阶比，从而使谱估计出现模糊现象。根据汽车变转速信号分析的实际需要，可采用重排阶比跟踪方法，如图 6-20 所示。采用定频方式，等时间采集转速及其他信号，将信号从低到高排序，剔点处理，然后进行信号重构，将时域上变加速信号变为近似匀加速信号，使其满足重采样插值的假设条件。对相邻的键相脉冲之间的信号重采

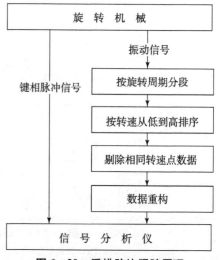

图 6-20　重排阶比跟踪原理

样插值，变成等角度采样序列，然后分段作 FFT 谱估计。由于测得的信号是由汽车多个旋转周期信号组成的，所以众多的分段处理后的信号必然能构成由阶比、转速、幅值所构成的三维阶比谱阵。

（二）计算阶比跟踪仿真试验

一个频率调制仿真信号如图 6 - 21 所示，信号从 200 r/min 加速到 1 000 r/min，信号中包含阶比 1、阶比 3、阶比 5、一个频率为 80 Hz 的信号及背景噪声。同时，频率与时间、转速（瞬时频率）的关系为

$$S = \sin(2\pi \cdot f \cdot t) + 0.5 \cdot \sin(2\pi \cdot 3f \cdot t) + \sin(2\pi \cdot 5f \cdot t) + \sin(2\pi \cdot 80t) + N(t) \qquad (6-44)$$

$$R(i) = [200,300,400,500,600,700,800,900,1\ 000] \qquad (6-45)$$

瞬时频率

$$f(t) = 1/6 \cdot t + R(i)/60 \qquad (6-46)$$

转速

$$n(t) = 60 \times f(t) \ (\text{r/min}) \qquad (6-47)$$

仿真信号的幅值谱中出现较多的谱峰，但是不能揭示信号成分与转速变化的关系，如图 6 - 21 （b）所示；从仿真信号转速谱中可以发现，与转速相关的频率成分随着转速的增加而向高频处移动，但不能定量评价，与转速无关的 80 Hz 频率成分不随转速的变化而变化，如图 6 - 21 （c）所示。

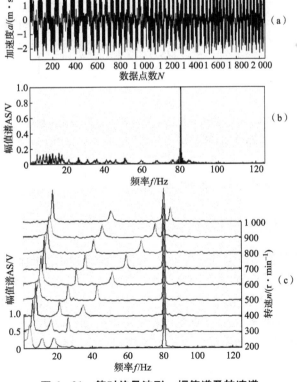

图 6 - 21　等时信号波形、幅值谱及转速谱

（a）等时间信号波形；（b）信号的幅值谱；（c）信号的转速谱

对原等时采样序列进行等角度重采样，然后进行阶比谱分析，可以发现阶比1、阶比3、阶比5，但不能观察信号中固有的频率成分80 Hz，如图6-22（b）所示。通过阶比跟踪谱可以实现信号中阶比分量与固有频率成分的提取，如图6-22（c）所示。

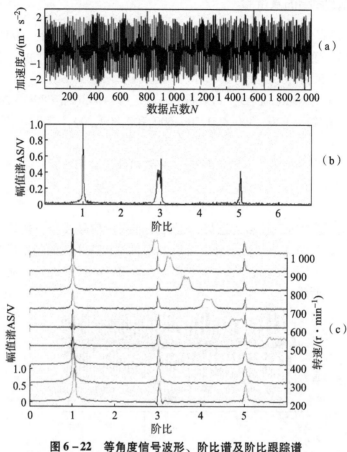

图6-22　等角度信号波形、阶比谱及阶比跟踪谱

（a）等角度信号的波形；（b）信号的阶比谱；（c）信号的阶比跟踪谱

（三）阶比分析在汽车检测与诊断中的应用

1. 基于重排阶比跟踪谱的连杆轴承故障诊断

试验是在EQ6100型发动机上进行的，在第5缸连杆轴承上设置正常磨损、轻微磨损、严重磨损三种技术状态。采样频率为10 000 Hz，随机地抖动油门，使内燃机在瞬变工况工作，同时连续测取振动、转速信号。转速谱阵如图6-23所示。图中显示，振动信号在200 Hz以下存在固有振动频率，它不随转速的变化而变化，而200 Hz以上的频率成分随着转速的提高向高频处移动，说明振动信号明显受转速变化的影响。采用重排阶比跟踪谱，主要步骤如下：

（1）测得转速信号，如图6-24（a）所示，转速呈波浪形变化。

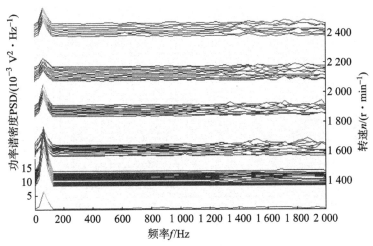

图 6 – 23　振动信号的转速谱阵

（2）对转速信号（相应的振动信号）从小到大进行排序，如图 6 – 24（b）所示，转速呈匀加速过程。

（3）对相同的转速（相应的振动信号）进行剔点处理，仅保留一个，然后重构信号，得到的转速信号如图 6 – 24（c）所示、振动信号如图 6 – 24（e）所示，数据量减少了，但数据能满足重采样插值条件的假设条件，而且图形显示会更加清晰。

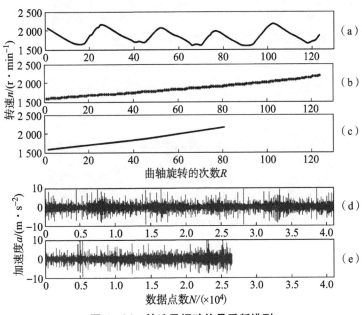

图 6 – 24　转速及振动信号重新排列

（a）转速信号；（b）升序排列转速；（c）剔除等转速数据点；

（d）振动信号；（e）与转速相应的振动信号

（4）进行重采样插值处理及阶比跟踪，如图 6 – 25 所示。

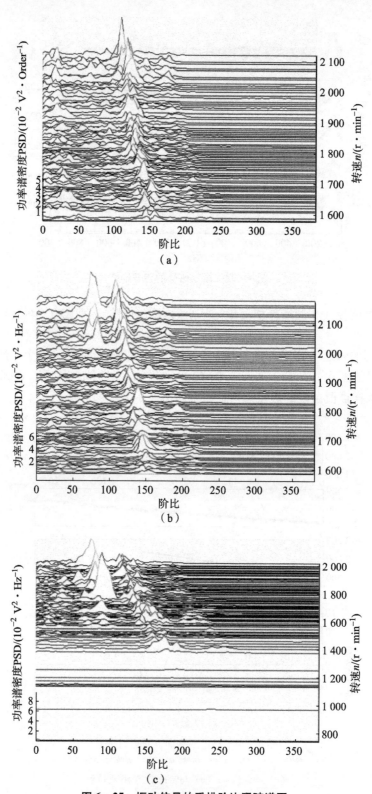

图 6 – 25   振动信号的重排阶比跟踪谱图

（a）正常间隙；（b）初期磨损；（c）中期磨损

从图 6 - 25 中可以发现，在转速 1 600 r/min 以上时，从 50 阶比到 100 阶比之间的信号能量随连杆轴承间隙的增大而增加。对该阶比带能量进行统计，见表 6 - 4，定量地给出了这一变化情况。这说明，高转速能够激励结构产生共振，特别是在出现故障以后。

表 6 - 4　不同间隙能量和峰值的比较

（阶比 50 ~ 100，转速 1 600 ~ 2 000 r/min）

间隙	能量/($\times 10^{-3} V^2$)	峰值/($\times 10^{-3} V$)
Δ_1	2 171	99
Δ_2	2 327	183
Δ_3	5 104	701

2. 基于阶比双谱的曲轴轴承故障诊断

在 EQ6100 型汽油机上分别模拟曲轴轴承正常状态（Δ_1）、轻微磨损（Δ_2）、中度磨损（Δ_3）以及严重磨损（Δ_4）四种磨损状态，并在加机油口采集噪声信号。采样频率为 3 000 Hz，信号的数据长度为 10 240，采样时内燃机转速为 1 710 r/min。四种曲轴轴承磨损状态噪声信号的阶比谱如图 6 - 26 所示。

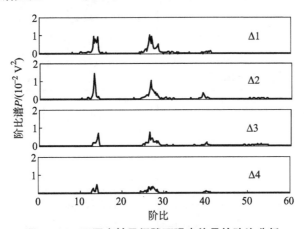

图 6 - 26　不同主轴承间隙下噪声信号的阶比分析

从图 6 - 26 能明显看出，在不同间隙的工况下，阶比谱图主要在阶比 14、28、42 附近存在能量。随着主轴承间隙的增大，阶比（10 ~ 20）、（20 ~ 35）、（35 ~ 45）中的能量、最大峰值及沿阶比轴全部的累积能量有一定的变化，特别是阶比带 1 和阶比带 2 及总体能量对主轴承间隙的变化较敏感，但是各种值的差别基本是在同一个数量级上，见表 6 - 5。

表 6 - 5　阶比谱能量及峰值比较

间隙	阶比（10 ~ 20）能量/($\times 10^{-2} V^2$)	峰值/($\times 10^{-2} V$)	阶比（20 ~ 35）能量/($\times 10^{-2} V^2$)	峰值/($\times 10^{-2} V$)	阶比（35 ~ 45）能量/($\times 10^{-2} V^2$)	峰值/($\times 10^{-2} V$)	总体能量/($\times 10^{-2} V^2$)
Δ_1	6.79	0.96	9.38	0.99	1.32	0.13	18.8
Δ_2	4.41	1.39	7.56	1.05	1.93	0.36	15.9

续表

间隙	阶比（10~20）		阶比（20~35）		阶比（35~45）		总体
	能量/（$\times10^{-2}V^2$）	峰值/（$\times10^{-2}V$）	能量/（$\times10^{-2}V^2$）	峰值/（$\times10^{-2}V$）	能量/（$\times10^{-2}V^2$）	峰值/（$\times10^{-2}V$）	能量/（$\times10^{-2}V^2$）
Δ_3	2.51	0.70	5.76	0.75	1.41	0.16	12.1
Δ_4	1.87	0.45	4.34	0.36	1.00	0.10	8.39

双谱估计是采用一定的时间窗，并假设时间窗内的信号是平稳的，所以它和功率谱一样只适用于分析稳态信号。如果直接用双谱对非稳态信号进行分析，会引起频率成分的混叠，频率分量变得模糊。阶比双谱是适用于非平稳、非线性、非高斯信号分析的有效方法，有利于提取故障信号特征和故障诊断，对上述信号进行分析，结果如图 6-27 所示。

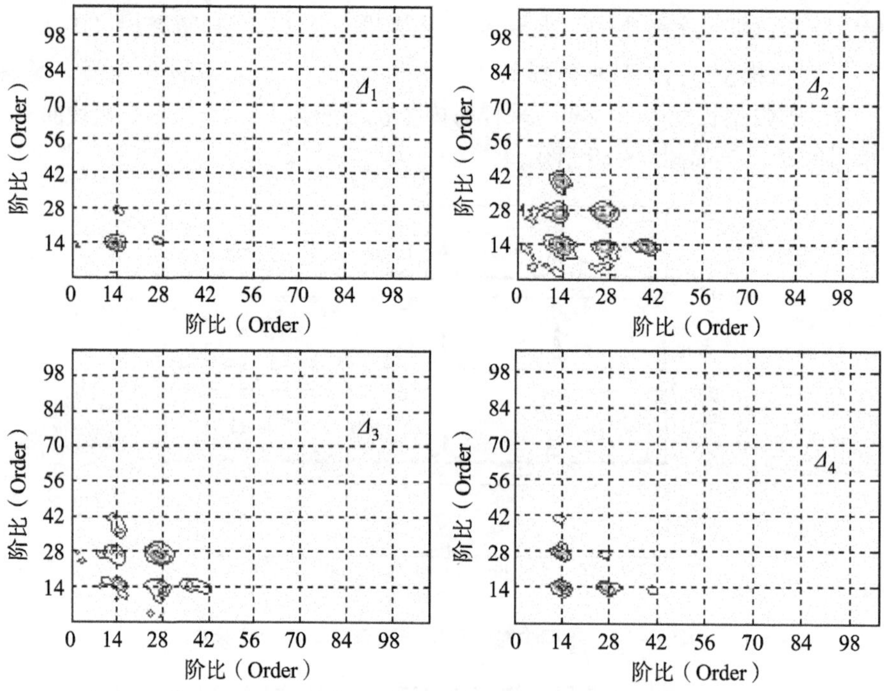

图 6-27　不同主轴承间隙下噪声信号阶比双谱分析

从阶比双谱图 6-27 中，可以看出，在正常工况下，谱能量主要在集中在阶比（14，14）；当主轴承轻微磨损时，在（14,14）、(14,28)、(14,42)、(28,14)、(28,28)、(42,14)等多处存在能量；中等程度磨损时，主要能量集中在(14,14)、(28,28)，在(14,28)、(14,42)、(28,14)、(42,14)附近存在零星能量分布；而到了严重磨损阶段，能量主要集中在(14,14)处，在(14,28)、(28,14)等处也有零星能量。阶比 14、阶比 28、阶比 42 存在“和阶比”“差阶比”关系，说明当主轴承因磨损而间隙变大后，信号阶比成分存在非线性耦合现象。所以，通过监测内燃机噪声信号阶比双谱中是否有非线性耦合成分，可以区分机器是否存在故障。

为了直观反映阶比双谱的分析效果，对阶比双谱进行对角切片，如图 6-28 所示，并与图 6-26 进行比较发现，图形发生了一定的变化。通过双谱处理，声音信号中的加性高斯噪声已得到消除，而且其纵坐标单位也是与前者不同的。

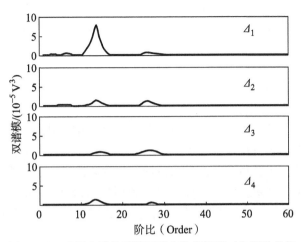

图 6 - 28　不同主轴承间隙下噪声信号双谱对角切片分析

为了定量地了解经过阶比双谱处理后的数据对主轴承间隙的敏感程度，对数据进行处理，见表 6 - 6。

表 6 - 6　阶比双谱对角切片能量及峰值比较

| 间隙 | 阶比（10~20） | | 阶比（20~35） | | 阶比（35~45） | | 总体 |
	能量/ （×10⁻²V²）	峰值/ （×10⁻²V）	能量/ （×10⁻²V²）	峰值/ （×10⁻²V）	能量/ （×10⁻²V²）	峰值/ （×10⁻²V）	能量/ （×10⁻²V²）
Δ_1	12.4	7.79	1.79	0.78	0.08	0.03	15.5
Δ_2	2.77	1.55	2.57	1.29	0.09	0.05	6.33
Δ_3	1.76	0.77	3.20	1.15	0.32	0.09	6.20
Δ_4	2.35	1.55	0.91	0.44	0.03	0.01	3.39

表 6 - 6 中清晰显示：阶比（10~20）及总体能量对主轴承间隙的影响较明显，尤其是正常工况与故障工况的值有了明显的差别，但是三种故障状态下的差别较小。

第二节　气缸压力无损检测诊断

气缸压力是柴油机的一个重要参数，是评价柴油机技术状态的重要性能指标。目前测量缸压的方法有直接测量法和间接测量法。直接测量法需要在气缸内安装缸压传感器，该方法测量精度高，但也存在着安装困难、传感器成本高等问题，不能应用在实车检测中；间接测量法则是通过非接触式传感器来估计柴油机气缸压力。现有的间接测量方法主要分为基于振动信号的缸压重构和基于曲轴角速度的缸压重构两类。由于振动信号更易测量，能够很好地满足不解体条件下柴油机检测的要求，所以通过振动信号来进行柴油机缸压的测量具有更广阔的应用前景。

本节介绍一种基于振动信号恢复柴油机缸压的新方法，即利用等角度采样技术，以振动信号的最大熵谱密度作为特征值，通过道格拉斯－普克算法对输入输出向量进行降维，最后通过遗传算法优化的多隐含层 BP 神经网络得到不同工况下的缸压曲线。经平均化处理后，能够取得很好的恢复效果。

一、振动信号的最大熵谱分析

熵在信息论中是反映信息度量的一个量。某随机事件的随机性越大，即不确定性越高，则熵值越大，所携带的信息量也越大。因此，最大熵谱是根据熵量最大的准则，由已知自相关函数，外推未知自相关函数后获得信号谱估计。这种方法的特点是能够在保持已知信息量不变的前提下，获得信息量最大的谱估计方法。利用最大熵来提高谱估计的分辨率的方法，获得了明显的效果。将最大熵运用到所研究的问题中，得到的结果往往更加符合实际。其理论与算法如下。

假设柴油机缸体振动信号经等角度重采样之后为高斯随机过程，则有：

$$H \propto \int_{\frac{1}{2}}^{\frac{1}{2}} \ln P_{xx}(f)\,\mathrm{d}f \tag{6-48}$$

式中，H 为样本信号的熵值；$P_{xx}(f)$ 为经过等角度重采样的振动信号的功率谱密度；f 为信号包含的频率。

在满足式（6-48）的约束条件下，使值达到最大，并最终得到最大熵谱估计，见式（6-49）。

$$\int_{\frac{1}{2}}^{\frac{1}{2}} P_{xx}(f)\,\mathrm{e}^{\mathrm{j}2\pi kf}\mathrm{d}f = R_{xx}(k) \tag{6-49}$$

$$P_{xx}(f) = \frac{\sigma_p^2}{\left| 1 + \sum_{k=1}^{p} a_k \mathrm{e}^{\mathrm{j}2\pi kf} \right|} \tag{6-50}$$

式中，$k = 0, 1, \cdots, p$，p 为最大熵谱估计阶数；a_k 为谱估计的参数；σ_p^2 为功率预测误差。

由于利用常规 Yule-Walker 方程求解系数 a_k 很困难，故提出 Levinson-Durbin 递推算法和 Burg 算法等改进算法，但 Levinson-Durbin 递推算法在计算 AR 参数时引入很大误差，导致谱线分裂与谱峰偏移等现象。所以采用 Burg 算法来进行最大熵谱分析。

在最大熵谱分析中，阶数的确定尤为重要，如果阶数过小，则谱线过于平滑；如果阶数过大，则所得的谱估计具有虚假的细节。由于要对不同工况的振动信号进行最大熵谱分析，所以一方面要最大限度地降低阶数，以减少计算量；另一方面要保证阶数足够多，以使不同工况下的谱分析有明显的区别。为此，针对不同工况下的振动信号进行了不同阶数的最大熵谱分析，如图 6-29 所示。

从图 6-29 可以看出，随着最大熵谱阶数的增加，不同工况的谱线开始逐渐分离，当阶数达到 3 时，4 种工况的谱线已经有了明显的差别，当阶数继续增大时，谱线开始出现振荡，故选定最大熵谱分析的最优阶数为 3 阶。

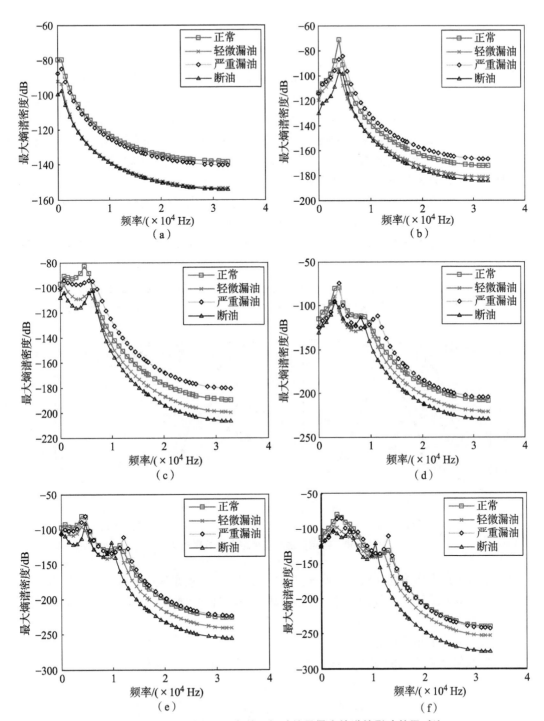

图 6-29 阶数对多工况条件下振动信号最大熵谱的影响效果对比

（a）阶数为 1 的最大熵谱图；（b）阶数为 2 的最大熵谱图；

（c）阶数为 3 的最大熵谱图；（d）阶数为 4 的最大熵谱图；

（e）阶数为 5 的最大熵谱图；（f）阶数为 6 的最大熵谱图

二、特征向量降维

以振动信号对应的 $-60°CA \sim 60°CA$ 范围内的最大熵谱功率曲线作为输入特征向量，以对应的缸压曲线作为输出特征向量，建立 BP 神经网络。如果直接将曲线作为特征向量，会使向量的维数过高，严重影响后续的神经网络训练效果，所以需要将曲线向量降维。

以前的学者多以间隔取点法来降维，此类方法存在明显不足：间隔过大，会丢失重要点信息，间隔过小，又会影响降维效果。为了更好地保证重要点信息的完整和降维后数据量的大幅度缩减，采用道格拉斯－普克算法对曲线进行降维处理。

道格拉斯－普克算法是将曲线近似表示为一系列点，并减少点的数量的一种算法。它的优点是具有平移和旋转不变性，给定曲线与阈值后，抽样结果一定。

下面针对正常工况下的输出曲线向量，利用间隔取点法和道格拉斯－普克算法分别做处理，结果如图 6-30 所示。从图 6-30 中可以看出，道格拉斯－普克算法相比间隔取点算法，可以在相同取样点数的条件下将误差控制得更小，在相同的误差度下可以抽取更少的点。这表明道格拉斯－普克算法能够更好地将曲线特征向量进行有效的降维处理。

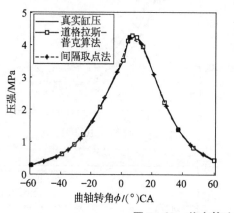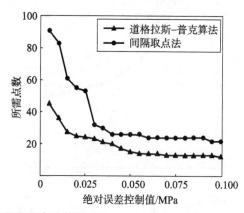

图 6-30 普克算法与间隔取点法效果对比

道格拉斯－普克算法是针对单一曲线进行的处理。为了满足实际需求，利用道格拉斯－普克算法选取多工况下的最优取样点，以达到降低输出向量维度的目的。其具体的操作算法为：

（1）设定允许的最大误差值 er。

（2）选取每个工况下的多个曲线，求得每个工况下的平均曲线 $\bar{a} = \{(x_{1i}, y_{1i})\}$, $\bar{b} = \{(x_{2i}, y_{2i})\}$, $\bar{c} = \{(x_{3i}, y_{3i})\}$, $\bar{d} = \{(x_{4i}, y_{4i})\}$。

（3）利用道格拉斯－普克算法分别求取四种工况下最大误差不超过 er 的最优取样点的横坐标集合 A、B、C、D。其中，$A = \{A_i\}_{i=1}^{n_1}$, $B = \{B_i\}_{i=1}^{n_2}$, $C = \{C_i\}_{i=1}^{n_3}$, $D = \{D_i\}_{i=1}^{n_4}$。

（4）令集合 $S = A \cup B \cup C \cup D$。其中，$S = \{S_i\}_{i=1}^{k}$。

（5）令集合 $F = \{S_1, S_k\}$，F 中元素为升序排列。

（6）在多种工况的平均曲线上，按照 F 中元素顺序依次连接曲线各点 (x_{ji}, y_{ji})，其中，$x_{ji} = F_i$，j 代表第 j 种工况。

（7）得到曲线与连接线段的最大误差 r，若 $r \leqslant er$，则结束，F 中的元素集合即为最优取样点。否则，将最大误差处的横坐标 x 加入 F 集合，跳转至第（6）步。

初始的输入向量（熵谱密度曲线）的维数为 32 768，输出向量的维数为 121。经过对 4 种不同工况曲线的降维处理，得到了误差控制在 0.1 dB 以内的 62 维输入向量和误差控制在 0.01 MPa 以内的 45 维输出向量。

三、缸压恢复

由于输入与输出之间没有确定的函数关系，故选择人工神经网络来构建两者之间的关系。在缸压识别中，最为常用的是 BP 神经网络和径向基神经网络。BP 神经网络是一种按误差逆传播算法训练的多层前馈网络。它由神经网络的输入层、隐含层和输出层三部分组成，其核心是通过反向传播误差来不断调节网络参数，以逼近输入与输出的映射关系。而径向基神经网络是一种使用径向基函数作为激活函数的人工神经网络。网络的输出是输入和神经元参数的径向基函数的线性组合。

为了选择最优神经网络结构，以六缸压缩上止点为中心，左右 60°CA 范围的振动信号的最大熵谱密度曲线向量以及对应的缸压曲线向量分别降维后的向量作为输入、输出向量。对每种不同工况分别测取 200 组，共计 800 组完整循环。处理得到的特征向量作为训练样本。

首先使用简单的三层 BP 神经网络对数据进行训练。选取中间隐含层节点数为 10，训练效果不佳，增加节点数量，其效果比较见表 6-7。然后利用三层径向基神经网络对数据进行训练，效果见表 6-8。

表 6-7　三层 BP 神经网络不同节点数的效果比较

节点数	10	20	30	40	50	60
训练最大误差/MPa	0.60	0.36	0.61	0.57	0.54	0.53
测试最大误差/MPa	0.75	0.73	0.75	0.75	0.75	0.75
测试平均误差/MPa	0.30	0.29	0.31	0.30	0.31	0.30

表 6-8　三层径向基神经网络效果

训练最大误差/MPa	测试最大误差/MPa	测试平均误差/MPa
5×10^{-6}	0.78	0.38

由表 6-7 和表 6-8 可知，径向基神经网络较 BP 神经网络而言，可以达到很小的训练误差，但同时容易出现过拟合现象，在实际的缸压恢复中更适合使用 BP 神经网络。

由于输入与输出之间存在着复杂的函数关系，普通的三层 BP 神经网络只有单一隐含层，无法很好地描述两者之间的映射关系，故采用多隐含层的 BP 神经网络结构来增强网络的复杂函数模拟能力，从而更好地发挥神经网络的非线性表达能力。其网络结构如图 6-31 所示。

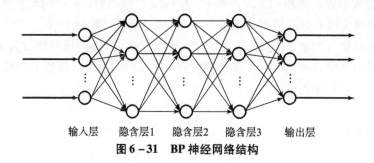

输入层　隐含层1　隐含层2　隐含层3　输出层

图 6 –31　BP 神经网络结构

　　以经验公式获得最小节点数，然后依次增加节点数量，通过比较训练误差得到最优的网络结构，最终建立 $62 \times 10 \times 35 \times 10 \times 45$ 型的三隐含层 BP 神经网络。利用训练样本对网络进行训练，为了避免出现局部最优，不断调整学习率和学习函数，最终的神经网络训练误差如图 6 –32 所示。从图 6 –32 可以看出，多隐含层 BP 神经网络的训练速度比较慢，最终达到较小的训练误差。

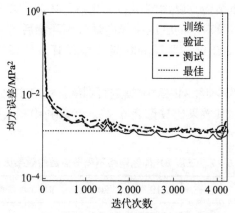

图 6 –32　多隐含层 BP 神经网络训练误差

　　另外，选取新采集的四种工况下的 480 个循环信号（每种工况 120 个循环）进行特征提取，构成测试样本带入训练好的神经网络进行验证，如图 6 –33 所示。

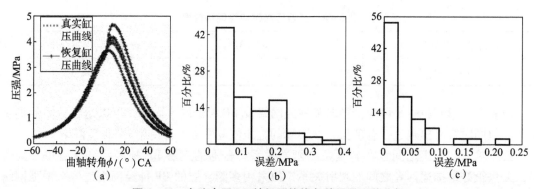

图 6 –33　多隐含层 BP 神经网络恢复效果及误差分析

（a）测试样本实际恢复图；（b）测试样本最大误差分布；（c）测试样本峰值误差分布

从图 6 - 33 可以看出，多隐含层的 BP 神经网络相比单隐含层神经网络来说，验证误差降低了一半以上，提高了识别的精度。但随着网络层数的增加，也带来了局部最优化问题。

尽管通过不断调整学习率和学习函数，尽可能地避免局部最优值的出现，但仍然无法保证 BP 神经网络的最终训练效果。为了解决这个问题，引入遗传算法来对 BP 神经网络的参数进行初始赋值，避免因随机初始化造成的一系列问题。

遗传算法是模仿生物进化的一种启发式算法，可以在较短的时间内得到一个能够接受的结果。利用遗传算法进行 BP 神经网络参数的初始化，可以给定一个全局最优参数范围。遗传算法与 BP 神经网络的结合，可以有效解决初始随机赋值造成的局部最优问题。

在本问题中，具体的融合算法为：以神经网络的每个参数作为基因，以神经网络的全部参数作为染色体来构成每个个体。以多隐含层 BP 网络输出的训练误差作为评价适应度函数，将满足淘汰条件的个体进行淘汰，剩余的优秀个体进行了交叉、变异等操作，逐代进行繁衍，达到终止条件后停止。

之后将最优个体的全部基因赋值给多隐含层 BP 神经网络的参数进行初始化。令

$$X = \{x_1, x_2, \cdots, x_i, \cdots\} \tag{6-51}$$

$$\text{Num} = \{\text{input}, \text{hidden}_1, \text{hidden}_2, \cdots, \text{hidden}_n, \text{output}\} \tag{6-52}$$

式中，x_i 为染色体 X 上第 i 点处的基因；input 为输入层维数；hidden_n 为第 n 层隐含层维数；output 为输出层维数。则有：

$$w_i = \{x_{w\text{start}(i)+1}, \cdots, x_{w\text{start}(i)+\text{Num}(i)\times\text{Num}(i+1)}\} \tag{6-53}$$

$$b_i = \{x_{b\text{start}(i)+1}, \cdots, x_{b\text{start}(i)+\text{Num}(i+1)}\} \tag{6-54}$$

$$w\text{start}(i) = \begin{cases} 1 & i = 1, \\ \sum_{k=1}^{i-1}\left(\text{Num}(k)\right) \times \text{Num}(k+1) + \text{Num}(k+1)), & i > 1 \end{cases} \tag{6-55}$$

$$b\text{start}(i) = w\text{start}(i) + \text{Num}(i) \times \text{Num}(i+1) \tag{6-56}$$

式中，w_i 为 BP 神经网络的第 i 层到下一层的连接权值；b_i 为 BP 神经网络的第 $i+1$ 层的节点阈值。

最后对 BP 神经网络进行训练，最终的训练结果如图 6 - 34 所示。从图 6 - 34 可以看出，经过遗传算法的多次进化后，得到的网络参数使多隐含层 BP 神经网络更快地达到了最优。利用测试样本进行验证，其恢复效果如图 6 - 35 所示。

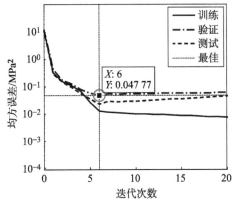

图 6 - 34　经遗传算法优化后的 BP 神经网络训练结果

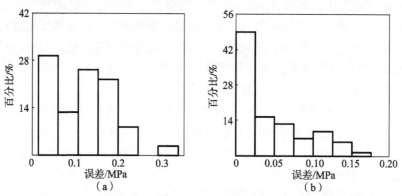

图 6 – 35   遗传算法优化后的 BP 神经网络恢复效果和误差分析

（a）测试样本最大误差分布；（b）测试样本峰值误差分布

综合图 6 – 34、图 6 – 35 可以得到：经过遗传算法优化后的多隐含层 BP 神经网络的测试结果优于优化前的网络测试结果，并且优化后的训练集样本误差与测试集样本误差基本趋于一致，说明优化后的神经网络具有更好的泛化能力。这表明：经过遗传算法优化后的多隐含层 BP 神经网络具有更好的网络性能。

其优化前后的误差对比及恢复效果对比如图 6 – 36 和图 6 – 37 所示。通过对比优化前后的多工况下恢复的缸压曲线的最大误差，可以看出，优化后的神经网络的误差累积量曲线上升得更快，说明优化后的网络可以得到更为精确的缸压。图 6 – 37 也表明优化后的多隐含层 BP 神经网络可以更加精确地恢复缸压。

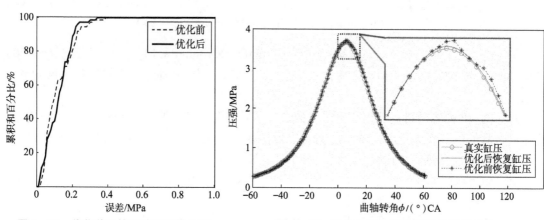

图 6 – 36   优化前后的误差累积量比较   **图 6 – 37   优化前后缸压曲线恢复效果对比**

经过 480 组数据的验证，经优化后恢复的缸压曲线，其最大误差为 0.35 MPa，峰值最大误差为 0.16 MPa，缸压曲线峰值位置的最大误差为 0.9° CA。由于柴油机的燃烧过程比较复杂，缸压曲线也会受到各个因素的影响而发生变化，所以，在实际测试中，柴油机缸压一般通过某一工况下的多个循环的平均处理来得到。为了验证本神经网络的实际工作效果，对恢复出的缸压曲线，每 6 个循环做平均处理，将得到的缸压曲线与真实平均缸压曲线（对每 6 个真实循环做平均处理）作比较，缸压曲线峰值最大误差为 0.05 MPa，缸压曲线峰值位置的最大误差为 0.6° CA，满足缸压恢复的精度要求。

第三节 发动机功率检测诊断

发动机有效功率是汽车动力性的主要诊断参数，发动机功率分为额定功率和有效功率，额定功率是指发动机在额定转速下发出的总功率，是由制造厂标定的，也称标定功率。有效功率是发动机曲轴实际输出的功率，是发动机重要的评价指标，反映了车辆的动力性能。

发动机在使用过程中，随着各零件的磨损，性能下降，其动力性变差，发动机的功率会下降。发动机维修可以恢复车辆发动机的动力性，而测量发动机功率下降的程度，可以作为衡量发动机技术状况，确定其维修质量的一个重要指标。

发动机功率检测方法分为稳态测功和动态测功两种。稳态测功必须在专门台架上进行，多为发动机设计、制造、院校和科研单位所采用，测定的功率比较准确，需要大型、固定安装的测功设备给发动机加载，设备复杂、昂贵。

动态测功可以在汽车不解体条件下进行就车测定发动机功率，所用仪器轻便，测功速度快，方法简单，但测功精度较低。由于动态测功无须对发动机施加外载荷，因此又称为无负荷测功。目前无负荷测功广泛应用于车辆维修企业、检测站和交通管理部门。

一、柴油机无负荷测功原理

根据基本测功原理，无负荷测功可分为两类：用测定瞬时角加速度的方法测定瞬时功率；用测定加速时间的方法测定平均功率。瞬时功率检测要求检测系统具有很快的处理、计算转速传感器输出的转速信号的能力，在实际应用时往往会遇到一定困难。针对本章采用的振动信号，采用测定加速时间的方法来测定平均功率。

若柴油机曲轴旋转角速度从 ω_1 上升到 ω_2 的时间为 ΔT，则柴油机在这段时间内的平均功率 $\overline{P}$ 为：

$$\overline{P} = \frac{A}{\Delta T} = \frac{1}{2}J\frac{\omega_2^2 - \omega_1^2}{\Delta T} \tag{6-57}$$

$\omega = \frac{\pi}{30}n$，如果以千瓦（kW）作为平均功率 $\overline{P}$ 的单位，则有：

$$\overline{P} = \frac{C_1}{\Delta t} \tag{6-58}$$

$$C_1 = \frac{1}{2}J\left(\frac{\pi}{30}\right)^2 \frac{n_2^2 - n_1^2}{1\,000} \tag{6-59}$$

C_1 为常数，称为平均功率测功系数。若已知转动惯量 $J(\mathrm{kg \cdot m^2})$，并确定测量时的起始转速和终止转速 n_1、$n_2(\mathrm{r/min})$，则一般 n_1 要稍高于怠速转速，n_2 宜取额定转速。

二、离散速度点曲线拟合及插值

无负荷测功的关键在于精准获取指定速度区间的加速时间。为了在加速过程中获取指定速度所对应的精确时刻，有两种方案可以选择：曲线拟合和插值。曲线拟合是指设法找出某条光滑的曲线来最佳地拟合数据。曲线拟合需要描述两个变量之间的内在关系，其思想是使它能反映这些离散数据的变化趋势，使数据点的误差平方和最小。这里需要对转速-时间离散点进行曲线拟合，再利用函数关系得到起始转速和终止转速的时刻点。现今的曲线拟合方法主要是选择合适的曲线类型，然后进行变量变换，求解线性方程，最后将线性方程转换为函数表达式。在系统辨识领域，最小二乘法是曲线拟合最常用的方法，因其更为准确、实用而被广泛应用。

曲线的插值是一项基础工作，当数据量不够，需要补充，且认定已有数据可信时，通常利用插值方法。通过有序型值点 $P_i(i=0, 1, \cdots, n)$ 构造出一条光滑曲线，使曲线依次通过各采样点。目前曲线插值的方法很多，如多项式曲线插值、分段三次 Hermit 曲线插值、三次参数样条曲线插值、多结点样条函数曲线插值、代数曲线插值、圆弧样条曲线插值、拟插值等。目前的插值算法在精度和数据量上不能同时达到最优，而叶铁丽采用的基于误差控制的自适应 3 次 B 样条曲线插值能够根据预设的误差不断调整参加插值的型值点个数，在保证插值精度的前提下有效地压缩了数据量。

利用潍柴 WD615 柴油机进行全工况实验，采用振动信号恢复转速的方法将振动信号恢复成转速-时间离散点，各工况转速-时间散点图如图 6-38 所示。

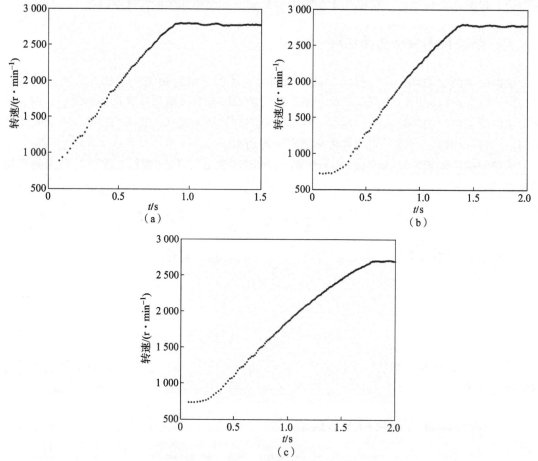

图 6-38 在不同工况下急加速的转速-时间散点图
(a) 正常；(b) 一缸断油；(b) 两缸断油

　　根据图 6 - 38 中三种不同工况的转速 - 时间散点图，正常工况下，加速散点近似为直线，随着断油缸数的增加，加速曲线的总体变化规律为先急后缓，速度 - 时间离散点的变化并没有明显的函数关系。

　　现采用在加速段对离散点数据进行基于最小二乘法的拟合和插值的初步比较，效果对比如图 6 - 39 所示，几种方案的误差分析如图 6 - 40 所示。

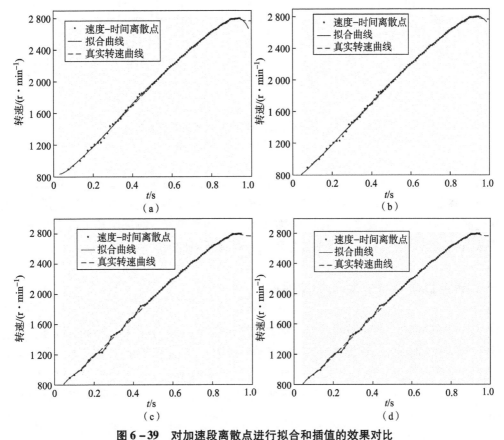

图 6 - 39　对加速段离散点进行拟合和插值的效果对比

（a）四次多项式拟合；（b）四阶高斯拟合；（c）三次样条插值；（d）保形插值

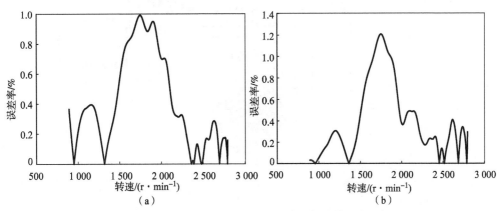

图 6 - 40　对加速段离散点进行拟合和插值的误差分析

（a）四次多项式拟合；（b）四阶高斯拟合

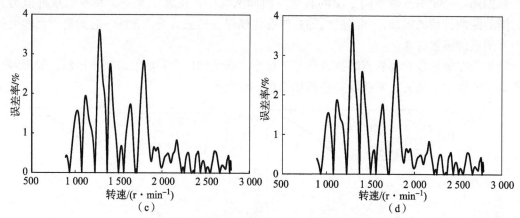

图 6 - 40   对加速段离散点进行拟合和插值的误差分析（续）

（c）三次样条插值；（d）保形插值

从图 6 - 39 和图 6 - 40 可以看出，尽管样条插值的曲线能够通过每一个离散点，但由于速度 - 时间离散点自身的误差因素影响，其离散点值可靠度不是足够高，导致其插值曲线与真实转速曲线的接近程度较差，整体上不如曲线拟合的效果好，故采用基于最小二乘的曲线拟合方法对离散点进行拟合后，求取起始和终止转速所对应的时刻。

三、确定最佳拟合方案和加速时间

针对加速段的加速时间的计算，可直接通过拟合曲线的方程来计算，不同工况条件下，柴油机的峰值转速差别很大，为提高实际测功过程的稳定性，根据无负荷测功经验，可将起始转速和终止转速分别选为 1 000 r/min 和 2 600 r/min（额定转速），在潍柴 WD615 型六缸四冲程柴油机上进行台架实验，其实验设备搭设如图 6 - 41 所示，传感器采集转速如图 6 - 42 所示。

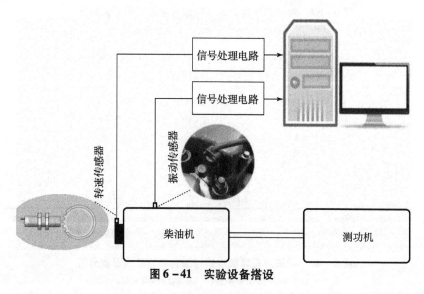

图 6 - 41   实验设备搭设

图 6 – 42 传感器采集转速

由安装在柴油机上的霍尔式转速传感器得到速度 – 时间离散点，由于其精度较高，可认为是真实的速度点，故可采用精度较高的保形插值得到起始和终止转速时刻点。对振动信号得到的速度 – 时间离散点，利用拟合和插值两种不同方式进行处理，得到加速时间，经过与真实加速时间比较，得到不同拟合插值方式的误差对比图，如图 6 – 43 所示。

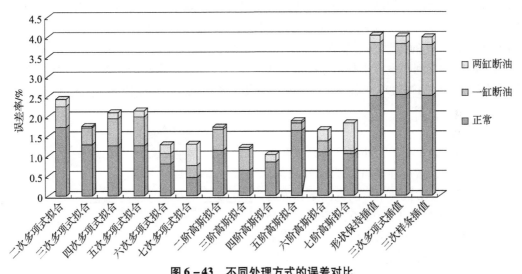

图 6 – 43 不同处理方式的误差对比

由图 6 – 43，可以得出，使用曲线拟合方式得到的整体误差率要低于插值方式，故选用曲线拟合方式。其中，六次多项式、七次多项式和四阶高斯拟合的效果比较好。为选出最终拟合方案，根据无负荷测功的实际需要，分别针对不同组的加速实验进行分析，得到三种拟合方式的加速时间的平稳性比较，如图 6 – 44 所示。

从图 6 – 44 可以看出，6 次多项式拟合的整体稳定性要优于七次多项式和四阶高斯拟合，对比图 6 – 43、图 6 – 44 的不同拟合方式，选择六次多项式为速度 – 时间离散点的最终拟合方式。经多次重复加速实验，本方法得到的加速时间与真实加速时间的最大误差率控制在 1.6% 以下。

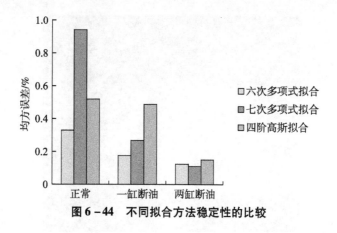

图 6 - 44   不同拟合方法稳定性的比较

四、各气缸工作均衡性检测

发动机发出的功率应等于各气缸发出功率的总和。理论上讲，正常运行时发动机各气缸所发出的功率应是相同的，但由于结构、供油系及点火系等方面的差异，各气缸实际发出的功率会有所不同，特别是当某气缸有故障时，这种差异更加明显。例如，当发动机以某一转速运转时，若某气缸突然断火（或断油），则该气缸就不会做功，发动机发出的总功率就会下降。根据这种分析，可以采用对各气缸轮流断火的办法来判断某缸技术状况是否完好。单缸断火（或断油）的测试办法有两种：一是测试单缸功率的变化；二是测试转速的变化。各缸功率均衡性是判断发动机技术状况的一个重要指标，是发动机检测诊断的一个重要内容。各缸功率的均衡性可通过单缸功率检测和单缸断火（或断油）后转速变化的检测来评价。

1. 单缸功率的检测

首先利用前面介绍的无外载测功原理测量发动机的总功率，然后在某缸断火（或断油）条件下，再测量发动机功率，两次测量功率之差就是断火气缸所发出的功率，如图 6 - 45 所示。依此将各缸断火（或断油），分别测量各次断火（或断油）后的功率，得出各单缸

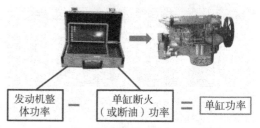

图 6 - 45   能量相减法单缸功率检测

功率。比较各单缸功率，即可判断各气缸的工作情况。正常情况下，各单缸功率应是基本相同的，单缸断火（或断油）后的功率也应该相近。

2. 单缸断火（或断油）后转速变化的检测

发动机在一定转速下运行时，若某气缸突然断火（或断油），则发动机输出的功率将减少，转速也会降低。若各缸的功率是均衡的，则当各缸轮换断火（或断油）时，转速下降的幅度应基本相同；反之，若转速下降的幅度差别很大，则说明有的气缸工作不正常。因此，可以利用单缸轮换断火（或断油）情况下转速下降的数值来评价各缸的工作状况。转速下降的幅度与气缸数有关。显然，气缸数越多，单缸断火（或断油）后转速下降值就越小。

表 6 – 9 为发动机以 800 r/min 稳定工作的条件下，某气缸断火后，转速的平均下降值。一般要求转速下降的最高值、最低值之差应不大于平均值的 30%。若某缸断火后，转速下降远小于平均值，则说明该缸工作不良。当然，转速下降越小，说明该缸发出的功率也越小，若转速下降为零，说明该缸不工作。

表 6 – 9　单缸断火后发动机转速下降的平均值

发动机气缸数	转速下降平均值/(r · min^{-1})
4	80 ~ 100
6	60 ~ 80
8	40 ~ 50

 资源链接

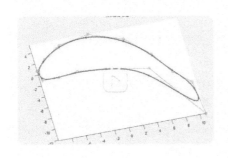
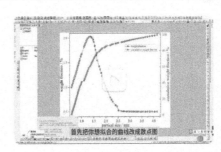
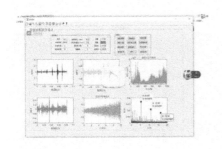

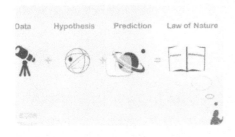

理论辨析

1. 什么是经验模态分解？
2. 如何利用阶比谱进行连杆轴承故障诊断？
3. 简述柴油机无负荷测功的原理。

问题研讨

1. 气缸压力无损检测有何应用价值？
2. 谈谈发动机故障诊断未来发展的方向。

第七章

底盘故障诊断

　　车辆底盘由车辆动力传动系、制动系、转向系及行驶系等组成。由于各系统功用不同，故障表现形式也不一样。车辆传动系统多以异响、振动来表现故障特征，而车辆制动系、转向系和行驶系的故障形式多为磨损、失效和功能丧失。不同系统、不同类型故障需要不同的振动诊断方法。

第一节　齿轮故障诊断

　　齿轮是车辆变速器、分动器等传动系统的关键部件，及时发现并排除其早期故障，对保持车辆装备完好率具有重要意义。本节主要介绍分数阶滤波的原理、参数确定和基于分数阶滤波诊断齿轮故障的具体应用。

一、分数阶滤波原理

1. 分数阶傅里叶变换

　　分数阶傅里叶变换（Fractional Fourier Transform，FRFT）是一种广义的傅里叶变换，本质上是一种线性算子，是信号在时频域内坐标轴绕原点逆时针旋转任意角度后构成的分数阶傅里叶域上的表示方法。如果说 FFT 是将信号由时域逆时针旋转 90° 到频域，那么 FRFT 就是将信号逆时针旋转至任意角度。FRFT 的数学表达式为：

$$f_p(u) = \int_{-\infty}^{\infty} K_p(u,t) f(t)\, \mathrm{d}t \tag{7-1}$$

式中，$K_p(u,t) = \begin{cases} A_a \exp\left[\mathrm{j}\pi(u^2\cot\alpha - 2ut\csc\alpha + t^2\cot\alpha) \right], \alpha \neq n\pi \\ \delta(u-t), \alpha = 2n\pi \\ \delta(u+t), \alpha = (2n \pm 1)\pi \end{cases}$ 为分数阶傅里叶变换的核

函数。其中，$A_a = \dfrac{\exp\left[-\mathrm{j}\pi\mathrm{sgn}(\sin\alpha)/4 + \mathrm{j}\alpha/2 \right]}{|\sin\alpha|^{1/2}}$，$\alpha = p\pi/2$，$p$ 为阶次，n 为整数。

　　当分数阶次 $p=1$ 时，有 $\alpha = \pi/2$，$A_a = 1$，由式（7-1），得

$$f_1(u) = \int_{-\infty}^{\infty} \mathrm{e}^{-\mathrm{j}2\pi ut} f(t)\, \mathrm{d}t \tag{7-2}$$

可见，$f_1(u)$ 是 $f(t)$ 的普通傅里叶变换；同样，$f_{-1}(u)$ 是 $f(t)$ 的普通傅里叶逆变换。由此可认为，分数阶傅里叶变换是一种广义的傅里叶变换。

2. 分数阶滤波

多分量 chirp 信号在时域、频域都具有较大的展宽，单独的时域或频域滤波都不能有效分离携带特征信息的目标分量。分数阶傅里叶变换非常适合对 chirp 信号进行自适应滤波。为了方便说明，画出两个 chirp 分量信号的时频分布，如图 7-1 所示。其中一个分量的时频分布与时间轴的夹角为 β。

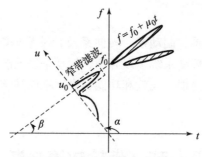

图 7-1 FRFT 提取 chirp 信号

分数阶傅里叶变换可以解释为信号在时频平面内绕原点旋转任意角度后所构成的分数阶域上的表示，只要分数阶傅里叶变换的旋转角度 α 与 β 正交，则该 chirp 信号在分数阶傅里叶域上的投影就应该聚集在 u_0 点上，以 u_0 为中心做窄带滤波，再进行 $-\alpha$ 角度旋转，就实现了 chirp 分量滤波。此时的 α 为 FRFT 变换最佳角度，$p = 2\alpha/\pi$ 为最佳阶次。由于只旋转了一个角度，称为单阶 FRFT 滤波。该过程相当于一个开环的自适应窄带时频滤波器，其中心频率跟随 LFM 信号的瞬时频率进行线性变化，实现了对信号的自适应滤波，而且不需要选择和设置复杂的滤波器及参数，对多分量 LFM 信号分离非常有效。

实际上，需要处理的信号往往不会是理想的纯线性调频信号，只要瞬时频率值在时频面上的某一线段（将该线段作为基准轴线）方向上变化缓慢，就可以找到信号相对集中的分数阶域，就能实现单阶 FRFT 自适应滤波。

二、分数阶滤波参数确定

从上述分析可以看出，采用 FRFT 滤波分离 chirp 分量，关键在于准确确定最佳阶次和分数阶域聚集位置两个参数。图 7-1 中最佳角度 α、FRFT 最佳阶次 p 与调频率 μ_0 有如下关系：

$$\beta = \arctan\mu_0$$

$$\alpha = \frac{\pi}{2} + \beta = \frac{\pi}{2} = \arctan\mu_0$$

$$p = \alpha\frac{2}{\pi} = 1 + \frac{2}{\pi} = \arctan\mu_0 \tag{7-3}$$

目前，常用的 FRFT 最佳阶次确定方法都是基于搜索思想的，即通过对振动信号的 FRFT 幅值谱进行峰值搜索确定 FRFT 阶次。但多分量信号的 FRFT 幅值谱中峰值众多，强分量信号会淹没弱分量信号，根据峰值难以准确确定目标分量的 FRFT 最佳阶次；当数据较长和阶次精度要求较高时，搜索计算量相当大。由于搜索法确定阶次的基础是复杂的振动信号，其他分量和噪声对确定阶次的影响不可避免，采取抑制强信号分量的方法产生的抑制效果也是相对的。

变速器以输入轴的转速为基准，各挡位啮合齿轮按照不同的传动比运转，急加速过程的振动信号非常接近多分量线性调频信号。下面介绍根据输入轴转速信号准确、快速、自适应确定 FRFT 最佳阶次的方法。

（1）根据离散归一化方法对数据进行归一化。设采样频率 $f_s = 20$ kHz，采样点数 $N = 24\ 576$，观测时间 $t_0 = N/f_s = 1.228\ 8$ s，将时间原点定位在观测时间的中点，观测时间区间为 $[-0.614\ 4, 0.614\ 4]$ s，频率区间为 $[-10, 10]$ kHz，归一化因子 $S = \sqrt{t_0/f_s} = 0.007\ 838$ s，归一化后的时域和频域区间为 $[-78.38, 78.38]$。

（2）根据输入轴转速信号，计算出转频及各挡位的啮合频率分量 f_i，$i = 0, 1, \cdots, 4$，变速器 5 个分量的时频曲线如图 7-2 所示，各分量非常接近线性调频信号。

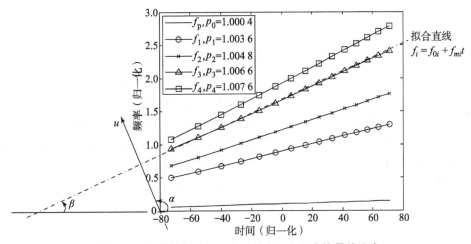

图 7-2　根据输入轴转速信号确定 FRFT 变换最佳阶次

（3）对转频和各挡位的啮合频率分量 f_i 进行最小二乘拟合，计算出各分量的调频频率 f_{mi}，图 7-2 示意了对分量 f_3 的最小二乘拟合。

（4）根据 f_{mi} 按式 $p_i = 1 + \dfrac{2}{\pi}\arctan f_{mi}$ 计算得到各分量的 FRFT 变换最佳阶次 p_i，如图 7-2 左上角所示。

由于转速信号不受任何振源和噪声干扰，变速器的传动比又是固定的，因此，根据转频得到的各挡位齿轮啮合频率分量很准确，据此计算得到的各分量的调频频率和 FRFT 最佳阶次精度高、速度快、鲁棒性好，而且根据不同的转速信号，能自动得到对应的最佳阶次，是一种自适应的 FRFT 最佳阶次确定方法。

分数阶域滤波中心为信号在分数阶域上的聚集位置 u_0，通常需要通过人为观察信号在 FRFT 幅值谱中的能量聚集情况来确定，缺乏理论参考，加上噪声和其他分量的影响，容易错判滤波中心。本节从理论上推导了 u_0 的计算方法：

设分量 f_i 在离散尺度归一化坐标下的频偏为 f_{0i}，在其最佳分数阶域 u_i 上的聚集位置为 u'_{0i}，如图 7 – 3 所示，则

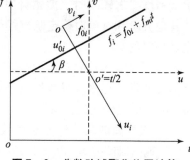

$$u'_{0i} = f_{0i}\cos\beta$$
$$\beta = \arctan f_{mi} \tag{7 – 4}$$

式（7 – 4）中的 u'_{0i} 是以 $o' = t/2$ 为坐标原点的归一化后的结果，需要进行反归一化，得到以 o 为坐标原点的聚集位置 u_{0i}：

$$u_{0i} = t/2 - u'_{0i}S \tag{7 – 5}$$

式中，S 为归一化因子。理论计算的分数阶域聚集位置能准确定位 FRFT 滤波中心，无论分量在 FRFT 幅值谱中能量强弱，都能根据该中心实现准确的带通滤波。

图 7 – 3　分数阶域聚集位置计算

根据以上方法确定 FRFT 滤波阶次和滤波中心，就能实现基于转速信号确定参数的单阶 FRFT 自适应滤波。

三、齿轮故障诊断应用

变速器是车辆传输动力的重要总成，对变速器进行状态监测，及时发现并排除早期故障，防患于未然，对保持车辆装备完好率具有重要意义。但变速器故障特征十分微弱，常规变速器故障诊断多采用变速器稳定转速下的振动信号作为故障信息载体进行分析和特征提取，难以有效提取出故障特征；根据维修专家共识，大部分机械故障在变转速运行时表现更明显，因为运动机械部件相互撞击更厉害，蕴含了更为丰富的机械故障信息，通过分析变转速过程非稳态信号，提取变速器故障特征，正在成为研究的热点。

变转速过程振动信号的多分量、非平稳和低信噪比特性增加了特征提取难度。变速器振动信号包含多个分量，但故障特征信息仅隐含在对故障诊断有意义的目标分量中。齿轮发生故障时，对故障诊断有意义的是啮合频率调制信号。齿轮早期故障特征微弱，为了避免其他分量对特征提取的干扰，最好将携带特征信息的目标分量从多分量信号中分离出来，隔离干扰，提取出特征。

变速器变转速过程信号频率随时间变化，在时域和频域都占有较大带宽，单独从时域或频域都很难分离目标分量。基于 FRFT 的滤波方法，能根据线性调频信号在不同阶次的分数阶傅里叶域呈现出不同的能量聚集性的特点，只要选择合适的阶次，就能在分数阶域上滤波分离目标分量。对频率近线性变化的信号，采用单阶 FRFT 滤波；对频率呈曲线变化信号，采用多阶 FRFT 滤波。与传统时频滤波方法相比，FRFT 滤波没有交叉项干扰，滤波效果好。

（一）滤波分离阶比分量

采集变速器置二挡时的急加速过程的转速信号和振动信号，得到转频及各挡位啮合频率曲线，如图 7 – 4（a）所示，图 7 – 4（b）所示为振动信号时频图。时频图中，变速器振动信号各分量时频混叠、相互耦合。与图 7 – 4（a）相比，从图 7 – 4（b）不容易分辨各分量的具体位置和细微的分布情况。从图 7 – 4（a）可以看出，各分量频率基本呈线性变化，因此采用单阶 FRFT 滤波方法分离阶比分量。

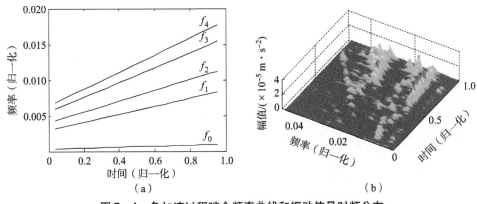

图7-4 急加速过程啮合频率曲线和振动信号时频分布

(a) 转频和啮合频率曲线；(b) 振动信号 Gabor 时频图

1. 二挡阶比分量分离

根据转速信号按照上述最佳阶次确定方法，求得各分量的 FRFT 最佳阶次，如图 7-3 左上角所示。二挡分量的 FRFT 最佳阶次为 $p_2 = 1.004\,8$，理论计算的分数阶域聚集位置 $u_0 = 12\,113$。对振动信号进行 p_2 阶 FRFT，结果如图 7-5 所示。从图 7-5 (a) 可以清楚地看出信号在 $u_0 = 12\,113$ 点位置出现明显峰值，说明二挡阶比分量在其最佳阶次分数阶域具有最佳的能量聚集性，而其他分量和噪声聚集性差且能量弱，也证明了理论计算的 u_0 的正确性。在该分数阶域以 u_0 为中心，进行带宽为 12 090~12 130 的带通遮隔，如图 7-5 (b) 所示；再进行 p_2 阶逆 FRFT，提取到二挡阶比分量，其时域波形如图 7-5 (d) 所示。图 7-5 (c) 所示为原始信号时域波形。

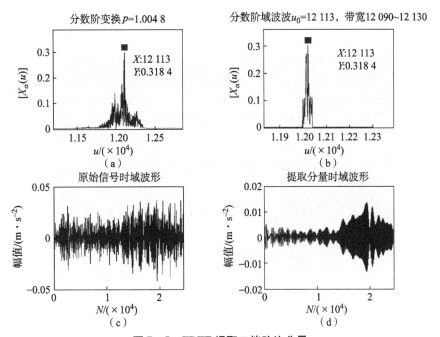

图7-5 FRFT 提取二挡阶比分量

2. 常啮合阶比分量分离

常啮合阶比分量的 FRFT 最佳阶次为 $p_4 = 1.0076$，理论计算的分数阶域聚集位置为 $u_0 = 11996$。对振动信号进行 p_4 阶 FRFT，结果如图 7-6 所示。

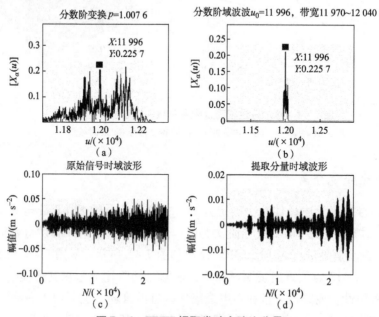

图 7-6 FRFT 提取常啮合阶比分量

图 7-6（a）中，$u_0 = 11996$ 处有明显峰值，而且周围还存在多个突出峰值，如果没有理论计算的聚集位置做参考，容易选择错误的滤波中心。以 $u_0 = 11996$ 为中心，进行带宽为 11 970 ~ 12 040 的带通遮隔，如图 7-6（b）所示，再进行 p_4 阶逆 FRFT，提取到常啮合阶比分量，其时域信号如图 7-6（d）所示。图 7-6（c）为原始信号时域波形。

对提取到的二挡、常啮合阶比分量分别进行 Gabor 时频分析，并累加结果，时频分布如图 7-7 所示。对比图 7-5（b）、图 7-7（a）可以发现：图 7-5（b）中二挡、常啮合阶比分量的时频分布相对模糊，目标分量难以分辨；图 7-7（a）非常清晰、细致地显现了二挡、常啮合阶比分量的时频分布位置和趋势，说明 FRFT 滤波能有效剥离其他分量和噪声的

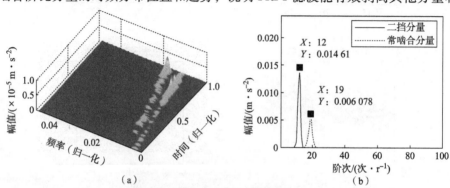

图 7-7 提取的二挡、常啮合分量的时频分布和阶比谱

（a）Gabor 时频图；（b）阶比谱

干扰，提取出目标阶比分量，非常有利于深入、细致分析目标分量携带的故障特征信息。

　　为了验证根据转速信号确定参数的 FRFT 滤波方法分离阶比分量的正确性和准确性，对提取出的二挡、常啮合阶比分量分别进行阶比分析，阶比谱如图 7 - 7（b）所示。图 7 - 7（b）中，二挡阶比分量的阶次 12 和常啮合阶比分量的阶次 19 与理论值一致，充分验证了根据转速信号确定参数的 FRFT 滤波方法分离阶比分量的正确性与准确性。

　　以上分析过程说明采用本方法容易分离二挡齿轮和常啮齿轮各啮合分量。为了检验 FRFT 滤波方法分离更加邻近分量的能力，对变速器三挡的齿轮啮合信号进行分离。变速器三挡齿轮和常啮合齿轮结构位置邻近，又同时参与传动，两个阶比分量容易产生阶比胶合。变速器置三挡时的原始信号 Gabor 时频图如图 7 - 8（a）所示。

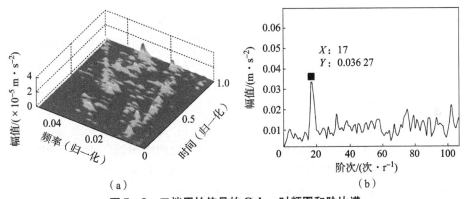

(a)　　　　　　　　　　　　(b)

图 7 - 8　三挡原始信号的 Gabor 时频图和阶比谱

(a) Gabor 时频图；(b) 阶比谱

　　图 7 - 8（a）中不能直接确定三挡齿轮和常啮齿轮啮合分量具体分布位置。对该信号进行阶比分析，阶比谱如图 7 - 8（b）所示。图 7 - 8（b）只能分辨出三挡阶比分量的阶次为 17（16.47），不能看出常啮合阶次为 19，这就是产生了阶比胶合：两个阶比分量的信息耦合在一起，难以分辨。如果不进行各自分离，就很难提取三挡信号的故障特征。

　　按照上述 FRFT 滤波分离阶比分量的原理，对变速器置三挡的振动信号进行分析。三挡分量最佳 FRFT 阶次 $p_3 = 1.005\ 5$，常啮合分量最佳 FRFT 阶次 $p_4 = 1.006\ 4$。由于三挡阶比分量和常啮合阶比分量邻近，为了避免三挡阶比分量对常啮合阶比分量的影响，先提取三挡阶比分量，然后将三挡阶比分量在其最佳分数阶域进行滤除，再提取常啮合齿轮阶比分量。对分离后的三挡阶比分量、常啮合阶比分量信号分别进行阶比分析，将阶比分析结果合并，如图 7 - 9 所示。

　　从图 7 - 9 可以清楚地看出，通过 FRFT 滤波分离邻近阶比分量，并对分离出的单分量信号进行单独阶比分析，阶比谱能清晰地反映三挡阶比分量阶次 17 和常啮合阶比分量

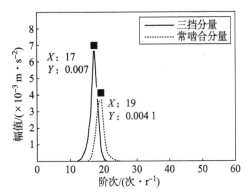

图 7 - 9　FRFT 滤波分离邻近
阶比后的阶比谱

阶次19，很好地解决了邻近阶比胶合问题，证明FRFT滤波具有良好的邻近阶比分量分离能力。

（二）齿轮早期故障特征提取

当齿轮产生齿面点蚀、疲劳剥落等集中型齿形误差时，齿轮箱振动信号的主要特征表现为以齿轮啮合频率及其谐波为载波频率，齿轮所在轴转频及其倍频为调制频率的啮合频率调制现象，即特征信息主要隐含在啮合频率分量上。一般的齿形误差产生的调制边频带窄，以一阶转频调制为主，且边频带的幅值较小，不易提取出来；早期剥落故障特征更加微弱，易于被噪声淹没而难以提取。为了有效提取微弱故障特征，需要分离啮合频率分量，隔离其他分量和噪声干扰。

采集齿轮故障信号时，将变速器置二挡进行急加速，采集转速信号和振动信号。对上述采集的信号进行等角度采样，再进行包络分析，得到阶比包络谱，如图7-10所示。

由图7-10看出，阶比包络谱中没有明显的调制峰值，不能根据调制信息定位故障，说明微弱的故障特征被其他分量和噪声淹没，难以提取。采用前述基于FRFT滤波的阶比分量分离方法，分离二挡啮合频率分量，分数阶变换阶次 $p_2 = 1.005\ 1$，分数阶域滤波带宽 12 074 ~ 12 101，对提取出的二挡分量进行阶比包络分析，其阶比包络谱如图7-11所示。从图7-11看出，在0.437 5阶次处有明显的峰值，与二挡输出轴转速理论阶次0.43对应，即二挡啮合频率分量被输出轴转频调制，说明输出轴二挡齿轮存在故障。这一过程证明采用FRFT滤波分离啮合频率分量，有效隔离了其他分量和噪声的干扰，突出了特征信息，能提取出齿轮微弱故障特征。

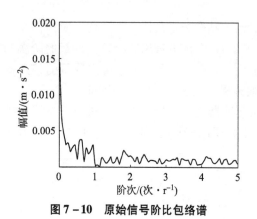

图7-10　原始信号阶比包络谱　　　　图7-11　提取分量的阶比包络谱

第二节　轴承故障诊断

车辆变速器中，滚动轴承是最易损坏的部件之一。在实际使用中，滚动轴承的主要失效形式包括磨损、疲劳剥落、保持架散架、压痕和胶合故障等。本节主要以变速器轴承早期剥落故障为研究对象，研究其早期故障特征提取和故障诊断方法。

一、时频特征极坐标增强与 Teager 能量算子

1. 时频特征极坐标增强

时频特征极坐标增强（Enhancement of time – frequency feature based on polar diagram, ETFP）的基本原理是：时频分布、小波变换能在时频平面上体现信号瞬态特征分布情况，对于具有周期特征的旋转设备故障，将瞬态特征的周期与极坐标的 2π 对应，将同一频率所有 $2k\pi$ 处的时频系数相加，并映射到极坐标平面上，瞬态特征的时频分布会集中在同一角位置并得到增强。任意信号 $x(t) \in L^2(R)$ 的连续小波变换（CWT）为：

$$\text{CWT}_x(\tau, a) = \frac{1}{\sqrt{|a|}} \int_{-\infty}^{\infty} x(t) \Psi^*((t - \tau)/a) \mathrm{d}t \tag{7-6}$$

式中，a 为尺度因子；τ 为位移因子；$\Psi^*(\cdot)$ 为 $\Psi(\cdot)$ 的复共轭。如果信号 $x(t)$ 中存在周期为 T 的成分，那么其连续小波变换系数 $\text{CWT}_x(\tau, a)$ 也存在周期为 T 的成分，令

$$P_x^T(R, \theta) = \sum_{r=r_1}^{r_2} \sum_{k=1}^{n} \left| \text{CWT}_x \left(kT + \frac{T}{2\pi}\theta, r \right) \right| \tag{7-7}$$

式中，$\theta \in [0, 2\pi)$；$n = t/T$，t 为信号时间长度；$P_x^T(R, \theta)$ 为时间尺度平面上尺度 $[r_1, r_2]$ 内等时间间隔的所有时频系数绝对值和。显然，信号中的周期成分可以映射到极坐标平面上的一点，因而周期特征相对于信号 $x(t)$ 或其连续小波变换 $\text{CWT}_x(\tau, a)$ 是增强的。由于 $P_x^T(R, \theta)$ 是周期特征时频系数绝对值的和，因此，增强的效果依赖周期特征在时频域中能量的强弱，周期特征在时频域能量越强，增强效果越明显。

2. Teager 能量算子

Teager 能量算子能增强瞬态冲击成分，适合检测信号中的冲击特征，在各类具有冲击特征的故障诊断中取得了较好的效果。对于任意信号 $x(t)$，Teager 能量算子 Ψ 定义为 $x(t)$。

$$\Psi[x(t)] = [\dot{x}(t)]^2 - x(t)\ddot{x}(t) \tag{7-8}$$

式中，$\dot{x}(t)$ 和 $\ddot{x}$ 分别为信号 $x(t)$ 相对于时间 t 的一阶微分和二阶微分。设一个由质量为 m 的质量块和刚度为 k 的弹簧组成的线性无阻尼振动系统，该简谐振动系统的瞬时总能量为：

$$x(t) = A\cos(\omega t + \varphi)$$

$$E = \frac{1}{2}k[x(t)]^2 + \frac{1}{2}m[\dot{x}(t)]^2 = \frac{1}{2}mA^2\omega^2 \tag{7-9}$$

式中，$x(t)$ 为质量块相对于平衡位置的位移；A 为振动幅值；ω 为固有（圆）频率；φ 为初始相位。经过推导，得：

$$\Psi[x(t)] = \Psi[A\cos(\omega t + \varphi)] = A^2\omega^2 \tag{7-10}$$

Teager 能量算子的输出和简谐振动的瞬时总能量之间只差一个常数 $m/2$，因此它能跟踪产生简谐振动所需的总能量。

传统意义上的信号能量定义为信号幅值的平方，如果冲击幅值较小，则冲击成分有可能被其他成分淹没。Teager 能量算子输出为振动瞬时幅值和瞬时频率的平方之积，相对于传统

能量定义，增加了和频率平方的乘积。由于瞬态冲击的振动频率较高，因此 Teager 能量算子输出能有效增强瞬态冲击成分，而明显抑制噪声。

二、基于 Teager 能量算子的极坐标时频特征级联增强

由于轴承早期故障的冲击特征十分微弱，并发故障间互相干扰，故障特征容易被其他分量和噪声淹没。为了有效增强轴承早期故障的微弱冲击特征，本章介绍一种瞬态冲击特征坐标级联增强方法（Enhancement of Polar time – frequency feature based on Teager energy operator，EPTFT），先采用阶比方法进行等角度重采样，再计算角域平稳信号的 Teager 能量算子输出，以能量形式一级增强所有冲击成分，再对 Teager 能量算子的输出按照故障特征周期累加投影到极坐标系进行二级增强，充分放大故障特征，抑制非同周期的其他分量和非周期的噪声干扰。

瞬态冲击特征坐标级联增强方法，既能分析角域平稳信号，也能分析时域平稳信号。分析时域平稳信号时，不需要等角度重采样，直接对时域信号进行增强分析。

1. 单调制分量信号

对轴承单一故障引起的周期冲击信号，按式（7 – 11）进行仿真：

$$x(k) = e^{-at}\sin(2\pi f_z kT)$$
$$t = \text{mod}(kT, 1/f_m) \qquad (7-11)$$

式中，载波 $f_z = 3$ kHz；调制频率 $f_m = 50$ Hz；$a = 800$；$T = 1/f_s$，采样频率 $f_s = 10$ kHz；$\text{mod}(x, y)$ 表示 x 除以 y 的余数。

仿真信号时域波形和 Teager 解调谱如图 7 – 12 所示。时域波形中没有明显的冲击成分，解调谱中峰值杂乱，难以发现特征频率及其倍频，说明信噪比较低时，解调方法效果不理想。图 7 – 13 为仿真信号的 CWT 时频图和 Teager 能量算子的 CWT 时频图。由于强噪声影响，CWT 时频图中冲击成分不够明显，周期难以分辨，而 Teager 能量算子的 CWT 时频图中有明显的冲击成分，周期清晰可辨，说明 Teager 能量算子有效增强了冲击成分。

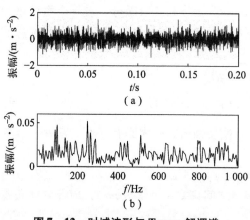

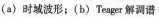

图 7 – 12 时域波形与 Teager 解调谱

（a）时域波形；（b）Teager 解调谱

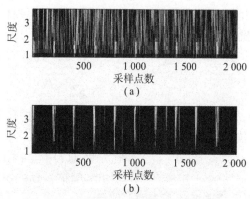

图 7 – 13 CWT 与 Teager CWT 时频图

（a）CWT；（b）Teager CWT

以周期 $T = 1/f_m = 0.02$ s 对两个时频图进行极坐标增强，结果如图 7 – 14（a）和图 7 – 14（b）所示。图 7 – 14（a）中，极坐标平面上没有增强区域，说明基于连续小波的极坐标时频特征增强依赖冲击成分的强弱，如果冲击成分在时频图中不够突出，则不能提取冲击特征；图 7 – 14（b）中，极坐标平面上有明显的增强区域，说明冲击成分经过 Teager 能量算子和极坐标时频特征级联增强后，被有效提取出来，这是因为 Teager 能量算子对故障和噪声引起的所有冲击成分进行一级能量增强，极坐标时频特征增强只对一级增强结果按设定周期进行二级增强，而噪声引起的冲击成分没有周期性，从而被有效抑制，因此 EPTFT 方法具有较好的抗噪能力，可以根据已知的有限种可能的各个周期对信号分别进行 EPTFT 分析，实现多个周期冲击特征的检测和提取。

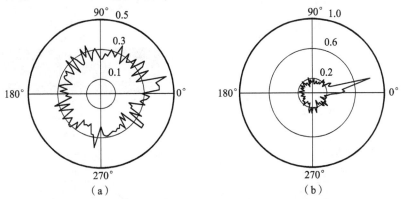

图 7 – 14　单调制分量信号的 CWT 极坐标增强和 EPTFT 增强

（a）CWT 极坐标增强；（b）EPTFT，$T = 0.02$ s

2. 多调制分量信号

对轴承并发故障引起的周期冲击信号按式（7 – 12）进行仿真，假设有两个调制源：

$$x(k) = e^{-at_1}\sin(2\pi f_z kT) + 1.5e^{-at_2}\sin(2\pi f_z kT)$$

$$t_1 = \mathrm{mod}(kT, 1/f_{m1})$$

$$t_2 = \mathrm{mod}(kT, 1/f_{m2}) \tag{7 – 12}$$

调制频率 $f_{m1} = 50$ Hz，调制频率 $f_{m2} = 30$ Hz，其他参数同式（7 – 11），加入功率为 5 dBW 的噪声，仿真信号时域波形如图 7 – 15（a）所示，时域波形中有一定的冲击成分，Teager 解调谱中只有 30 Hz 及其倍频成分，50 Hz 成分却没有被体现，这是由于强的调制源淹没了弱的调制源，传统的解调方法只能检测出强调制源，不易识别多调制源故障。

分别按周期 $T_1 = 1/f_{m1}$ 和 $T_2 = 1/f_{m2}$ 对并发障仿真信号进行 CWT 极坐标增强和 EPTFT 增强，结果如图 7 – 15（b）~（f）所示。从图 7 – 15（b）看出，由于多个调制源的存在，CWT 时频图变得模糊不清，但是 Teager 能量算子的 CWT 时频图仍很清晰，能看出存在更多的冲击成分。图 7 – 15（c）为周期 T_1 下的 CWT 极坐标增强结果，图中没有明显增强区域，没能提取出周期为 T_1 的特征信息；图 7 – 15（d）为周期 T_1 下的 EPTFT 增强结果，图中有明显的增强区域，提取出了周期为 T_1 的特征信息；图 7 – 15（e）为周期 T_2 下的 CWT 极坐标增强结果，图中有一定程度的增强区域，不是很明显；图 7 – 15（f）为周期 T_2 下的 EPTFT 增强结果，图中增强区域十分明显；图 7 – 15（e）和图 7 – 15（f）相比，EPTFT 增强效果更加明显，更能提取周期特征。通过以上分析得出，多调制信号中的各分量互相干扰，当某一个分量在时频域能量不突出时，CWT 极坐标增强难以提取该分量特征，而 EPTFT 通过两级增强，能有效提取特征。对于 CWT 极坐标增强不能提取的特征，EPTFT 能有效提取，对 CWT 极坐标增强能提取的特征，EPTFT 提取效果更好，充分证明了 EPTFT 提取并发故障特征的有效性。

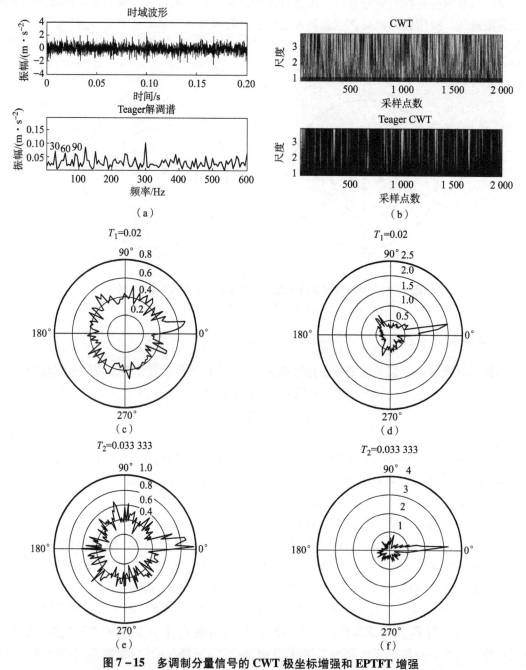

图 7-15 多调制分量信号的 CWT 极坐标增强和 EPTFT 增强

（a）时域波形及 Teager 解调谱；（b）CWT 及 Teager CWT 时频图；（c）CWT 极坐标增强；
（d）Teager CWT 极坐标增强；（e）CWT 极坐标增强；（f）Teager CWT 极坐标增强

三、轴承单一和并发故障的故障诊断应用

分别采集轴承正常、外圈故障、内圈故障和外圈内圈并发故障时的变速器变转速过程信号，先对四种工况下振动信号进行基于稀疏信号分解和分段拟合积分逼近的无转速计阶比分析，得到角域平稳信号，再进行 Teager 解调。四种工况下的转频曲线（Estimated Rotate Frequency，ERF）、等角度采样信号（Signal Resampled at Constant Angle，SRCA）和 Teager 解调谱（Teager demodulation spectrum，TDS）如图 7 - 16 所示。

分析图 7 - 16（a）（c）（e）（g）可以看出，基于 FRFT 的多尺度线调频基稀疏信号分解估计出的瞬时转频很好地吻合了实际转频，而分段拟合更准确贴近转频曲线，得到准确的瞬时转频拟合函数；图 7 - 16（b）（d）（f）（h）中的等角度采样信号都没有明显的周期冲击信号，故障信号的 Teager 解调谱中也没有相应的特征阶次及其倍频阶次，说明轴承早期故障特征比较微弱，在其他分量和噪声的影响下，常规的时域分析方法和阶次解调方法都很难提取故障特征。

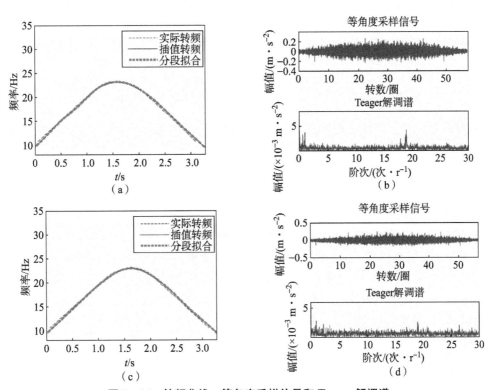

图 7 - 16　转频曲线、等角度采样信号和 Teager 解调谱

（a）正常信号转频曲线；（b）正常信号的等角度采样信号和 Teager 解调谱；
（c）外圈故障信号转频曲线；（d）外圈故障的等角度采样信号和 Teager 解调谱

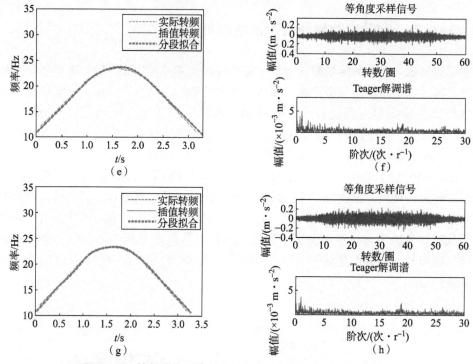

图 7-16 转频曲线、等角度采样信号和 Teager 解调谱（续）

（e）内圈故障信号转频曲线；（f）内圈故障的等角度采样信号和 Teager 解调谱；
（g）并发故障信号转频估计；（h）并发故障的等角度采样信号和 Teager 解调谱

　　对轴承正常、外圈故障、内圈故障和外圈内圈并发故障信号，同时以外圈故障特征圈数 $R_{外}$ 和内圈故障特征圈数 $R_{内}$ 进行 EPTFT 分析，结果如图 7-17 所示。分析图 7-17（a）和图 7-17（b）可以看出，正常信号在 $R_{外}$ 和 $R_{内}$ 的极坐标平面上都没有增强，说明轴承没有故障；对比图 7-17（c）、图 7-17（d），发现信号只在 $R_{外}$ 的极坐标平面上有明显增强区域，说明轴承有外圈故障；对比图 7-17（e）、图 7-17（f），发现信号只在 $R_{内}$ 的极坐标平面上有明显增强区域，说明轴承有内圈故障；对比图 7-17（g）、图 7-17（h），发现信号在 $R_{外}$ 和 $R_{内}$ 的极坐标平面上都有明显增强，说明轴承同时发生了外圈和内圈故障。综合图 7-17（c）、图 7-17（f）、图 7-17（g）和图 7-17（h）可以看出，EPTFT 能有效增强周期冲击特征至较大幅值范围，而将其他分量和噪声干扰抑制在较小的幅值范围内，能有效增强和检测早期故障引起的微弱冲击特征。

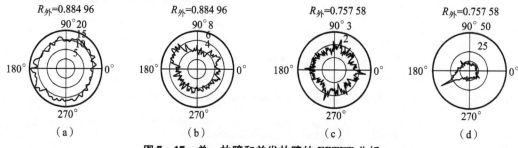

图 7-17 单一故障和并发故障的 EPTFT 分析

（a）（b）正常；（c）（d）外圈故障

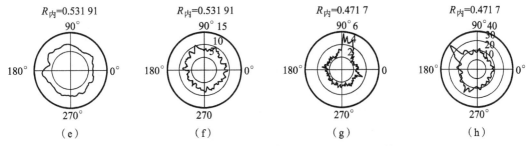

图 7-17 单一故障和并发故障的 EPTFT 分析（续）

（e）（f）内圈故障；（g）（h）并发故障

第三节 传动轴故障诊断

传动轴是车辆传动系中传递动力的重要部件，传动轴故障可能由万向节十字轴与轴承磨损松旷、传动轴中间轴承磨损等原因引起。本节主要介绍利用循环自相关函数和二阶循环谱诊断传动轴故障。

一、循环自相关函数

二阶循环平稳是指信号的二阶统计量——自相关函数或功率谱函数具有周期性变化趋势的一类特殊的非平稳信号。描述二阶循环平稳的循环统计量主要有循环自相关函数和循环谱密度函数。

假设信号 $x(t)$ 是一个零均值的非平稳信号，其（时变）相关函数定义为：

$$R_x(t,\tau) = E\{x(t)x(t-\tau)\} \tag{7-13}$$

式中，τ 表示时间滞后；$E\{\}$ 表示数学期望。若 $x(t)x(t-\tau)$ 的统计特性具有周期为 T_0 的周期性，则可以对过程 $x(t)$ 以 T_0 为周期进行采样，设 t 为任意值，即采样时刻为…，$t-nT_0$，…，$t-T_0$，t，$t+T_0$，…，$t+nT_0$，…，显然这样的采样值满足遍历性，因此可以用样本平均来估计相关函数：

$$R_x(t,\tau) = \lim_{N\to\infty} \frac{1}{2N+1} \sum_{n=-N}^{N} x(t-nT_0)x(t+nT_0-\tau) \tag{7-14}$$

由于相关函数 $R_x(t,\tau)$ 是周期函数，因此可以用傅里叶级数将其展开，得到：

$$R_x(t,\tau) = \sum_{m=-\infty}^{\infty} R_x^\alpha(\tau) e^{j(2\pi/T_0)m\tau} = \sum_{m=-\infty}^{\infty} R_x^\alpha(\tau) e^{j2\pi\alpha\tau} \tag{7-15}$$

式中，$\alpha = m/T_0$，m 为整数，显然 α 包含了基本频率 $f_0 = 1/T_0$ 及其各次谐波。则其傅里叶系数为：

$$R_x^\alpha(\tau) = \frac{1}{T_0} \int_{-T_0/2}^{T_0/2} R_x(t,\tau) e^{-j2\pi\alpha t} dt \tag{7-16}$$

推广到更一般的情形，将 T_0 用 T 表示，并将式（7-15）代入式（7-16），整理可得：

$$R_x^\alpha(\tau) = \lim_{T\to\infty} \frac{1}{T} \int_{-T/2}^{T/2} x(t)x(t-\tau) e^{-j2\pi\alpha t} dt$$

$$= \langle x(t)x(t-\tau)\mathrm{e}^{-\mathrm{j}2\pi\alpha t} \rangle_t \tag{7-17}$$

系数 $R_x^\alpha(\tau)$ 是信号 $x(t)$ 的延迟乘积在频率 α 处的傅里叶系数，表示频率 α 处的循环自相关强度，称为循环自相关函数（Cyclic Autocorrelation Function，CAF）。称 $R_x^\alpha(\tau)\neq 0$ 的频率 α 为信号 $x(t)$ 的循环频率。零循环频率对应于信号的平稳部分，所以只有非零的循环频率才能够刻画出信号的循环平稳性。

信号 $x(t)$ 的循环自相关函数 $R_x^\alpha(\tau)$ 以时间延迟 τ 为变量的傅里叶变换为：

$$S_x^\alpha(f) = \int_{-\infty}^{\infty} R_x^\alpha(\tau)\mathrm{e}^{-\mathrm{j}2\pi f\tau}\mathrm{d}\tau \tag{7-18}$$

则称 $S_x^\alpha(f)$ 为循环谱密度函数（Cyclic Spectrum Density，CSD）或谱相关函数（Spectral Correlation Function，SCF）或循环谱；α 为循环频率；f 为谱频率。

二、二阶循环谱

对于单一成分的循环平稳信号，即仅仅包含一个调制信号的情形，考察循环谱密度函数的解调能力。由定义可知，循环谱密度函数在与循环自相关函数相同的循环频率处具有不为零的值，因此循环谱密度函数具有与循环自相关函数相同的解调能力。为简化计算，考察循环自相关函数的解调能力。

设调幅信号为 $x(t)$，表达式为：

$$x(t) = A[1 + B\cos(2\pi f_b t)]\cos(2\pi f_a t) \tag{7-19}$$

式中，A 为载波幅值；B 为调幅因数；f_a 为载波频率；f_b 为调制频率，且满足 $f_b \ll f_a$。

根据循环自相关函数的定义，可以求得信号 $x(t)$ 的循环自相关函数值为：

$$R_x^\alpha(\tau) = \begin{cases} \dfrac{A^2}{2}\cos(2\pi f_a\tau)\left[1 + \dfrac{B^2}{2}\cos(2\pi f_b\tau)\right] & \alpha = 0 \\[3mm] \dfrac{A^2 B}{2}\cos(2\pi f_a\tau)\cos(2\pi f_b\tau) & \alpha = \pm f_b \\[3mm] \dfrac{(AB)^2}{8}\cos(2\pi f_b\tau) & \alpha = \pm 2f_b \\[3mm] \dfrac{A^2}{4}\left[1 + \dfrac{B^2}{2}\cos(2\pi f_a\tau)\right] & \alpha = \pm 2f_a \\[3mm] \dfrac{AB}{4}\cos(2\pi f_b\tau) & \alpha = \pm(2f_a \pm f_b) \\[3mm] \dfrac{(AB)^2}{16} & \alpha = \pm(2f_a \pm 2f_b) \end{cases} \tag{7-20}$$

显然信号 $x(t)$ 的循环频率集包括 $A = \{0,\ \pm f_b,\ \pm 2f_a,\ \pm 2f_b,\ \pm(2f_a \pm f_b),\ \pm(2f_a \pm 2f_b)\}$，说明信号 $x(t)$ 具有二阶循环平稳性。在循环频率 $A = \{0,\ \pm f_b,\ \pm 2f_a,\ \pm 2f_b,\ \pm(2f_a \pm f_b),\ \pm(2f_a \pm 2f_b)\}$ 处的循环自相关函数值 $R_x^\alpha(\tau)$ 反映出信号中的循环平稳信息，且包含信号的调制信息。由于调制频率 $f_b \ll f_a$，因此，调幅信号的信息分布在循环域的低频段 $A_1 = \{\pm f_b,\ \pm 2f_b\}$ 和高频段 $A_2 = \{\pm 2f_a,\ \pm(2f_a \pm f_b),\ \pm(2f_a \pm 2f_b)\}$ 两个区域，即低频段包含调制频率及其二倍频信息，高频段可以得到二倍载波频率及与调制频率相关的边频带。可见，循环自相关函数具有较强的解调能力。

下面考察循环自相关函数对多调制源的调幅信号的解调能力。设一个包含 N 个调制源的调幅信号 $x(t)$ 为：

$$x(t) = A\left[1 + \sum_{i=1}^{N} B_i \cos(2\pi f_i t)\right] \cos(2\pi f_a t) \qquad (7-21)$$

式中，A 为载波幅值；$B_i (i = 1, 2, \cdots, N)$ 为调幅因数；f_a 为载波频率；$f_i (i = 1, 2, \cdots, N)$ 为调制频率，且满足 $f_a \gg \max\{f_i\} (i = 1, 2, \cdots, N)$。

由循环自相关函数和循环频率的定义，可以得出信号 $x(t)$ 的循环频率集包括 $A = \{0, \pm f_i, \pm(f_i \pm f_k), \pm 2f_a, \pm(2f_a \pm f_i), \pm(2f_a \pm (f_i \pm f_k))\} (i, k = 1, 2, \cdots, N)$。同样，在不为零的循环频率处的循环自相关函数值 $R_x^\alpha(\tau)$ 包含信号的调制信息，且由于 $f_a \gg \max\{f_i\} (i = 1, 2, \cdots, N)$，因此调幅信号的信息主要分布在循环域的低频段 $A_1 = \{\pm f_i, \pm(f_i \pm f_k)\}$ 和高频段 $A_2 = \{\pm 2f_a, \pm(2f_a \pm f_i), \pm(2f_a \pm (f_i \pm f_k))\}$ 两个区域，即低频段包含调制频率及其二倍频信息，高频段可以得到二倍载波频率及与调制频率相关的边频带。可见，循环自相关函数对多调制源的调制信号也具有较好的解调能力。

可以看出，上述含单一调制源或多调制源的调制信号的情形是一种理想状况。首先，信号中不含有任何的噪声，信号的信噪比为 100%，这在实际采样中不可能达到，噪声的存在是否会引起循环谱的误差值得研究；其次，信号是单调制信号，而实际采集的柴油发动机振动信号成分复杂，往往含有多个加性调制信号，而多个加性信号的二次型变换必然会引入交叉项，循环谱分析也是二次型变换，因此必须考察含有多个加性调制信号情形时的循环谱分析的交叉项影响。

三、传动轴故障诊断应用

1. 传动轴故障振动机理

传动轴振动过大时，便有异常响声。传动轴振动过大的原因包括传动轴弯曲、变形或安装不对中、传动轴配合副松旷等。

当弯曲等故障发生时，引起传动轴运转不平稳，产生与轴频相一致的振动。由于不平衡质量的作用，轴旋转一周，不平衡质量引起振动一次，而安装不对中除了有轴的基频外，还伴有高次谐波。

当松旷故障发生时，其振动与不平衡振动不同。安装车辆传动轴时，考虑车辆负荷后作用，一般前高后低。传动轴与水平线有一夹角 α，主动轴转角 φ_1 定义为万向节主动轴所在平面与万向节轴 I 和轴 II 所在平面的夹角；φ_2 表示从动轴的转角。从图 7-18 可以看出，主、从动轴是不等速的，其转速关系为

$$\tan\varphi_1 = \tan\varphi_2 \cdot \cos\alpha \qquad (7-22)$$

则

$$\varphi_2 = \arctan\left(\frac{\tan\varphi_1}{\cos\alpha}\right) \qquad (7-23)$$

对式（7-23）求导，得：

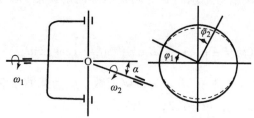

图 7 - 18　万向节的不等速特性示意

$$\frac{\mathrm{d}\varphi_2}{\mathrm{d}t} = \frac{\cos\alpha}{1 - \sin^2\alpha \cdot \cos^2\varphi_1} \cdot \frac{\mathrm{d}\varphi_1}{\mathrm{d}t} \qquad (7-24)$$

由于 $\omega = \dfrac{\mathrm{d}\varphi}{\mathrm{d}t}$，则有

$$\frac{\omega_2}{\omega_1} = \frac{\cos\alpha}{1 - \sin^2\alpha \cdot \cos^2\varphi_1} \qquad (7-25)$$

由于 $\cos\alpha$ 为周期函数，周期为 $180°$，所以 $\dfrac{\omega_2}{\omega_1}$ 的周期 $180°$，且认为 ω_1 不变，则 ω_2 每转变化 2 次。由 $\dfrac{\omega_2}{\omega_1}$ 可知，ω_1 在 $0°$、$180°$ 时，$\dfrac{\omega_2}{\omega_1}$ 达到最大值，有

$$\left(\frac{\omega_2}{\omega_1}\right)_{\max} = \frac{1}{\cos\alpha} \qquad (7-26)$$

当 φ_1 在 $90°$、$270°$ 时，$\dfrac{\omega_2}{\omega_1}$ 达到最小值，有

$$\left(\frac{\omega_2}{\omega_1}\right)_{\min} = \cos\alpha \qquad (7-27)$$

由以上分析可知，当十字轴磨损松旷时，其振动基频为轴频的 2 倍，同时伴有由于转速变化产生冲击引起的高次谐波。

此外，还有由于轴承磨损松旷后产生的与轴频有关的振动信号。通过低通滤波器滤波后，传感器拾得的振动信号近似为：

$$Y(t) = G(t) + \sum S(t) + B(t) + n(t) \qquad (7-28)$$

式中，$Y(t)$ 为传感器拾取的信号；$G(t)$ 为传动轴不平衡振动信号；$S(t)$ 为十字轴、花键轴磨损松旷振动信号；$B(t)$ 为轴承磨损松旷振动信号；$n(t)$ 为其他干扰信号。

2. 传动轴振动信号采集

由于在试验机上平衡良好的汽车传动轴安装在汽车上后，也可能因安装问题而造成传动轴不平衡。因此，试验采取在实车传动轴中间某位置处附加平衡片的方法来模拟传动轴不同程度的不平衡故障。试验是在一辆东风 EQ2102 汽车上进行的。支起后桥，将振动加速度传感器放置在后桥前轴承处（图 7 - 19）。分别在传动轴中间某位置附加 3 片、6 片、9 片平衡片（每片 5 g）来模拟传动轴轻微、中度、严重的不平衡故障。当发动机转速为 1 400 r/min 时，变速器置直接挡，测取传动轴振动信号，故对应的转频为 $f = 23.3$ Hz，采样频率取 910 Hz，采样点数为 2 048 点。

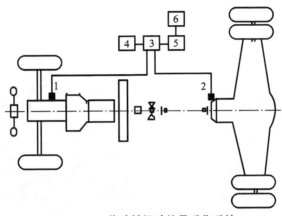

图 7 – 19　传动轴振动信号采集系统

1—转速传感器；2—振动加速度传感器；3—带通滤波器；4—示波器；5—A/D 变换器；6—计算机

3. 传动轴特征提取

图 7 – 20、图 7 – 21 分别为传动轴不加平衡片和加 9 片平衡片时拾取振动信号（归一化后）低频部分的 2 阶循环谱图。由于转频的半频为 11.6 Hz，且高次谐波的规律性不强，所以只对低频部分进行分析。在图 7 – 21 中，载频为 11.6 Hz，即半频处循环谱密度的峰值明显。与没有附加平衡片的谱值相比，图 7 – 21 中载频 $f = 11.6$ Hz 处不同循环频率 α 的循环谱峰值明显增大。

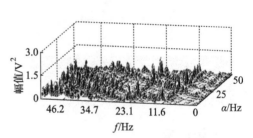

图 7 – 20　未加平衡片时传动轴振动信号的 2 阶循环谱

为了更清晰地分析 2 阶循环谱特征，将传动轴附加不同平衡片时，载频 11.6 Hz 处的循环谱切片放在一张图上进行比较，得到的 2 阶循环谱切片如图 7 – 22 所示。当附加 3 片、6 片、9 片平衡片时，随着平衡片数量的增加，循环频率 $\alpha = 11.6$ Hz、23.1 Hz、46.2 Hz 处 2 阶循环谱的幅值增大，且与特征频率不相关的噪声信号得到了有效抑制，能更容易地诊断出动轴故障。

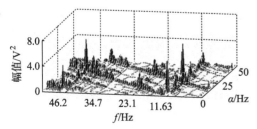

图 7 – 21　传动轴加 9 片平衡片振动信号的 2 阶循环谱

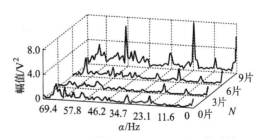

图 7 – 22　当载频 $f = 11.6$ Hz 时，传动轴附加不同平衡片循环频谱切片图

资源链接

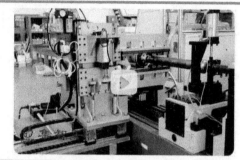
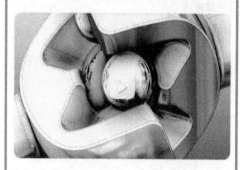
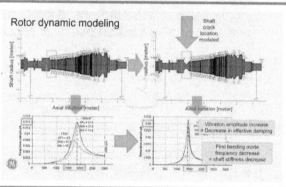

 理论辨析

1. 分数阶滤波的原理是什么？
2. 分数阶滤波参数如何确定？
3. 采用 Teager 能量算子的作用是什么？
4. 二阶循环平稳指的是什么？

问题研讨

1. 车辆传动性能不良故障的主要原因和快速检测方法是什么？
2. 变速器齿轮和轴承技术状态检测的主要方法是什么？

第八章

电气电控系统故障诊断

随着新型汽车迭代更新，出现了各种电子控制系统（简称电控系统）。每一种电子控制系统又有独特的结构，这给汽车电子控制系统故障诊断带来了新的难度。然而，由于汽车电子控制系统的组成基本相同，由电子单元（Electronic Control Unit，ECU）、传感器、执行元件和互相连接的线路组成，不同传感器、执行器和不同连接线路的作用基本相近，关键在于掌握电气电控系统的共性特点，研究故障诊断基本方法，来处理汽车上各种不同功能的电子控制系统、传感器、执行器和连接线路的故障，提高故障诊断效率。

第一节　故障自诊断系统

车辆电控系统是复杂的机电一体化综合控制系统，为了便于维修，电控系统一般都具有车载故障自动诊断系统（On Board Diagnostic System），其对系统内部各部件进行监测与诊断。其主要功能包括：

（1）发出报警信号。在车辆运转过程中，当某个传感器或执行器发生故障时，电控单元 ECU 能够检测到故障并控制仪表盘上的故障指示灯电路，使指示灯点亮，提醒驾驶员控制系统出现故障，应立即检修或送修理厂检修，以免故障范围扩大。

（2）存储故障代码。当故障自诊断系统发现某个传感器或执行器发生故障时，电控单元 ECU 会将监测到的故障内容以故障代码的形式存储在内部存储器中。只要存储器电源不被切断，故障代码就会一直保存在内部存储器中。

在控制系统的电路上，设有一个专用诊断插座，在诊断排除故障或需要了解控制系统的运行参数时，使用专用解码器或通过特定操作方法，就可通过故障诊断插座将存储器中的故障代码和有关参数读出，为查找故障部位、了解系统运行情况和改进控制系统设计提供依据。

（3）启用备用功能。当故障自诊断系统发现某个传感器或执行器发生故障时，电控单元 ECU 将以预先设定的参数取代故障传感器或执行器工作，控制发动机进入故障应急状态运行，使车辆维持基本的行驶能力，以便将车辆行驶到修理厂修理，这种功能称为控制系统的备用功能或失效保护功能。

一、故障自诊断系统组成

车辆故障自诊断系统主要由传感器监测电路、执行器监测电路、故障代码存储器、软件程序、故障诊断通信接口（Trouble Diagnostic Communication Link，TDCL）以及各种故障指示灯等组成。

传感器与执行器监测电路一般都与各种电控单元设计在同一块印刷电路板上，软件程序存储在各种电控单元内部的专用存储器中。图 8-1 为典型的发动机冷却液温度传感器故障自诊断电路示意图。

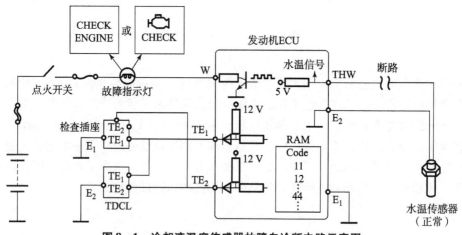

图 8-1　冷却液温度传感器故障自诊断电路示意图

TDCL 通常称为故障诊断插座，简称诊断插座。装备电子控制系统的车辆上都设有诊断插座，一般安装在熔断器盒上、仪表盘下方或发动机舱内。为了便于检修人员在发动机舱盖开启状态下测试发动机电子控制系统有无故障，一般在发动机舱内还设有一个故障检查插座，其功用与故障诊断插座相同。如果没有检查插座，检修人员就必须进入驾驶室利用 TDCL 进行诊断测试。

通过汽车上安装的 OBD 接口，可以使用专业的诊断工具（如故障诊断仪）连接到汽车的电控单元（ECU），系统能够实时监测汽车发动机、变速器、尾气排放等多个系统的运行状态，并将故障信息以故障码的形式存储在 ECU 中。诊断工具可以读取这些故障码，根据预先定义的故障码含义来确定汽车的故障部位和原因。

例如，当汽车的三元催化器出现故障时，OBD 系统会检测到尾气排放异常，生成相应的故障码并存储在 ECU 中。维修人员使用故障诊断仪读取故障码后，根据故障码所对应的含义，就可以知道是三元催化器出现了问题，进而进行针对性的维修。

二、故障自诊断系统原理

在使用车辆时，一旦接通点火开关，故障自诊断电路就会投入工作，实时监测各种传感器、控制开关、执行器和 ECU 的工作状态。一旦发现某个传感器或控制开关信号异常，执行机构监测到电路反馈的信号异常，或 ECU 控制程序出现混乱，就会立即采取三个措施：一是立即发出报警信号；二是将故障内容编成故障代码存储在随机存储器中，以便维修时调用或供设计参考；三是启用相应的后备功能（又称为"回家"功能），使控制系统处于应急状态运行。

1. 传感器故障自诊断

发动机运转时，若电控系统传感器发生了故障，则传感器的输出信号与发动机实际运转状态不符，ECU 能够及时发现问题。例如，对于发动机水温传感器，在正常工作时，水温工作范围设定在 $-50 \sim 130$ ℃，其传感器的输出信号值为 $0.1 \sim 4.8$ V。当水温传感器发生短路或断路故障时，水温传感器输出电压值就会小于 0.1 V（高于 130 ℃）或大于 4.8 V（低于 -50 ℃）。当 ECU 检测电压值超过规定范围值时，指示水温传感器有故障。

当 ECU 判定出故障时，则输出控制信号，使"发动机故障指示灯"发出警告信号，同时，将水温传感器的故障信息以代码的形式存入存储器中。为使发动机不因故障而熄火，在出现上述故障时，ECU 立即采用预先存储的正常水温信号电压对发动机进行控制，以维持正常工作。

在判断"不正常"信号时，偶然出现一次不正常信号，诊断系统不判其为故障，不正常的信号必须持续一段时间才被视为出现故障。

2. 执行机构故障自诊断

发动机工作时，ECU 根据发动机的工况不断向执行机构发出各种控制指令。若执行系统不能正常工作，其故障由监视回路把信息传给 ECU。由 ECU 进行故障显示，并及时采取相应措施，确保发动机运转安全。因此，在许多地方增设了专门电路来监测执行机构的工作信息。图 8 - 2 所示为点火控制电路的工作原理图。

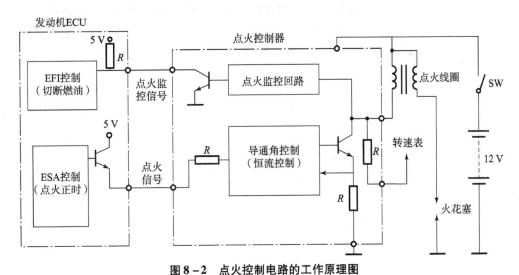

图 8 - 2　点火控制电路的工作原理图

当发动机转速变化时，ECU 发出与转速同步变化的点火脉冲控制指令，点火控制器内部功率管导通与截止的频率随发动机转速变化而同步变化，点火监控回路将从功率管的集电极接收到高、低电平且交替变化的同步信号。

当发动机运转而点火线圈初级电路一直接通或一直断开时，监控电路就接收不到交替变化的信号，反馈到 ECU 的监控信号将保持高电平或低电平不变。当 ECU 连续发出与气缸数相同个数的点火脉冲控制指令而点火监控反馈信号仍保持不变时，ECU 就会判定点火系统发生故障，立即进入应急状态运行，并将故障内容编成代码存储在随机存储器中，以便检测维修时调用。

3. ECU 故障自诊断

当 ECU 偶尔发生故障时，控制程序就不能正常运行，使电控单元陷入异常工作状态，导致车辆无法行驶。为此，在 ECU 内设有监视回路，用于监视微机是否能正常控制程序工作。

监视回路中设有监视计时器，在正常情况下，监视计时器按时对微机进行复位。若发生故障，控制程序不能正常巡回，此时计时器的定时不能进行复位，微机显示溢出。所以，当发现微机溢出时，就可以确定 ECU 发生故障，并予以显示。

为了防止微机出现故障时使车辆停驶，在 ECU 中装有备用的应急回路。当应急回路接收到监视回路发出的异常信号后，立即启用简单的控制程序，使发动机各种工况的喷油量与点火时刻均按预定程序进行控制，以便保留车辆一定的运行能力。

三、故障自诊断系统类型

故障自诊断系统的出现给汽车维修人员诊断电控系统故障带来了极大的方便，自从它于 20 世纪 70 年代后期出现后，历经了 OBD - Ⅰ、OBD - Ⅱ 和 OBD - Ⅲ 几个发展阶段，目前比较广泛使用的是 OBD - Ⅱ，并在将来逐步推广和过渡到 OBD - Ⅲ。故障编码协议由早期的各制造商自行定义、参差不一发展到统一的接口标准和编码规则，故障码传输由需要外接专用设备读取发展到可由无线方式传输和远程操控，故障码的解析也由闪码为主过渡到多种协议并存，并逐步以 CAN 总线读取方式为主。

1. OBD - Ⅰ 故障自诊断系统

这是 1994 年之前国外一些高档车型自带的故障诊断设备，不同厂牌的车辆具有不同的自诊断系统。其特点是：

（1）故障诊断插座不同。如奔驰型车采用 38 孔诊断插座；宝马轿车采用 20 孔插座；丰田车采用 17 孔诊断插座；美国通用车辆采用 12 孔诊断插座。插座的外壳有长方形、圆形等不同的形状。

（2）故障码的构成及含义不同。多数故障码由 1~5 位阿拉伯数字构成，有的车型故障码加英文字母前缀，如凯迪拉克车的故障码，前缀"P"表示动力控制模块，"I"表示组合仪表，"A"表示空调控制，"R"表示安全气囊控制系统等。

（3）诊断的功能不同，其数据传输及动态数据流的描述方式也不同。

OBD - Ⅰ 诊断系统的上述特点给用户的使用维修带来极大的不便，修理人员要对不同的车型配备多种检测诊断设备，要通过查阅该车故障码手册来确定该车故障码的含义。

2. OBD - Ⅱ 故障自诊断系统

针对车辆故障自诊断系统 OBD - Ⅰ 的缺陷，1994 年美国车辆工程师学会（SAE）提出了新的车辆微机控制系统的诊断标准，称为 OBD - Ⅱ。目前该标准已逐渐被几个大的国际组织认可，并已经被美国、日本和欧洲等主要车辆制造厂采用。按 OBD-Ⅱ标准设计的车辆微机诊断系统的特点是：

（1）采用统一规格的 16 孔故障诊断插座。OBD-Ⅱ诊断插座的各端子内容实行统一规定，如图 8-3 所示。

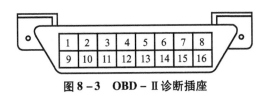

图 8-3　OBD-Ⅱ诊断插座

（2）采用统一的故障码。OBD-Ⅱ故障代码由 1 位英文字母和 4 位阿拉伯数字构成。英文字母和各位数字代号的含义如图 8-4 所示。

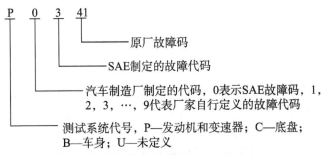

图 8-4　英文字母和各位数字代号的含义

SAE 定义的故障码内容见表 8-1。

表 8-1　SAE 定义的故障码内容

故障码	SAE 定义故障范围	故障码	SAE 定义故障范围
1	燃油或进气系统故障	6	微机或执行元件故障
2	燃油或进气系统故障（备用代码）	7	变速器控制系统故障
3	点火系统故障	8	变速器控制系统故障（备用代码）
4	废气控制系统故障	9	SAE 未定义
5	怠速控制系统故障	10	SAE 未定义

（3）采用统一的故障定义。系统中具有记忆和传送有关排放的故障代码，能对 EGR（废气再循环）燃油系统和其他有关废气排放系统进行监控和测试。

（4）规定了统一的通信规则。车辆微机控制系统与解码器之间采用标准的通信规则，都遵守 SAE 或 ISO 格式。同时，以标准的技术缩写语定义系统的工作文件。

（5）采用相同的数据流诊断功能。

（6）车辆电控系统中的故障码由解码器读取、记录和清除。为了适应 OBD-Ⅰ和 OBD-Ⅱ两种故障自诊断系统，要求通用解码器必须同时具备 1994 年以前生产的各种车系故障诊断接头和与 1994 年以后生产的车辆采用的 OBD-Ⅱ标准诊断插座相适应的电缆及故障诊断接头。

（7）对排放有监测功能。OBD－Ⅱ与以前的所有车载故障自诊断系统不同之处在于有严格的排放针对性，其性能实质就是监测车辆排放。当车辆排放的一氧化碳（CO）、碳氢化合物（HC）、氮氧化合物（NO_x）或燃油蒸发污染量超过设定的标准时，故障灯就会点亮报警。

第二节　故障解码技术

故障解码技术是用于识别、分析和解决故障的技术。它通过对系统或设备的故障进行解码来确定故障的原因和位置，并采取适当的措施来修复或预防故障。故障解码技术已广泛应用到车辆故障诊断中。本节主要介绍故障解码协议、故障诊断方式及内容和故障解码设备。

一、故障解码协议

20 世纪 80 年代，博世公司为解决汽车系统中各个电子单元之间的通信问题，开发了 CAN 总线标准。这种串行总线用两根信号线把汽车里的各个电子设备连接起来，相互可以传递信息。采用 CAN 总线避免了电子控制模块间大量繁复的连线，比如仪表板上车速、发动机转速、油量和发动机温度的指示等部分就不再需要连接不同的线缆到对应传感器，而只需要接入 CAN 总线，便可以从总线上获取相应信息。CAN 总线的卓越表现使汽车制造商们纷纷开发并使用基于 CAN 总线的采集和解码系统，并将其纳入国际标准，目前各厂家遵循的标准主要有 SAE J1939 和 ISO 11898 协议等。

下面以某新型车为例，说明故障解码的实现过程。该车将各电控系统的故障诊断分为两种类别：一种是发动机等电子控制系统的故障解码，从动力 CAN 子网读取故障码数据帧，按 SAE J1939 协议标准进行解析，完成故障诊断；另一种是常规电气系统的故障解码，从车身 CAN 子网读取故障数据帧，按照自定义协议解析出故障部位。

（一）SAE J1939 协议内容

动力 CAN 网络中，发动机 ECU 和自动变速器 ECU 完全按照 SAE J1939 协议标准制定，主控计算机通过 CAN 网络采集的信息主要包括常规信息和故障码信息，这些数据的解析方式主要在 SAE J1939 协议的车辆应用层协议和诊断应用层协议中描述，该部分对应的文档为 J1939/71 和 J1939/73 协议文档。

1. 车辆应用层协议

为了采集发动机和自动变速器的技术状态信息，需要解析 SAE J1939 车辆应用层协议，一些常规数据如发动机转速、油门踏板位置、冷却液温度、机油压力等在该协议中描述。表 8－2 列出了常用的几组参数群编号。

表8-2　常用的几组参数群编号

名称	参数群编号	循环传输率	数据长度/B
扭矩/速度控制#1：TSC1	0 （000000）$_{16}$	发动机 10 ms	8
电子减速器控制器#1：ERC1	61440 （00F000）$_{16}$	100 ms	8
电子闸控制器#1：EBC1	61441 （00F001）$_{16}$	100 ms	8
电子传输控制器#1：ETC1	61442 （00F002）$_{16}$	10 ms	8
电子发动机控制器#2：EEC2	61443 （00F003）$_{16}$	50 ms	8
电子发动机控制器#1：EEC1	61444 （00F004）$_{16}$	100 ms	8
电子传输器控制器#2：ETC2	61445 （00F005）$_{16}$	100 ms	8
电子发动机控制器#3：EEC3	65247 （00FEDF）$_{16}$	250 ms	8
电子轮轴控制器#1：EAC1	61446 （00F006）$_{16}$	500 ms	8
动力传输器控制#1 TC1	256 （000100）$_{16}$	50 ms	8

下面结合数据格式、参数编号等来详细说明电子发动机控制器#1（EEC1）的数据解析过程。根据J1939/71文档，可知电子发动机控制器#1（EEC1）对应数据格式见表8-3。

表8-3　EEC1对应数据格式

参数群数编号：61444（00F004）$_{16}$			
字节号	解析		
B1	状态—EEC1	Bit8 ~ Bit5	未定义
		Bit4 ~ Bit1	发动机/减速器扭矩模式
B2	指令发动机扭矩百分比		
B3	实际发动机扭矩百分比		
B4	发动机转速		
B5			
B6	针对发动机控制的控制设备源地址		

表8-3中定义了EEC1在CAN网络中的帧ID为18F00400，具体解析见表8-4。

表8-4　EEC1的参数群编号解析

名称	优先级	参数群编号	源地址（表示来自发动机）
数据位	18	F004	00

在CAN网络中接收到来自ID为0x18F00400（EEC1）的数据时，可以确定为发动机电子控制器发出的数据，数据解析见表8-4，前6字节的数据有效，可以分别进行解析，例如要计算发动机转速，可提取B4和B5，计算方法在SAE J1939协议中进行了明确规定，发动机转速的换算规则见表8-5。

表 8 – 5　发动机转速的换算规则

数据长度/B	2
分辨率	0.125（r·min^{-1}）/位递增，从 0 r/min 开始计算 （高位字节分辨率为 32（r·min^{-1}）/位）
数据范围/（r·min^{-1}）	0 ~ 8 031.875

其计算过程见式（8 – 1）。

$$N = (B4 \times 256 + B5) \times 0.125 \tag{8 - 1}$$

通过上述过程，可以根据从 CAN 网络读取的数据流计算出发动机转速。

2. 诊断应用层协议

诊断应用层协议通信方式与车辆应用层协议的类似，不同诊断参数组的通信方式不同，诊断层参数组编号见表 8 – 6。

表 8 – 6　诊断层参数组编号

名称	编号	定义
DM1	65226	诊断信息 1，激活状态的诊断故障代码
DM2	65227	诊断信息 2，先前激活状态的诊断故障代码
DM3	65228	诊断信息 3，先前激活状态的故障诊断代码的诊断数据清除/复位
DM4	65229	诊断信息 4，停帧参量
DM5	65230	诊断信息 5，诊断准备就绪
DM6	65231	诊断信息 6，持续监视系统测试结果
DM7	58112	诊断信息 7，命令非持续监视测试
DM8	65232	诊断信息 8，非持续监视系统测试结果
DM9	65233	诊断信息 9，氧气探测器测试结果
DM10	65234	诊断信息 10，非持续监视系统测试标志符识别支持
DM11	65235	诊断信息 11，激活状态的故障诊断代码的诊断数据清除/复位
DM12	65236	诊断信息 12，发送相关的已激活状态诊断故障代码
DM13	57088	诊断信息 13，停止启动广播

例如，DM1 为激活状态的诊断故障代码，当电控单元诊断出某部件出现故障后，以广播通信方式在网络上传送故障代码信息，主要包括指示灯状态、诊断代码以及当前激活状态诊断代码的发生次数，这些信息都用于传输、通知网络中的其他节点。其格式见表 8 – 7。

表 8 - 7　DM1 的数据格式

参数组数编号：65226（00FECA00）		
字节号	数据位	解析
1	8~7	故障指示灯状态
	6~5	红色停止灯状态
	4~3	琥珀色警告灯状态
	2~1	保护灯状态
2	8~7	预留以用来表示 SAE 任务灯状态
	6~5	预留以用来表示 SAE 任务灯状态
	4~3	预留以用来表示 SAE 任务灯状态
	2~1	预留以用来表示 SAE 任务灯状态
3	8~1	SPN，SPN 的低 8 位有效位（最高有效位为第 8 位）
4	8~1	SPN，SPN 的第 2 字节（最高有效位为第 8 位）
5	8~6	SPN，有效位中的高 3 位（最高有效位为第 8 位）
	5~1	FMI（最高有效位为第 5 位）
6	8	可疑参数编号的转化方式
	7~1	发生次数

表 8 - 8 中定义了 DM1 在 CAN 网络中的帧 ID 为 0x18FECA00。

表 8 - 8　DM1 参数组编号解析

名称	优先级	诊断参数群编号	源地址（表示来自发动机）
数据位	18	FECA（65226）	00

诊断数据由前 6 个字节组成，主要包括 5 个部分，见表 8 - 9。

表 8 - 9　诊断数据的 5 个部分

编号	内容	数据位
a	故障灯状态	8
b	可疑参数的编号（SPN）	19
c	故障模式标志（FMI）	5
d	发生次数（OC）	7
e	可疑参数编号的转化方式（CM）	1

如一帧（DM1）故障数据见表 8 - 10。

表 8-10　一帧故障数据实例

DM1（ID）	B1	B2	B3	B4	B5	B6	B7	B8
00FECA00	05	FF	B8	04	03	0A	FF	FF

其中，B1 为故障灯状态，B2 为保留字节，故障代码信息主要体现在 B3 ~ B6，详细解析见表 8-11。

表 8-11　故障信息解析

DTC																														
B3 SPN 低 8 位有效位 （第 8 位为最高有效位）								B4 SPN 第 2 字节 （第 8 位为最高有效位）								B5 SPN 高 3 位有效位 与 FMI 有效位 （第 8 位为 SPN 的最高有效位及第 5 位为 FMI 的最高有效位）								B6 CM1 位与 OC7 位							
SPN																			FMI					CM	OC						
8	7	6	5	4	3	2	1	8	7	6	5	4	3	2	1	8	7	6	5	4	3	2	1	8	7	6	5	4	3	2	1
1	0	1	1	1	0	0	0	0	0	0	0	0	1	0	0	0	0	0	0	0	1	1	0	0	0	0	0	1	0	1	0

将上述 4 字节解析成 4 个部分，即组成了 SPN、FMI、OC 以及 CM，分别占 19 位、5 位、7 位以及 1 位，具体解析见表 8-12。

表 8-12　故障信息编码解析

SPN 1208	$= (4B8)_{16}$	$= (000\ 00000100\ 10111000)_2$（19 位）
FMI 3	$= (3)_{16}$	$= (00011)_2$（5 位）
OC 10	$= (A)_{16}$	$= (0001010)_2$（7 位）
可疑参数编号的转化方式（CM）		$= (0)_2$（1 位）

根据 SPN（可疑参数数编号）和 FMI（故障模式标志）的值，通过查表（J1939 附录 C）可以进行故障代码解析：SPN 为 1208，表示油压预滤器参数；FMI 为 3，表示电压高于正常值；OC 为 10，表示发生次数为 10。

根据上述方法，可以将 CAN 总线采集并转发的故障信息帧进行解析。根据数据查表可知可疑故障编号和具体的故障原因。

（二）电子控制系统解码

在 SAE J1939 协议标准中，一个诊断故障代码（DTC）由 4 个部分构成，这 4 个部分见表 8-13。

表 8 - 13　诊断故障代码的构成

编号	故障代码	数据位
a	可疑参数的编号（SPN）	19
b	故障模式标志（FMI）	5
c	发生次数（OC）	7
d	可疑参数编号的转化方式（CM）	1

诊断故障代码以 4 字节发送每个故障代码。诊断故障代码实例见表 8 - 14、表 8 - 15。

表 8 - 14　以 SAE J1939 表示的实例 1

实例 1	具体解释
可疑参数数值 =91	可疑参数为油门踏板位置
故障模式标志 =3	故障代码确认为电压高于正常值
发生次数 =5	发生次数显示故障已发生了 5 次

表 8 - 15　以 SAE J1939 表示的实例 2

实例 2	具体解释
可疑参数数值 =656	可疑参数为发动机 6 号喷嘴
故障模式标志 =3	故障代码确认为电压高于正常值
发生次数 =2	发生次数显示故障已发生了 2 次

实例 3：诊断故障代码以诊断信息的方式传送（DM1）。已知：油压预滤器参数，可疑参数数值（SPN = 1208），故障模式标志（FMI）为 3，发生次数（OC）为 10，诊断故障代码域以英特尔格式传送（最小有效字节优先）。

当某部件出现故障后，在网络上传送的信息包括指示灯状态、诊断代码及当前激活状态诊断代码的发生次数。这些信息都将被传输，并通知网络中的其他组成部分。激活的 DTC 信息传输格式定义见表 8 - 16。

表 8 - 16　激活的 DTC 信息传输格式定义

数据长度		可变
数据页面		0
PDU 格式		254
PDU 指定		202
默认优先值		6
参数组数编号		65226 [(00FECA)$_{16}$]
字节号	数据位	解析
1	8 ~ 7	故障指示灯状态
	6 ~ 5	红色停止灯状态

字节号	数据位	解析
1	4~3	琥珀色警告灯状态
	2~1 位	保护灯状态
2	8~7	预留以用来表示 SAE 任务灯状态
	6~5	预留以用来表示 SAE 任务灯状态
	4~3	预留以用来表示 SAE 任务灯状态
	2~1	预留以用来表示 SAE 任务灯状态
3	8~1	SPN，SPN 的低 8 位有效位（最高有效位为第 8 位）
4	8~1	SPN，SPN 的第 2 个字节（最高有效位为第 8 位）
5	8~6	SPN，有效位中的高 3 位（最高有效位为第 8 位）
	5~1	FMI（最高有效位为第 5 位）
6	8	可疑参数编号的转化方式
	7~1	发生次数

当系统出现多个诊断故障代码时，已知 a = 灯状态，b = SPN，c = FMI，d = CM 和 OC，信息格式如下：a，b，c，d，b，c，d，b，c，d，b，c，d，…。以上是每帧故障信息中不可缺少的信息，在利用交互式电子技术手册进行故障解码时，需要解析可疑参数编号（SPN）、故障模式标志符（FMI）以及发生次数等。

1. 可疑参数编号（SPN）

SPN 用 19 位二进制数表示，这 19 位数字用于识别出现故障的部位。它有 4 种用途：①识别可修复的失效最小子系统；②识别有严重故障但可显示为非正常操作执行的子系统或集成系统；③识别一个将要告知的专门事件或情况；④报告一个组成部分和非标准的故障模式。可疑参数编号赋值给一个参数组内每个单独的参数，以及不包括在参数组内但与诊断有关的参数项目。可疑参数编号有独立的源地址发送消息。

开始的 511 个 SPN 预留，并将与在 SAE J1587 中使用的参数标志符（PID）完全相同的编号赋给这 511 个 SPN。也就是说，在报告故障时，SPN 将使用与 SAE J1587 中的 PID 91 及 SPN 91 相同的编号。所有其他的 SPN 将从 512 开始继续编号，且每加 1 作为一个新的赋值。SPN 格式见表 8 - 17。

表 8 - 17　SPN 格式

数据长度/bit	19
分辨率/(SPN·bit^{-1})	1
数据范围	0 ~ 524 287
类型	状态
可疑参数编号	1214

2. 故障模式标志符（FMI）

FMI 定义了被一个 SPN 识别的子系统中发现的故障类型。该故障可能不是电子故障，而是需要报告给设备技术员或操作员的子系统故障或条件。这些条件包括需要报告的系统事件或状态。该 FMI、SPN、预留和发生次数域组合成一个已知的诊断故障代码。FMI 基本格式见表 8 - 18。

表 8 - 18　FMI 基本格式

数据长度/bit	5
分辨率/（FMI·bit^{-1}）	1
数据范围	0 ~ 31
类型	状态
可疑参数编号	1215

全部 FMI 的定义描述见表 8 - 19。

表 8 - 19　全部 FMI 的定义描述

FMI	定义描述
0	有效但超过正常操作范围的数据 - 极高的水平
1	有效但低于正常操作范围的数据 - 极高的水平
2	不稳定数据，非连续的或不准确的
3	超过正常的电压值，或处理后依然偏高的电压
4	低于正常的电压值，或处理后依然偏低的电压
5	低于正常的电流值，或始终断开的环路
6	超过正常的电流值，或始终接地的环路
7	机械装置无反应或失调
8	频率、脉冲或周期异常
9	更新速度异常
10	变化率异常
11	确切原因的未知性
12	智能装置设备失效
13	校准失效或超出刻度
14	专用仪器
15	有效但超过正常操作范围的数据 - 极低的水平
16	有效但超过正常操作范围的数据 - 适中的水平
17	有效但超过正常操作范围的数据 - 极高的水平
18	有效但低于正常操作范围的数据 - 极低的水平
19	有效但低于正常操作范围的数据 - 适中的水平
20	网络数据接收错误
21 ~ 30	回信任务保存
31	不可用或已被用

3. 发生次数

发生次数的数据长度为 7 bit，它包括了一个故障从激活状态到先前激活状态的变化次数。当发生次数未知时，则该域所有位的数值均设为 1。对发生次数的具体内容描述见表 8 - 20。

表 8 - 20　发生次数定义

数据长度/bit	7
分辨率/（次·bit^{-1}）	1
数据范围	0~126（数值 127 用于表明未知）
类型	状态
可疑参数编号	1216

（三）常规电气系统解码

常规电气系统的故障诊断由车身 CAN 网络的各控制模块完成。在完成对电气系统进行自诊断后，将故障信息按自定义协议进行编码，并将信息发送至车身 CAN 网络，监控诊断设备接收到车身数据后，按自定义协议进行解析，首先定位出故障信息帧，然后进行故障解码。常规电气诊断涉及车身 CAN 网络的模块有驾驶室模块、前模块、中模块以及后模块。在自定义协议中，由控制模块 I/O 状态信息帧来携带故障信息，其中数据格式见表 8 - 21 ~ 表 8 - 24。

表 8 - 21　驾驶室模块 I/O 状态信息

发送源节点		接收节点		ID		周期/ms	
通用总线模块		所有节点		0x18FF0031		100	
位置	Bit8	Bit7	Bit6	Bit5	Bit4	Bit3	Bit2	Bit1
B1				翘板开关背景照明	启动继电器输出	喷水电机输出	雨刮低挡输出	雨刮高挡输出
B2							示高灯	
B3	变速器高低挡开关	变速器倒挡开关	变速器空挡开关	雨刮低挡开关	雨刮高挡开关	雨刮间歇挡开关	雨刮喷水挡开关	雨刮复位开关
B4					气压报警2	气压报警1	驻车制动信号开关	制动灯开关
B5								
B6	起动继电器输出		喷水电机输出		雨刮低挡输出		雨刮高挡输出	
B7							翘板开关背景照明	
B8							示高灯	

Note: 上表中 Bit列标头依次为 Bit8 Bit7 Bit6 Bit5 Bit4 Bit3 Bit2 Bit1。

表 8-22 前模块 I/O 状态信息

发送源节点		接收节点		ID		周期/ms	
通用总线模块		所有节点		0x18FF0041		100	
位置	Bit8	Bit7	Bit6	Bit5	Bit4	Bit3	Bit2	Bit1
B1	右远光	右近光	左前防空灯	左前转向灯	左前位灯	左前雾灯	左远光	左近光
B2						右前转向灯	右前位灯	右前雾灯
B3	远光灯开关	近光灯开关	右转向开关	左转向开关	防空灯开关:民用2挡	防空灯开关:民用1挡	防空灯开关:防空2挡	防空灯开关:防空1挡
B4					危机报警开关	后雾灯开关	前雾灯开关	
B5								
B6	左前位灯		左前雾灯		左远光		左近光	
B7	右远光		右近光		左前防空灯		左前转向灯	
B8		右前转向灯		右前位灯		右前雾灯		

表 8-23 中模块 I/O 状态信息

发送源节点		接收节点		ID		周期/ms	
通用总线模块		所有节点		0x18FF0042		100	
位置	Bit8	Bit7	Bit6	Bit5	Bit4	Bit3	Bit2	Bit1
B1		全轮驱动电磁阀	轮差电磁阀	轴差电磁阀	分动箱电磁阀3	分动箱电磁阀2	分动箱电磁阀1	取力器电磁阀
B2								
B3	分动器控制开关1	分动器低挡开关	分动器高挡开关	取力器信号开关	全轮驱动信号开关	3桥轮差信号开关	2桥轮差信号开关	1桥轮差信号开关
B4		空滤器堵塞信号开关	前轴差信号开关	取力器开关	全轮驱动开关	轴差开关	轮差开关	分动器控制开关2
B5			副油箱信号	主油箱信号				
B6	分动箱电磁阀3		分动箱电磁阀2		分动箱电磁阀1		取力器电磁阀	
B7			全轮驱动电磁阀		轮差电磁阀		轴差电磁阀	
B8								

表 8 - 24 后模块 I/O 状态信息

发送源节点			接收节点		ID		周期/ms	
通用总线模块			所有节点		0x18FF0043		100	
位置	Bit8	Bit7	Bit6	Bit5	Bit4	Bit3	Bit2	Bit1
B1	防空小灯	右后制动灯	防空制动灯	左后转向灯	左后示廓灯	左后雾灯	倒车灯	左后制动灯
B2						右后转向	右后示廓灯	右后雾灯
B3								
B4								
B5								
B6	左后示廓灯		左后雾灯		倒车灯		左后制动灯	
B7	防空小灯		右后制动灯		防空制动灯		左后转向灯	
B8			右后转向		右后示廓灯		右后雾灯	

在上述状态信息中，每一个信息帧的 B6、B7、B8 表示电气设备的故障状态。每 2 bit 表示一个电气设备的故障状态，共分 4 种状态：0x00 表示正常状态，0x01 表示开路或电流过小状态，0x10 表示短路或过热保护状态，0x11 为保留。例如，当采集 ID 为 0x18FF0042 帧的信息是 45、6A、33、56、7F、A4、28、FF 时，则后 3 字节为故障信息，解析为分动箱电磁阀 3 短路或过热保护、分动箱电磁阀 2 短路或过热保护、分动箱电磁阀 1 开路或电流过小、取力器电磁阀正常、全轮驱动电磁阀短路或过热保护、轮差电磁阀短路或过温保护、轴差电磁阀正常。

二、故障诊断方式及内容

（一）故障诊断方式

故障诊断检测是指利用故障解码器与车载电控单元 ECU 进行通信，或按特定的操作方式触发车载 ECU 的控制程序运行，以便读取故障代码、清除故障代码、读取车载 ECU 内部的控制参数、检测各种传感器和执行器的工作状态及其控制电路是否正常等。根据发动机工作状态不同，故障自诊断检测方式分为静态检测和动态检测两种。

静态检测方式，是指在点火开关接通、发动机不运转的情况下进行检测，主要用于读取或清除故障代码。

动态检测方式，是指在点火开关接通、发动机运转的情况下进行检测，主要用于读取或清除故障代码、检测传感器或执行器工作情况及其控制电路是否良好、与车载 ECU 进行数据通信（即数据流分析）等。

（二）故障诊断内容

故障诊断检测内容主要包括读取与清除故障代码、分析数据流、监控执行器和编程匹配。

1. 读取与清除故障代码

读取与清除故障代码是指利用解码器或专用工具，将车辆电控系统各种 ECU 中存储的故障代码读出或清除的检测过程。

读取与清除故障代码的方法有两种：一种是利用解码器读取，另一种是利用特定的操作方法和操作顺序进行读取。解码器对故障代码有比较详细的说明，比如是历史性故障代码还是当前的故障代码、故障代码出现几次。历史性故障代码表示故障曾经出现过，现在已不出现，但在 ECU 中已经存储记忆。当前故障代码表示最近出现的故障，并且通过出现的次数来确定此故障代码是否经常出现。

清除故障代码必须在车辆运行一段时间并确认故障已经排除之后才能进行。确认故障是否排除时，非常关键的一步是根据使用手册或相关资料，查明出现故障代码的运行条件。如果运行条件不满足要求，故障就可能仍然存在。

2. 数据流分析

当发动机运转时，利用解码器将车载 ECU 内部的控制参数和计算结果等数值以数据表和串行输出方式在解码器屏幕上一一显示出来的过程，称为数据流分析，又称为数据通信、数据传输或读取数据块。

数据流显示的数据主要包括氧传感器、发动机转速、喷油脉宽、空气流量、节气门开度、怠速转速、蓄电池电压、点火提前角、冷却液温度、进气温度等信号参数。车辆电控系统传感器和执行器的工作参数具有一定的标准和范围，通过数据流分析，各种传感器输出信号电压的瞬时值、ECU 内部的计算与判断结果、各种执行器的控制信号都能一目了然地显示在解码器屏幕上。根据发动机运转状态和传输数据的变化情况，即可判断控制系统工作是否正常，将特定工况下的传输数据与标准数据进行比较，就能准确判断故障类型和故障部位。

3. 监控执行器

利用解码器对执行器（如喷油嘴、怠速电机、继电器、电磁阀、冷却风扇电动机等）进行人工控制，向其发出强制驱动或强制停止指令来监测其动作情况，用于判定执行器及其控制电路的工作状况是否良好。

4. 编程匹配

编程匹配是指电控系统工作参数发生变化或更换新的控制部件之后，利用解码器与电控系统的 ECU 进行数据通信，通过设定工作参数使系统或新换部件与控制系统进行匹配的工作。编程匹配又称为初始设定。编程匹配必须具有详细的技术资料才能进行操作，主要用于怠速设定、电子节气门设定、更换各种电控单元后的编码设定、防盗功能设定、自动灯光设定、自动变速器维修后的设定等。

三、故障解码设备

车辆电控系统常用的故障诊断检测工具经历了"跨接线""调码器"和"解码器"几个阶段，现在普遍采用的是解码器。解码器是一种利用配套的连接线束与车辆上的故障诊断插座 TDCL 相连，并与各种电子控制系统的电控单元 ECU 进行数据交流的专用仪器，又称为车辆故障检测仪或故障诊断仪。解码器一般可分为原厂专用型和综合通用型两大类。同时，一些安装了车载计算机的车辆，也可以由车载终端直接实现故障解码和显示读取的功能。

（一）综合通用型解码器及检测诊断方法

综合通用型解码器是针对世界各国不同车型而设计的，是一种多用途、多功能兼容的电脑解码器，一般配备在车辆维修企业。它往往存储有几十种甚至几百种不同厂牌、不同车型车辆电控系统的检测程序、检测数据和诊断代码等资料，并配备有各种车型的检测接头，可以检测诊断多种车型，适合综合型维修企业使用，如车博仕 A – 2600 + 解码器是综合通用型解码器，如图 8 – 5 所示。

图 8 – 5　车博仕 A – 2600 + 解码器

1. 解码器的功能

（1）可以方便地读取诊断代码，而不必再通过发动机故障报警灯的闪烁情况读取。

（2）可以方便地清除诊断代码，使发动机故障报警灯熄灭，而不必再通过拆卸熔丝或蓄电池负极等比较麻烦的方法达到清除诊断代码的目的。

（3）能与电子控制器 ECU 中的微机直接进行交流，显示数据流。即显示静态或动态电子控制器 ECU 的工作状况和多种数据输入/输出的瞬时值，使电控系统的工作状况一目了然，为诊断故障提供依据。特别是当不产生诊断代码时，可以通过观察数据流中的参数来判断回路中是否有故障。

（4）能在静态或动态下，向电控系统各执行器发出检修作业需要的动作指令，以便检查执行器的工作状况。

（5）行车时或路试中能监测并记录数据流和诊断代码，以便回到车辆修理厂后能够调出相应数据，进行分析和判断。

（6）有的具有示波器功能、万用表功能和打印功能。

（7）有的能显示系统控制电路图和维修指导，以供诊断时参考。

（8）可以和 PC 机相连，进行资料的更新与升级。

（9）功能强大的解码器，还能对车上 ECU 进行某些数据的重新输入和更改。

2. 解码器的主要不足

（1）自身不能思考，因而也不会分析、判断故障。

（2）在某些条件下，可能会显示错误的信息，而且无法从所有车辆上获取 ECU 中微机的故障数据信息。

（3）当诊断电控系统未设诊断代码的故障时，或诊断的电控系统无法提供数据或数据无法调出时，解码器无法发挥作用，特别是对于机械系统、真空系统、排气系统和液压系统等，还要采取传统的检测诊断方法。

3. 解码器结构

以车博仕 A - 2600 + 解码器为例，解码器主机部分是由 A - 2600 + 主机、微型打印机、CF 卡和触摸笔共同组成的，如图 8 - 6 所示。

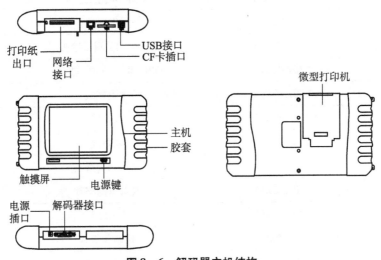

图 8 - 6　解码器主机结构

车博仕 A - 2600 + 解码器整机装备见表 8 - 25。

表 8 - 25　车博仕 A - 2600 + 解码器整机装备

序号	类别	编号	名称	数量
1	主机组	30AB012A	主机	1
2		30AB003A	微型打印机	1
3		30AD014A	测试卡	1
4		12AA008A	触摸笔	1

序号	类别	编号	名称	数量
5	测试接头	30AC125A	奔驰 – 38 测试接头	1
6		30AC113A	宝马 – 20 测试接头	1
7		30AC117A	玛瑞利 – 3 测试接头	1
8		30AC118A	微型 – 3 测试接头	1
9		30AC119A	微型 – 4 测试接头	1
10		30AC120A	富康 – 2 测试接头	1
11		30AE123A	马自达 – 17 测试接头	1
12		30AC124A	中华轿车 – 16 测试接头	1
13		30AC127A	丰田 – 17 测试接头	1
14		30AC128A	丰田 – 22 测试接头	1
15		30AC129A	三菱 – 1216 测试接头	1
16		30AC130A	丰田 – 3 测试接头	1
17		30AC132A	奔驰 – 4 测试枝头	L
18		30AC133A	奥迪 – 4 测试接头	1
19		30AC134A	日产 – 14 测试接头	1
20		30AC104A	OBD Ⅱ – 16 测试接头	1
21	测试线	30AE041A	主测试线	1
22		30AE023A	双针线	1
23		30AE017A	电瓶线	1
24		30AE015A	点烟器线	1
25		30AE013A	点对点网络线	1
26		30AE005A	USB 线	1
27		10AM002A	保险管 5 A	2
28		10AV001A	直流开关电源	1
29	附件	15AA020A	使用说明书	1
30		15AA003A	合格证	1
31		10AW001A	热敏打印纸	1

4. 功能简介

（1）菜单栏功能。界面如图 8 – 7 所示。

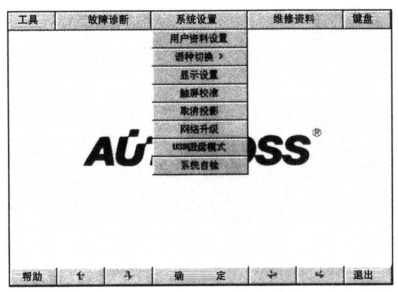

图 8 - 7　菜单栏功能界面

（2）操作栏功能。

车博仕 A - 2600 + 解码器操作栏功能见表 8 - 26。

表 8 - 26　车博仕 A - 2600 + 解码器操作栏功能

［帮助］键	提供与当前画面的相关帮助信息
［确定］键	确认当前功能
［退出］键	关闭当前画面
［↑］［↓］［←］［→］图标	向上、下、左、右移动光标

（二）专用型解码器及检测诊断方法

专用型解码器一般是车辆制造厂为检测诊断本厂生产的车辆而专门设计制造的解码器。下面以 HFC200 型车辆电控系统诊断仪（以下简称诊断仪）为例介绍其功能结构及使用方法，如图 8 - 8 所示。HFC200 型诊断仪集成了通用解码协议，通过专门接口读取新型车辆电控系统数据流、故障码，并进行解析。仪器能兼容轻型、中型、重型三种新型车辆的诊断接口，准确接收车身总线数据和故障码，对未来新型车辆电控系统的诊断具有通用性。

1. 主要组成

诊断仪包括硬件部分和软件部分。硬件部分包括诊断仪主机、外部线缆、接头等。其中，诊断仪主机由控制主板、电源/信号接口板、USB 接口板、按键板、显示屏、充电电池组及机壳等组成。控制主板集成了电源保护电路、电源电路、电池组充放电电路、MCU 控制单元电路、通信电路、信息存储及 RTC 电路等，主要负责信号采集、显示控制、数据通信、数据解析存储等功能；电源/信号接口板是诊断仪的供电/通信接口；USB 接口板提供了

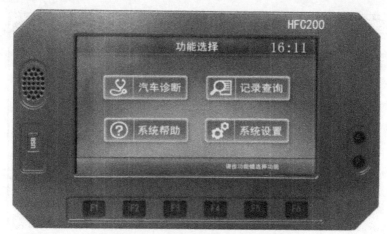

图 8 - 8　HFC200 型车辆电控系统诊断仪

USB OTG 接口，可连接外部存储设备（如 U 盘）；按键面板支持用户全按键输入；显示屏提供友好的人机界面以及全屏触摸功能。

软件部分包括各车型的诊断系统、记录查询、系统帮助、系统设置等。

2. 构造与性能

诊断仪基本组成见表 8 - 27，诊断仪接口如图 8 - 9 所示。

表 8 - 27　诊断仪基本组成

序号	名称	数量
1	诊断仪主机	1 台
2	电源/通信线（OBD Ⅱ - 16）	2 根
3	USB 延长线	1 根
4	电池组充电线	1 根
5	包装箱	1 套

如图 8 - 9 所示，当用户使用诊断仪时，将外部电缆插入对应插座（注意，插头上的红点对准插座的红点，拔插头时，握住插头外壳，先往里轻推来解除锁扣，再往外拔出），再将诊断接头插入汽车诊断口（应依据汽车诊断口选择相应的 OBD Ⅱ 诊断接头），打开电源开关，即可进行诊断操作。

3. 使用指南

1）主界面

系统主界面如图 8 - 10 所示。主界面设有汽车诊断、记录查询、系统帮助、系统设置 4 个按钮，单击相应按钮，可分别进入汽车诊断、记录查询、系统帮助、系统设置功能界面。

在主界面中，也可以单击诊断仪下方的功能按键来快速选择功能。例如，按 F1 功能键，

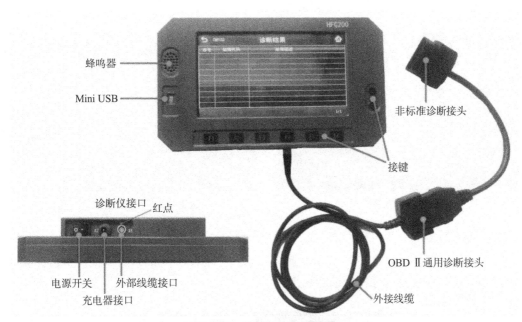

蜂鸣器

Mini USB

非标准诊断接头

接键

诊断仪接口　红点

电源开关　外部线缆接口

充电器接口

OBD Ⅱ通用诊断接头

外接线缆

图8-9　诊断仪接口示意图

可以快速选择"汽车诊断"功能项；按 F2 功能键，可以快速选择"记录查询"功能项等。

2）车型选择

在主界面中选择"汽车诊断"功能项时，则出现"车型选择"界面。"车型选择"界面中设有轻型汽车、中型汽车、重型汽车 3 个按钮，单击相应按钮可分别进入轻型汽车、中型汽车、重型汽车功能界面，如图 8-11 所示，用户可根据实际情况选择相应的车型。

图8-10　系统主界面示意图　　　　**图8-11　"车型选择"界面**

3）功能选择

在轻/中/重车型选择界面中选择了相应的车型后，则出现"功能选择"界面。在"功能选择"界面中设有故障诊断、实时数据流、故障码清除 3 个按钮，如图 8-12 所示，单击相应按钮可分别进入故障诊断、实时数据流、故障码清除功能界面。

4）故障诊断

"诊断结果"界面如图 8-13 所示。当 CAN 故障信息传输过来后，系统将显示故障代码、故障描述信息等。单击"存储数据"按钮或按 F5 功能键可保存当前诊断结果。

图 8-12 "功能选择"界面 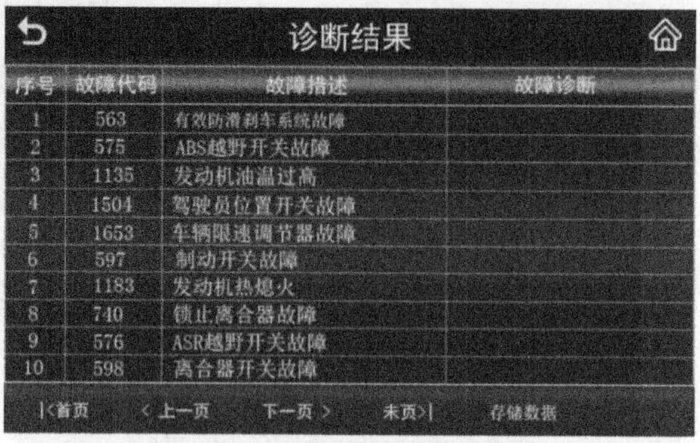 　　　　　　　图 8-13 "诊断结果"界面

5) 记录查询

"记录查询"界面如图 8-14 所示。此界面显示当前保存的记录的目录。单击"确定"按钮或按 F5 功能键可查看保存的诊断结果。

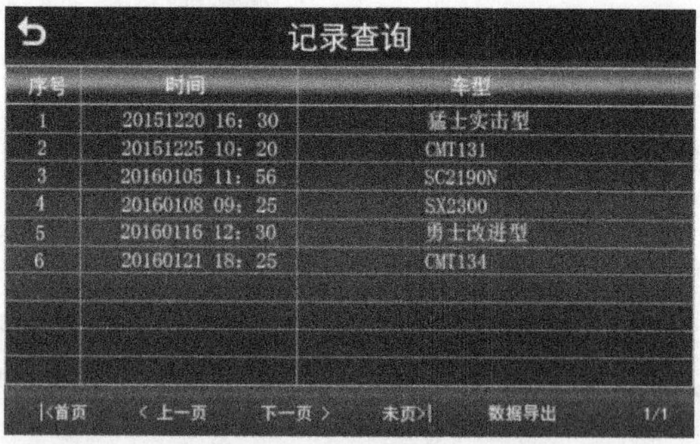

图 8-14 "记录查询"界面

6) 数据导出

在"记录查询"界面单击"数据导出"按钮即进入"数据导出"界面，如图 8-15 所示。单击"确定"按钮，提示插入 U 盘。插好 U 盘后，再单击"确定"按钮，此时进行数据导出。注意，诊断仪的 USB 接口只能作为主 USB 设备。

图 8-15 "数据导出"界面

7）系统帮助

"系统帮助"界面如图 8 - 16 所示。界面右下方显示了当前页数/总页数。

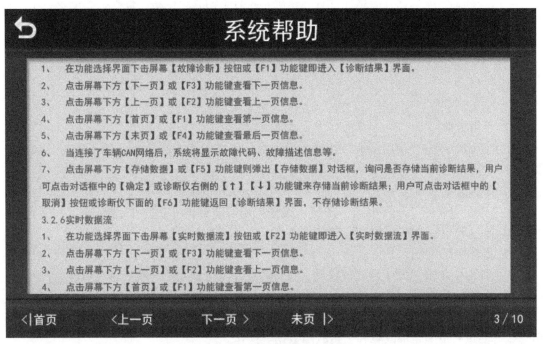

图 8 - 16　"系统帮助"界面

8）系统设置

在主界面中选择"系统设置"功能项，则出现"系统设置"界面。"系统设置"界面中设有"时间设置""屏幕背光""触屏校准""版本信息"4 个按钮，如图 8 - 17 所示，单击相应按钮可分别进入时间设置、屏幕背光、触屏校准、版本信息功能界面。在系统设置界面中，也可以单击诊断仪下方的功能按键来快速选择功能。例如，按 F1 功能键，可以快速选择"时间设置"功能项；按 F2 功能键，可以快速选择"屏幕背光"功能项等。

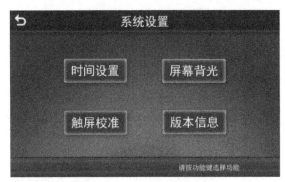

图 8 - 17　"系统设置"界面

（三）车载智能终端及检测诊断方法

车载终端上一般配置有信息综合管理系统，具有车辆故障诊断、行驶状态记录、用户指导、使用及维修指导、北斗导航等功能，具有良好的图形用户接口。只要点火开关不在"LOCK"挡，即可使用本系统，并自动显示主界面。如果不显示主界面，可按"显示屏开关键"恢复显示。显示屏开关键只用于关闭或恢复显示屏显示，而不能关闭整个系统。

1. 系统主要功能

1）使用维护

在主界面中单击"使用维护"按钮，根据提示可查阅本车简易的"使用说明"和"维护保养"等内容。

2）车辆信息

在主界面中单击"车辆信息"按钮，根据提示可查阅本车的"车型概述""外形图""技术参数"和"油液容量参数"等内容。

3）北斗导航

在主界面中单击"北斗导航"按钮，可进入北斗定位和北斗导航等相关功能。

4）故障查询

在主界面中单击"故障查询"按钮，根据提示可查看此次车辆发生的故障及存档故障信息，并能进行清除全部故障和上传故障数据等操作。

故障信息包括发动机控制系统、变速器控制系统、ABS控制系统、主控模块、前控模块、后控模块、轮胎中央充放气系统等。其中，"上传数据"及"清除全部故障"模块只有在注册登录后才能使用。

系统自动显示当前故障，单击某一故障码记录，在界面的右侧将显示故障描述、所属系统、故障代码及故障产生时间等信息。单击"继续"按钮进入"检测信息"界面，显示该故障对应的检测方案、可能原因及检测工具。单击"是"或"否"按钮进入"检测结果"界面，显示检测报告。单击"继续"按钮返回"读取当前故障"界面。故障信息存档操作同"读取当前故障"，查看的内容是已经修好的故障。

5）维修指导

在主界面中单击"维修指导"按钮，根据提示可查阅本车的"常见故障代码""常见故障诊断"及简易的"维修手册"内容。

6）行驶记录

行驶记录模块只有在注册登录后才能使用。在主界面中单击"行驶记录"按钮，根据提示可查看规定时间内车辆行驶数据、车辆开关操作状态停车前20秒内车辆的车速及制动开关状态记录、操作人员的行车日志记录等。

7）系统管理

系统管理模块同样只有在注册登录后才能使用。在主界面中单击"系统管理"按钮，可对本系统的软硬件进行系统管理，包括"用户信息管理""车辆信息管理""触摸屏校准""音量调节"和"资料信息更新"等。当对本系统的操作出现问题时，可在"操作说明"中获得帮助。

2. 故障码读取与显示

车载主控计算机实时监测装备信息，从高速 CAN 总线上读取故障数据流，并将它们存储于内部存储器中。将战术车辆交互式电子技术手册与车载主控计算机蓝牙通信接口连接，故障解码模块接收 CAN 总线数据流文件，提取出故障帧信息，按 SAE J1939 诊断应用层协议进行解析，换算出 SPN 和 FMI 的值。由于交互式电子技术手册将 SPN 和 FMI 的编码对应情况以数据库的形式存储在计算机中，当读出 SPN 和 FMI 的值后，可以通过在数据库中查表的方式直接定位 SPN 和 FMI 组合对应的故障信息，实现了故障码传输、解析与显示。图 8－18 所示为故障解码后的结果显示界面。

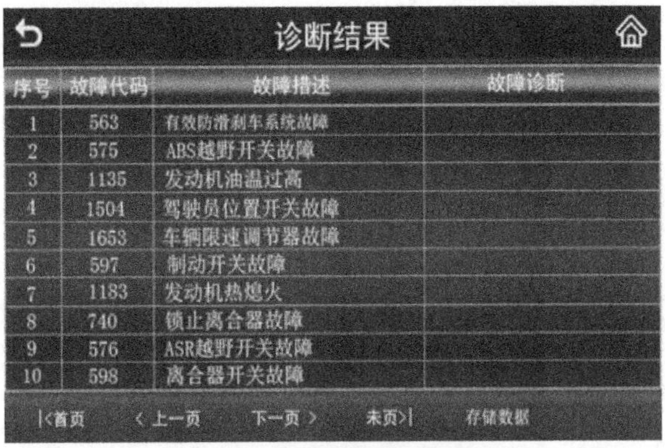
诊断结果
序号 故障代码 故障描述 故障诊断
1 563 有效防滑刹车系统故障
2 575 ABS越野开关故障
3 1135 发动机油温过高
4 1504 驾驶员位置开关故障
5 1653 车辆限速调节器故障
6 597 制动开关故障
7 1183 发动机热熄火
8 740 锁止离合器故障
9 576 ASR越野开关故障
10 598 离合器开关故障
|<首页 <上一页 下一页> 末页>| 存储数据

图 8－18　故障解码结果显示

第三节　电控系统故障诊断

电控系统已广泛应用于车辆的发动机、变速器和制动系统中。电控系统的故障诊断是一个复杂的过程，需要遵循一定的步骤和程序。本节主要介绍电控发动机、自动变速器和 ABS 等电控系统的故障诊断。

一、电控发动机故障诊断

尽管不同车型的发动机电控系统结构不一样，故障表现也不一定相同，但对于一些常见的多发故障，各种电控系统又有着一些共同的特征，在故障诊断中有着一定的规律可循。学会分析各种常见故障产生原因，遵循正确合理的诊断程序和步骤，是十分重要的。下面介绍发动机电控总成常见故障的共性诊断步骤与方法。

1. 用户调查

用户调查包括故障产生时间、产生条件（包括天气、气温、道路情况以及发动机工况等）、故障现象或症状、故障发生频率、是否进行过检修以及检修过哪些部位等。

2. 直观检查

直观检查的目的是在进行更为细致的诊断前，能消除一些一般性的故障因素。直观检查的内容包括以下项目：检查电子控制系统的控制部件是否正常；电气线路连接器或接头有无松动、脱接；导线有无断路、搭铁、错接以及烧焦痕迹；管路有无折断、错接或凹瘪等。电控部件对发动机工作性能的影响见表8-28。熟悉传感器与执行器对发动机以及车辆运行状态的影响，对迅速诊断与排除故障极为重要。

表 8 - 28　电控部件对发动机工作性能的影响

序号	部件名称	故障现象
1	电控单元 ECU	①发动机不能起动；②发动机工作失常
2	点火线圈	①发动机不能起动；②无高压火花跳火；③次级电压过低
3	燃油泵继电器	①发动机不能起动；②燃油泵不工作；③喷油器不喷油
4	继电器盒熔断丝	发动机不能起动
5	曲轴与凸轮轴位置传感器	①发动机不能起动；②发动机工作不稳定；③怠速不稳；④中途熄火
6	空气流量与歧管压力传感器	①发动机起动困难；②发动机工作失常；③怠速不稳；④油耗增加
7	进气温度传感器	①发动机工作不良；②怠速不稳；③怠速熄火；④油耗与排放增加；⑤混合气过浓
8	节气门位置传感器	①发动机起动困难；②怠速不稳；③发动机工作不良；④容易熄火
9	爆震传感器	①发动机工作不稳；②加速时爆震；③点火正时不准
10	氧传感器	①发动机工作不良；②怠速不稳；③油耗与排放增加；④混合气过浓
11	冷却液温度传感器	①发动机起动困难；②发动机工作不良；③怠速不稳；④容易熄火
12	喷油器	①发动机不能起动或起动困难；②油耗增加；③怠速不稳；④发动机工作不良
13	怠速控制阀	①发动机起动困难；②怠速不稳或怠速过高；③容易熄火
14	曲轴箱通风阀（PVC阀）	①发动机不能起动或起动困难；②怠速不稳或怠速过高；③加速困难；④油耗增加
15	活性炭罐电磁阀	①发动机工作不良；②发动机怠速不稳
16	空调（A/C）开关	①发动机不能起动；②发动机怠速不稳；③怠速熄火
17	电动燃油泵	①发动机不能起动或起动困难；②发动机工作不良；③怠速不稳或熄火；④发动机回火

在诊断电控发动机故障时，为了尽快确定故障性质与部位，可按图8-19所示程序进行基本检查，包括怠速检查调整与点火正时的检查调整。

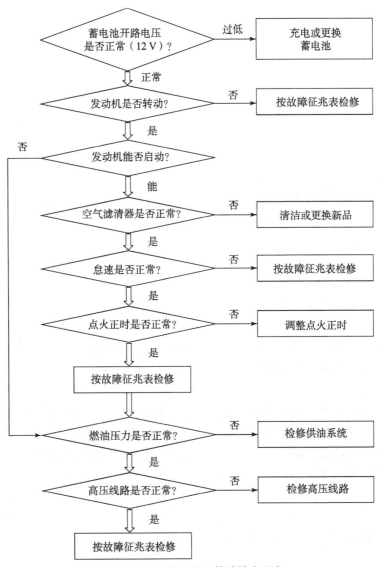

图 8-19 电控发动机故障检查程序

3. 深入诊断

可以利用解码器调出车载故障自诊断系统的故障码,确定故障所在;也可以利用万用表、示波器等仪器检测线路的通断、传感器信号的正确性等,以判断故障的具体原因。

二、自动变速器故障诊断

(一)检测诊断基本方法

1. 基本检查

检查项目包括油面和油质的检查、液压控制系统漏油的检查、节气门拉索的检查和调整、换挡操纵手柄的位置检查、空挡起动开关的检查、超速挡控制开关的检查、发动机怠速的检查等。基本检查的前提条件是：发动机工作正常，底盘性能良好，特别是制动系统正常。

2. 手动换挡试验

为了确定故障部位，区分故障是发生在机械系统、液压系统还是发生在电子控制系统，应当进行手动换挡试验。所谓手动换挡试验，就是将自动变速器所有换挡电磁阀的线束插头全部脱开，由检测人员手动进行各挡位的试验。此时，电控单元不能通过换挡电磁阀来控制换挡，自动变速器的挡位取决于换挡操纵手柄的位置。若每一挡位动作都正常，说明故障发生在电子控制系统，应进行电控系统故障的诊断检查；若有一个挡位动作不正常，则说明故障发生在机械或液压部分（包括液力变矩器、行星齿轮机构和液压控制系统），应进行机械试验。

3. 机械试验

机械试验包括液压试验、失速试验、时滞试验、道路试验和液力变矩器试验五项内容。

1）液压试验

在自动变速器工作时，通过测量液压控制系统各回路的压力来判断系统各元件的功能是否正常，目的是为诊断液压控制系统各管路及元件是否有故障提供主要依据。

2）失速试验

在前进挡或倒挡中踩住制动踏板并完全踩下加速踏板时，发动机处于最大转矩工况。此时自动变速器的输出轴及输入轴都静止不动，液力变矩器的涡轮也因此静止不动，只有液力变矩器壳及泵轮随发动机一同转动。这种工况称为失速工况，此时的发动机转速称为失速转速。它是检查发动机功率大小、液力变矩器性能好坏及自动变速器中有关换挡执行元件工作是否正常的一种常用方法。但是，由于在失速工况下发动机的动力全部消耗在液力变矩器油的内部摩擦损失上，致使油温急剧上升，因此，在失速试验中，加速踏板从踩下到松开的整个过程，时间不得超过 5 s，试验次数不得多于 3 次。

3）时滞试验

在发动机怠速运转时，将换挡操纵手柄从空挡位（N 位）拨至前进挡位（D 位）或倒挡位（R 位）后，需要有一段时间的迟滞或延时，才能使自动变速器完成挡位的接合（此时车辆会产生一个轻微的振动）。这一短暂的时间称为自动变速器换挡的迟滞时间。迟滞试验就是测出自动变速器换挡的迟滞时间长短，以此判断油路、油压及换挡执行元件的工作是否正常。

4）道路试验

道路试验是对自动变速器故障诊断的最常用方法之一。它不仅要在自动变速器维修之前进行，而且在维修完成之后也必须进行。其内容主要有：检查换挡车速、换挡质量以及换挡执行元件有无打滑。在道路试验之前，应先让车辆以中、低速行驶 5 ~ 10 min，让发动机和自动变速器都达到正常的工作温度。在道路试验中，如无特殊需要，通常应将超速挡开关置于"ON"位置，并将工作类型开关置于"标准模式"或"经济模式"位置，分别进行换挡试验。

5）液力变矩器试验

用来检测液力变矩器及单向离合器的工作状况。液力变矩器是整体封闭式结构，一次性使用，若有故障，应更换总成。液力变矩器试验的内容有两项：一是进行起动工况检测；二是确定自动变速器在 D 位、节气门全开时发动机的工作转速。通常，发动机节气门全开时间不应超过 5 s，发动机最大转速读出之后，应立即放松加速踏板。如果要求再一次做起动工况试验，应在空挡将发动机的转速控制在大约 1 000 r/min 下运转 20 s，使自动变速器冷却下来。如果发动机转速超过 2 000 r/min，应立即将加速踏板松开，因为这表明液力变矩器内的离合器已经打滑失效。另外，将专用的自动变速器诊断解码器连接到变速器线束端子，可以直接检测其内部电气元件的工作情况，或脱开电脑直接控制变速器各工况下的工作状态，以此来进一步区分电脑、连线、机械、液压的故障部位。

4. 利用解码器读码检查

检修人员将解码器与车上的专用故障诊断通信接口（插座）相连，读取故障码进行诊断。

（二）自动变速器典型故障诊断

1. 换挡冲击大

1）故障现象

起步时，换挡手柄从 P 或 N 位挂入 D 或 R 位时，车辆振动大；行驶中，自动变速器升挡瞬间有较明显的前闯。

2）故障原因

发动机怠速过高；节气门拉线或节气门位置传感器调整不当，导致主油路油压高；升挡过迟；真空式节气门阀真空软管破损；主油路调压阀故障，使主油路油压过高；减振器活塞卡住，不起减振作用；单向阀球漏装，制动器或离合器接合过快；执行元件打滑；油压电磁阀故障；电控单元故障。

3）故障诊断

①检查发动机怠速，检查、调整节气门拉线和节气门位置传感器；检查真空式节气门阀的真空软管；路试检查自动变速器升挡是否过迟，升挡之前发动机转速是否异常升高。

②检测主油路油压。如果怠速时主油路油压高，说明主油路调压阀或节气门阀存在故障；如果怠速油压正常，而起步冲击大，说明前进离合器、倒挡及高挡离合器的进油单向阀损坏或漏装。

③检查换挡时主油路油压。正常情况下，换挡时主油路油压瞬时应有下降。若无下降，说明减振器活塞卡住，应拆检阀体和减振器。

④检查油压电磁阀的工作是否正常。检查电控单元在换挡瞬间是否向油压电磁阀发出控制信号。如果电磁阀本身有问题，则应更换；如果线路存在问题，则应修复。

2. 自动变速器打滑

1）故障现象

起步时踩下加速踏板，发动机转速上升很快，但车速升高缓慢；上坡时无力，且发动机转速异常升高。

2）故障原因

ATF（自动变速器油）油面太低；离合器或制动器磨损严重；油泵磨损严重，主油路漏油，造成主油路油压低；单向超越离合器打滑；离合器或制动器密封圈损坏，导致漏油；减振器活塞密封圈损坏，导致漏油。

3）故障诊断

①检查 ATF 油面高度和油的品质。若 ATF 变色或有烧焦味，说明离合器或制动器的摩擦片烧坏，应拆检自动变速器。

②路试检查，若所有前进挡都打滑，原因出在前进离合器。

③若换挡手柄在 D 位的 2 挡打滑，而在 S 位的 2 挡不打滑，说明 2 挡单向离合器打滑。若在 D 位、S 位的 2 挡时都打滑，则为低挡及倒挡制动器打滑。若在 3 挡时打滑，原因为倒挡及高挡离合器故障。若在超速挡打滑，则为超速制动器故障。若在倒挡和高挡时打滑，则为倒挡和高挡离合器故障。若在倒挡和 1 挡打滑，则为低挡及倒挡制动器打滑。

④在前进挡或倒挡都打滑，说明主油路油压低。此时应对油泵和阀体进行检修。若主油路油压正常，原因可能是离合器或制动器摩擦片磨损过度或烧焦，需要更换摩擦片。

3. 升挡缓慢

1）故障现象

车辆行驶中，升挡车速较高，发动机转速也偏高；升挡前必须松开加速踏板，才能使自动变速器升入高挡。

2）故障原因

节气门拉线或节气门位置传感器调整不当；调速器存在故障；输出轴上调速器进出油孔的密封圈损坏；真空式节气门阀推杆调整不当；真空式节气门阀的真空软管或真空膜片漏气；主油路油压或节气门油压太高；强制降挡开关短路；传感器故障。

3）故障诊断

①电控自动变速器应首先进行故障自诊断。然后检查、调整节气门拉线或节气门位置传感器，测量节气门位置传感器电阻，如不符合标准，应更换。采用真空式节气门阀的自动变速器，应检查真空软管是否漏气。检查强制降挡开关是否短路。

②测量怠速主油路油压，若油压太高，应通过节气门拉线或节气门位置传感器予以调整。采用真空式节气门阀的自动变速器，应用减少节气门阀推杆长度的方法进行调整。若以上调整无效，应拆检油压阀或节气门阀。

③测量调速器油压，调速器油压应随车速的升高而增大。将不同转速下测得的调速器油压与规定值比较，若油压太低，说明调速器存在故障或调速器油路存在泄漏。此时应拆检自动变速器，检查调速器固定螺钉是否松动，调速器油路密封环是否损坏，阀芯是否卡滞或磨损过度。

④如果调速器油压正常，升挡缓慢的原因可能是换挡阀工作不良。应拆卸阀体检查，必要时更换。

4. 无前进挡

1）故障现象

倒挡正常，但在 D 位时不能行驶；在 D 位时车辆不能起步，但在 S、L 位（或 2、1 挡）时可以起步。

2）故障原因

前进离合器打滑；前进单向超越离合器打滑；前进离合器油路泄漏；换挡手柄调整不当。

3）故障诊断

检查并调整换挡手柄位置；测量前进挡主油路油压，若油压太低（说明主油路油压低），应拆检自动变速器，更换前进挡油路上各处密封圈；检查前进挡离合器，如果摩擦片烧损或磨损过度，应更换；若主油路油压和前进离合器均正常，应拆检前进单向离合器。

5. 无超速挡

1）故障现象

车辆行驶中，不能从 3 挡升入超速挡；车速已达到超速挡工作范围，采用松加速踏板几秒再踩下加速踏板的方法，自动变速器也不能升入超速挡。

2）故障原因

超速挡开关故障；超速电磁阀故障；超速制动器打滑；超速行星排上的直接离合器或直接单向超越离合器故障；挡位开关故障；ATF 温度传感器故障；节气门位置传感器故障；3–4 换挡阀卡滞。

3）故障诊断

①对电控系统自动变速器进行故障诊断，检查有无故障码输出。

②检查 ATF 温度传感器电阻值；检查挡位开关和节气门位置传感器的输出信号，挡位开关信号应与换挡手柄的位置相符，节气门位置传感器输出电压应与节气门的开度成正比。

③检查超速挡开关。在 OFF 位时，超速挡开关触点应断开，指示灯不亮；在 ON 位时，超速挡开关触点应闭合，指示灯应亮，否则，检查超速挡电路或更换超速挡开关。

④检查超速挡电磁阀的工作情况。打开点火开关，不起动发动机，按下 O/D 开关，超速挡电磁阀应有接合声音。若无接合声音，应检查控制电路或更换电磁阀。

6. 无倒挡

1）故障现象

车辆在 D 位能行驶而倒挡不能行驶。

2）故障原因

换挡手柄调整不当；倒挡油路泄漏；倒挡及高挡离合器或低挡及倒挡制动器打滑。

3）故障诊断

①检查并调整换挡手柄位置。检查倒挡油路油压，若油压太低，说明倒挡油路泄漏，应拆检自动变速器。

②如果倒挡油路油压正常，应拆检自动变速器，更换损坏的离合器或制动器摩擦片或制

动带。

7. 频繁跳挡

1) 故障现象

车辆行驶中，自动变速器经常出现突然降挡现象，降挡后，发动机转速异常升高，并产生换挡冲击。

2) 故障原因

节气门位置传感器故障；车速传感器故障；控制系统电路故障；换挡电磁阀接触不良；电控单元故障。

3) 故障诊断

对电控自动变速器进行故障自诊断。

检测节气门位置传感器；检测车速传感器。

拆下自动变速器油底壳，检查电磁阀连接线路端子情况；检查控制系统各接线端子电压。

8. 无发动机制动

1) 故障现象

车辆行驶中，当换挡手柄位于2、1挡或S、L位时，松开加速踏板，发动机转速降至怠速，但车辆减速不明显；下坡时，自动变速器在前进低挡，但不能产生发动机制动作用。

2) 故障原因

换挡手柄位置调整不当；挡位开关调整不当；2挡强制制动器打滑或低挡及倒挡制动器打滑；控制发动机制动的电磁阀故障；阀体故障；自动变速器电脑故障。

3) 故障诊断

①对电控自动变速器进行故障自诊断。

②路试检查自动变速器有无打滑现象。

③如果换挡手柄在S位时没有发动机制动作用，而在L位时有发动机制动作用，说明2挡强制制动器打滑。如果换挡手柄在L位时没有发动机制动作用，而在S位时有发动机制动作用，说明低挡及倒挡制动器打滑。

④检查控制发动机制动作用的电磁阀是否存在故障。拆检阀体，清洗所有控制阀。检查电控单元各接线端子电压，如果正常，再检查各个传感器电压。更换新的电控单元重新试验，如果故障消失，说明电控单元损坏。

9. 液力变矩器离合器无锁止

1) 故障现象

车辆行驶中，车速、挡位已经满足离合器锁止条件，但锁止离合器仍没有锁止作用；油耗明显增大。

2) 故障原因

锁止电磁阀故障；锁止信号阀、锁止继动阀故障；变矩器中锁止离合器损坏。

3) 故障诊断

检查锁止电磁阀工作情况；检查锁止信号阀、锁止继动阀；若控制系统无故障，则是变矩器中锁止离合器损坏，此时应更换变矩器总成。

10. 不能强制降挡

1）故障现象

车辆以 3 挡或超速挡行驶时，突然把加速踏板踩到底，自动变速器不能立即降低一个挡位，车辆加速无力。

2）故障原因

节气门拉线或节气门位置传感器调整不当；强制降挡开关损坏；强制降挡电磁阀短路或断路；强制降挡阀卡滞。

3）故障诊断

①检查节气门拉线、节气门位置传感器的安装情况。

②检查强制降挡开关。在加速踏板踩到底时，强制降挡开关触点应闭合；松开加速踏板时，强制降挡开关触点应断开。如果加速踏板踩到底时，强制降挡开关触点没有闭合，则拆下强制降挡开关，手动按下开关。如果按下开关后触点能闭合，说明开关安装不当，应重新调整；如果按下开关触点不闭合，说明开关损坏。

③检查强制降挡电磁阀工作情况。拆卸阀体，分解清洗强制降挡电磁阀，阀芯若有问题，在无法修复的情况下，应更换阀体总成。

三、ABS 故障诊断

防抱死制动系统（ABS）检测与诊断主要通过以下三种途径。

1. 直观检查

直观检查是在 ABS 出现明显故障而不能正常工作时首先采取的检查方法。例如，ABS 故障警告灯亮着不熄、系统不能工作等。检查方法如下。

（1）检查驻车制动是否完全释放。

（2）检查制动液液面是否在规定的范围之内。

（3）检查电控单元导线插头、插座的连接是否良好，连接器及导线是否损坏。

（4）检查下列导线连接器（插头与插座）和导线的连接或接触是否良好：

①液压调节器上的电磁阀体连接器。

②液压调节器上的主控制阀连接器。

③连接压力警告开关和压力控制开关的连接器。

④制动液液面指示开关连接器。

⑤4 个轮速传感器的连接器。

⑥电动泵连接器。

（5）检查所有的继电器、熔断器是否完好，插接是否牢固。

（6）检查蓄电池容量和电压是否在规定的范围内，检查蓄电池正、负极导线的连接是否牢靠，连接处是否清洁。

（7）检查 ABS 电控单元、液压控制装置等接地（搭铁）端的接触是否良好。

（8）检查车轮胎面纹槽的深度是否符合规定。

2. 利用故障警示灯诊断

在实际应用中，经常利用故障警示灯进行诊断。故障灯诊断是通过观察仪表板上的ABS警示灯和红色制动警示灯的闪亮规律进行故障判断的一种快速简易方法。

通常情况下，在点火开关接通（ON）时，黄褐色ABS警示灯应闪亮2~4 s，此时即使制动液不足（液面过低），红色制动灯也会点亮；蓄压器压力低于规定值、驻车制动完全释放时，红色制动灯也会点亮；当蓄压器压力、制动液液面符合规定且驻车制动未完全释放时，红色警示灯应该熄灭。在发动机起动的瞬间，ABS警示灯和红色制动警示灯一般都应亮（驻车制动在释放位置）；一旦发动机运转起来，两个警示灯应先后熄灭。车辆行驶过程中，两个警示灯都不应闪亮。

情况如上所述时，一般可以说明ABS处于正常状态，否则说明ABS有故障或液压系统不正常。

由于车型不同，采用的ABS形式不同，电路也不相同，其警示灯的闪亮规律也会有一些差异。不同车型的故障警示灯诊断表可在本车型的维修手册中查到。实用中可根据ABS警示灯的闪亮规律，粗略地判断出故障性质。

3. 采用解码器进行诊断

检修人员将解码器与车上的专用故障诊断通信接口（插座）相连，读取故障码进行诊断。

4. 故障模拟诊断

在ABS故障诊断中，若是单纯的元件不良，可运用电路检测方式诊断。如果属于间歇性故障或是相关的机械性问题，则需要进行模拟诊断以及动态诊断。

1）模拟诊断方法

①将车辆顶起，使4个车轮均悬空。

②起动发动机。

③将变速杆拨到前进挡（D）位置，观察仪表板上的ABS故障警告灯是否点亮。若ABS故障警告灯亮，表示后轮差速器的轮速传感器不良。

④如果ABS故障警告灯不亮，则转动左前轮。此时ABS故障警告灯若点亮，则表示左前轮速传感器正常；反之，ABS故障警告灯若不亮，即表示左前轮速传感器工作不良。

⑤右前轮速传感器诊断方法与左前轮速传感器诊断方法相同。该模拟诊断是根据ABS控制电路的轮速信号差以及警示电路特性，以便于诊断车轮速度传感器的故障而设置的。

2）动态诊断方法

①使车辆在道路上行驶至少12 km以上。

②检测车辆转弯（左转或右转）时，ABS故障警告灯是否会点亮。若某一方向ABS故障警告灯会亮，则表示该方向的轮胎气压不足，也可能是轴承不良、转向拉杆球头磨损、减振器不良或车速传感器脉冲齿轮不良。

③将车辆驶回，在"ABS电源"和"电磁阀继电器"端子间接上检测线和万用表（置于电压挡）。

④进行道路行驶，在制动时，注意观察"ABS电源"端和搭铁间的电压，应在11.7~13.5 V之间；而"电磁阀继电器"端子与搭铁间的电压，也应在10.8 V以上。前者主要是观察蓄电池电源供电情况，后者主要是观察电磁阀继电器的连接好坏。

资源链接

知识拓展

SAE J1939和ISO 11898是汽车电子通信领域非常重要的两个标准，分别定义了不同层面的车辆网络通信协议。SAE J1939是一种专门为重型车辆设计的通信协议，它基于CAN技术，由美国汽车工程师协会（SAE）制定，主要用于车辆内部系统间的高数据速率通信，规定了数据链路层和应用层的详细规格，包括通信速率、地址分配、报文格式、错误检测及网络管理等方面，实现目标各子系统高效协同工作。ISO 11898则是国际标准化组织（ISO）指定的一套CAN物理标准，其详细规定了CAN总线的电气特性、物理连接和信号传输规范，确保不同制造商的CAN设备能够在不同网络上进行互操作。二者关系：SAE J1939是建立在ISO 11898物理层之上的更高层次的通信协议。SAE J1939 利用 CAN 的可靠性和效率，同时扩展其功能来适应复杂车辆系统需要。ISO 11898 提供基础硬件规范，而 SAE J1939 提供更具体的应用层协议。

 理论辨析

1. 什么是故障自诊断系统？
2. 故障解码的协议有哪些？
3. 故障解码设备的主要功能有哪些？

 问题研讨

1. 分析故障解码诊断与人工经验诊断有何区别和联系。
2. 谈谈故障解码技术未来的发展及应用前景。

第九章

智能故障诊断系统

  智能故障诊断系统是人工智能和故障诊断相结合的产物，主要体现在诊断过程中对领域专家知识和人工智能技术的运用，是一个由人（尤其是领域专家）、能模拟脑功能的硬件及其必要的外部设备、物理器件以及支持这些硬件的软件所组成的系统。在车辆故障诊断中应用较多的智能诊断系统包括故障诊断专家系统、远程故障诊断系统、VR 虚拟维修、便携式检测与评价系统、车载状态监测与健康管理系统，这些智能诊断系统能有效提高车辆装备故障诊断的效率和信息化水平。

第一节 故障诊断专家系统

  专家系统是一个智能程序系统，具有相关领域内大量的专家知识，能应用人工智能技术模拟人类专家求解问题的思维过程进行推理，解决相关领域内的困难问题，并达到领域专家的水平。人工智能技术的迅速发展，特别是专家系统、人工神经网络在故障诊断领域的进一步应用，为智能无人车辆故障诊断的发展奠定了基础。智能诊断技术能够有效地获取、传递、处理、再生和利用诊断信息，利用计算机来模拟人类专家对复杂系统进行诊断，充分发挥领域专家在诊断中的作用，并实现专家知识和经验的交流、汇集、复制、传播和长期保存。

  20 世纪 80 年代中后期，国内外对车辆故障诊断专家系统进行了大量的研究，并进行了试运作和评价，部分诊断专家系统已经比较成熟和实用化。目前已研究的故障诊断专家系统模型有基于规则的诊断专家系统、基于实例的诊断专家系统、基于行为的诊断专家系统、基于模糊逻辑的诊断专家系统和基于人工神经网络的诊断专家系统等。

一、系统框架结构

  故障诊断专家系统的总体框架如图 9 - 1 所示。通过知识获取子系统将领域专家知识固化至知识库，当用户进行故障诊断时，通过人机接口进行交互，系统从获得的事实、数据出发，调用知识库、数据库，通过控制推理、匹配，完成模式识别与故障诊断工作，并由解释系统

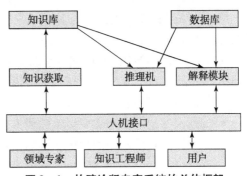

图 9 - 1 故障诊断专家系统的总体框架

给出解释输出至用户界面，得到具有专家水平的结论。

二、故障诊断知识的表达

一般应用程序是把问题求解的知识隐含地编制在程序中，而专家系统则将其应用领域的问题求解知识单独分开，组成一个叫知识库的实体。普通的应用程序将知识组成两级，即数据级和程序级，而专家系统则将知识组成三级，即数据级、知识库级和控制级。

专家系统的主要特征是有一个巨大的知识库，其存储着某一领域的知识，系统的控制级通常表达成某种推理规则。整个系统的工作机制是：从获得的事实、数据出发，调用知识库中的知识，通过控制推理、匹配，完成模式识别与故障诊断工作，最后得到所需结论。这样，在解决实际问题时，只要用户为系统提供一些已知的事实和数据，系统就会提供具有专家水平的结论。知识表示是专家系统研究的一个基本问题，它是对所描述对象领域内容的符号化和规则化，也是一组约定，从而使知识能够合理地存储在计算机中，便于对知识进行使用、修改、增加、删除及变换。

（一）功能故障诊断知识的逻辑谓词表示法

采用谓词逻辑表达功能故障诊断知识，如发动机发动不着、制动跑偏等。在功能故障诊断中，故障现象与部位有严格的因果关系。采用三元谓词逻辑表达知识的具体结构如下：

rule(序号，故障部位 I，故障现象表 Q)

规则中的关系是 Q→I，非 Q→非 I，"→"是蕴含关系。

由于知识库是一个规则的集合，实际知识表达和前述规则略有差别。规则中的故障现象表是一个序号表，它只标明了故障现象的出处。必须在表中的序号与描述的故障现象规则 cond（序号，故障现象名称）相匹配后才能获得故障现象名称，故障现象表中的序号按一定原则排列。

（二）电气装置故障诊断知识的产生式表示法

采用产生式表示法表示电气装置故障诊断知识时，各规则之间相互独立，便于知识库的修改、扩充。

产生式规则表示形式为 IF X THEN Y。例如，IF "拆开后雾灯插接器，后雾灯开关接通时，测量线束红白线的电压是否为 12 V" THEN "检修后雾灯开关"，表示了现象与故障部位之间的关系。

在计算机中，产生式知识表示是以表格的形式存放的。液压装置、电气故障诊断知识的具体结构见表 9－1。表 9－1 中各字段名称的具体含义如下。

- 控制跳转序号：在诊断程序中，用于标识故障诊断的步骤数。
- 诊断文字提示：用文字提示诊断人员所进行的诊断操作。
- 诊断图片提示：用图片提示诊断人员所进行的诊断操作。

表 9 - 1　电气装置故障诊断知识库的结构

控制跳转序号	诊断文字提示	诊断图片提示	诊断录像提示	检测类型标志	是跳转序号或诊断结束标志	否跳转序号或诊断结束标志	检测参数起始值	检测参数终止值	是跳转维修提示（图或文字）	否跳转维修提示（图或文字）

- 诊断录像提示：用录像提示诊断人员所进行的诊断操作。
- 检测类型标志：标识该诊断步骤是否由人眼观察，或是否进行测量等。
- 是（或否）跳转序号或诊断结束标志：当标识该诊断步骤为结束时，其值为100。
- 检测参数起始值（或终止值）：标识检测值的起始值或终止值。
- 是（或否）跳转维修提示（图或文字）：当标识为诊断结束时，用文字或图片所进行的提示维修或不维修。

三、故障诊断的推理

专家系统的最终目的就是要解决实际问题。问题是通过"智能"活动来解决的，而智能活动又有各种不同的形式，每种智能活动的特点和规律也不尽相同，但在一定条件下，可以把不同的智能活动等效成一个"问题求解"过程。问题的求解过程主要是推理和控制的过程。推理是指依据一定的规则从已有的事实推出结论的过程，一个问题求解的正确与否取决于推理的过程是否合乎逻辑。在人类的智能活动中，广泛使用着各种推理方法，故障诊断专家系统的推理技术是基于知识和规则的推理。

故障诊断和电气故障诊断推理基本相同，采用精确推理的方法，即把领域知识表示为必然的因果关系。推理的前提和推理的结论或者是肯定的，或者是否定的。只需从某知识库中的第一个故障现象进行提问，用户只使用简单的"是""否"来响应，或采用仪表检测电压、电流、电阻参数。系统将人机会话或检测结果与规则相匹配，并把它们存放在数据库中。一旦某一规则匹配成功，则系统不再提问，立即显示结果。

四、故障诊断知识的获取和更新

系统知识获取即机器学习，它是解决系统知识拥有量及知识正确性问题的关键，也直接影响了问题的求解过程和系统的求解水平。

知识的获取途径可以分为两种：一种是由知识工程师通过和领域专家交流，以及阅读、分析各种资料得到关于领域的各种知识，然后借助知识编辑系统把知识输入计算机中，这种途径实际上就是知识工程师代替机器去获取知识，然后传授给它；另一种是通过机器自己学习，从处理问题的过程中获得知识、积累知识。专家系统主要采用第一种途径进行谓词逻辑（或产生式规则）表达知识的获取。

谓词逻辑（或产生式规则）表达知识的获取具有下列几个模块：

- 查看知识模块，用于查看知识库的知识。

- 增加知识模块，用于增加新知识，并进行一致性处理。这里的一致性处理是检查知识库的知识不重复、不矛盾。
- 删除知识模块，用于删除过时的、错误的知识。若一个知识库为空，则将整个知识库删除掉。
- 修正知识模块，用于修改部分错误的知识。
- 建立新知识库模块，当系统中没有一个新总成的知识库时，则创建一个知识库，然后向知识库中追加知识。

五、故障诊断专家系统实例

以中型高机动车辆的"加速踏板传感器"故障为例，进入专家系统，选择该故障现象，也可直接通过故障码读取，进入专家系统。根据选择的故障现象，进入故障诊断过程，如图 9 – 2 ~ 图 9 – 5 所示。

图 9 – 2   故障诊断过程 1

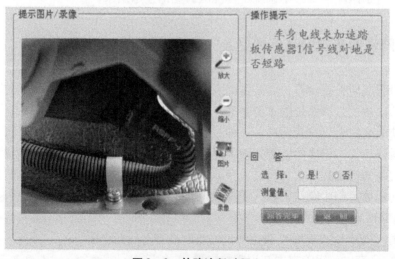

图 9 – 3   故障诊断过程 2

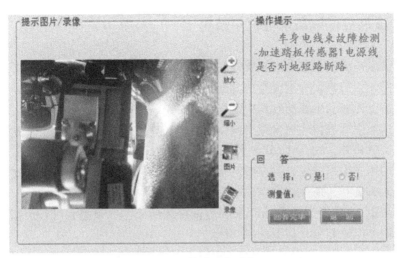

图 9 - 4 故障诊断过程 3

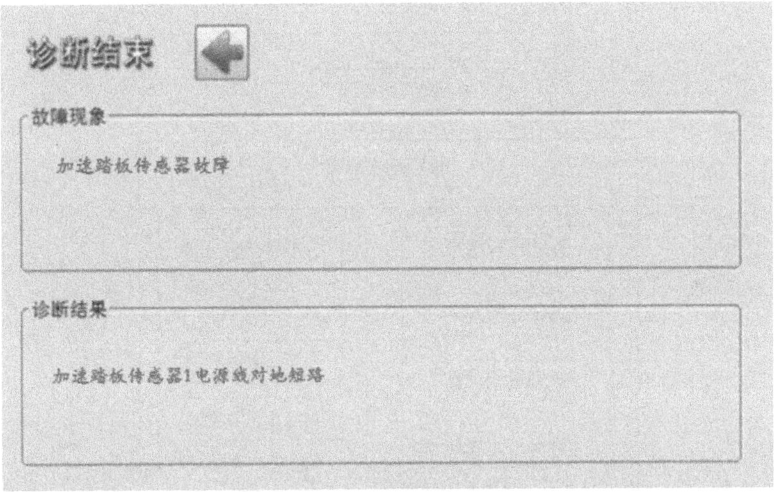

图 9 - 5 诊断结果

通过文字和图片提示，根据车辆具体状况，对系统提出的问题进行回答：是或否。系统会根据使用者的回答，来进行下一个提问，直到系统得到答案，给出诊断结果。

诊断结束，系统给出诊断结果为：加速踏板传感器 1 电源线对地短路。

第二节　VR 虚拟故障诊断系统

VR(Virtual Reality) 虚拟故障诊断系统采用 VR 虚拟现实技术、人机交互等技术，以趣味化、游戏化的方式创建战术车辆的故障诊断与判排的虚拟体验空间，实现复杂系统数字化的教学方法。系统将 VR 虚拟现实技术与一线专家工作经验相结合，训练学员的故障诊断与判排的思维和实操能力，使其掌握战术车辆故障诊断与判排规范及工艺过程。

一、VR 虚拟故障诊断系统框架结构

多数虚拟诊断系统流程包含虚拟维修场景建模（维修对象、维修工具、维修人员）、模型预处理、维修过程仿真，为了提高仿真的实时性及场景的视觉效果，一般都要对建立的模型进行预处理。首先在三维建模软件中建立维修对象、维修工具及维修人员，建模后，对模型进行预处理，对模型进行优化来减小模型的大小，提高模型的显示效果，将经过处理的模型导入虚拟现实软件中。由于 CAD 软件与 VR 软件存在兼容性问题，在虚拟现实软件中，需要调整模型的场景组织结构，以方便对维修对象的操作，并且在维修操作过程中要实时进行碰撞检测与人机交互，来保证操作的有效性。

从总体上来说，VR 虚拟故障诊断系统包括模型的建立、模型预处理、拆卸工艺规划、拆卸交互控制四个组成部分，如图 9 - 6 所示。

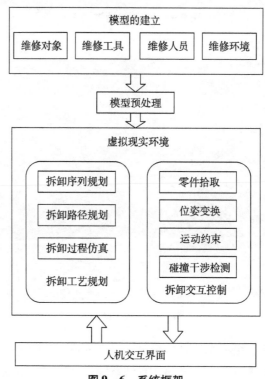

图 9 - 6　系统框架

系统工作主要包含以下四个部分。

1. 模型导入部分

将虚拟维修拆卸过程规划与仿真模型以 EONX 插件的形式加载到虚拟维修拆卸系统中，在系统中能够动态显示加载的模型。

2. 信息处理部分

信息处理部分主要处理用户经虚拟现实外部设备（鼠标、键盘等）对虚拟维修拆卸环

境发出的指令，去触发虚拟维修环境中的各种事件。

3. 拆卸规划部分

拆卸规划部分接收用户输入的信息，即输入通过基于约束关系的拆卸 Petri 网生成的拆卸序列。

4. 拆卸仿真部分

拆卸仿真部分读取虚拟维修拆卸路径文件，展示整个维修拆卸过程。

二、VR 虚拟故障诊断系统的主要功能

VR 虚拟故障诊断系统的基本功能划分为五个模块：虚拟维修环境、交互控制、维修拆卸仿真、数据管理、视景生成，如图 9 - 7 所示。各个部分除了完成相互独立的功能之外，还能进行通信。

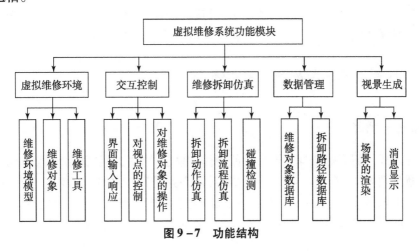

图 9 - 7　功能结构

1. 虚拟维修环境模块

该模块主要完成虚拟维修场景的实现，在 CAD 系统中对维修对象、维修工具、维修人员进行建模。CAD 模型采用准确的数学公式来描述三维模型的几何信息，这种包含大量数据信息的模型在 VR 系统中要耗费大量的时间用于图形的显示，使虚拟场景计算量很大，因此需要对 CAD 模型在尽量不失真的情况下进行预处理来减少模型的数据量。

2. 交互控制模块

虚拟故障诊断系统要使操作人员有一种身临其境的感觉，必须使虚拟维修环境更加真实，操作人员要能够通过交互设备方便地浏览虚拟维修场景，要能从各个角度观察维修拆卸对象，视点控制就是通过用户在虚拟维修环境中的视点位置和视点方向来控制虚拟维修环境中的显示内容。对虚拟维修对象的控制主要体现在对维修对象 6 个自由度的运动控制，包括沿坐标轴的平动和沿坐标轴的转动，完成对维修对象的拾取、拖动及改变其空间姿态等的操作控制。

3. 维修拆卸仿真模块

该模块主要完成调整和优化维修拆装路径、实时记录维修拆卸对象移动的位置、为维修拆装路径增加关键点、根据读取的维修拆装路径信息实现维修过程的仿真等功能。同时，在维修过程中实时进行碰撞检测，如果一个维修拆卸对象被拾取，则会高亮显示，并随鼠标的移动而移动。在虚拟维修拆卸操作过程中，采用混合碰撞检测算法进行检查，以保证维修过程的可行性。维修对象的组织结构采用分层式，以减少碰撞检测的次数，提高维修拆卸仿真过程的效率。

4. 数据管理模块

对维修场景中的零部件进行管理，对维修对象进行增加、删除、修改等操作，另外，对维修对象的运动路径进行管理。

5. 视景生成模块

为了使显示效果更佳，一般要对场景文件进行渲染。在虚拟维修操作过程中，发现的故障信息要能及时反馈给操作者，要能在系统中有所显示，这些都通过视景生成模块实现。

三、VR 虚拟故障诊断系统应用实例

1. 故障科目选择

进入训练模式，用鼠标选择不同模块的操作，单击"动力系统故障诊断与判排""底盘总成故障诊断与判排""车身与电气系统故障诊断与判排"中的任一模块，弹出相应的分类科目；同样，选取科目后，弹出相应的车辆故障现象；选取车辆故障现象之后，弹出对应的故障原因；选取车辆故障原因后，进入对应的 VR 场景中，显示相应的课程内容，如图 9 – 8 所示。

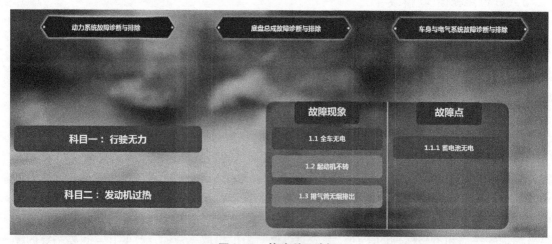

图 9 – 8　故障科目选择

2. 故障诊断虚拟训练

系统会按照步骤自动进行语音、文本提示，通过高亮显示，提示操作部位，可视化引导人员进行故障诊断流程训练，如图9－9所示，从而帮助人员快速熟悉故障诊断流程，建立故障诊断思维，并且通过增加 VR 故障诊断系统数量，扩大虚拟训练规模。在虚拟训练系统中，可反复操作，多人训练，透视结构特点，有效解决实装训练中人数多、效率低、反复拆装性能下降、复杂结构不可视等问题，通过 VR 虚拟故障诊断系统能有效提高训练效率和质量。

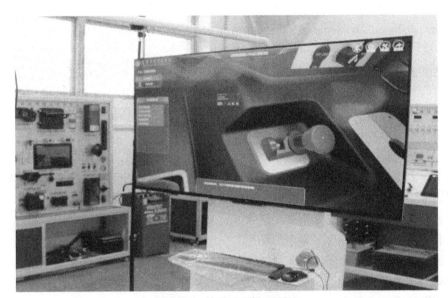

图9－9 故障诊断流程训练

第三节 故障预测与健康管理系统

一、故障预测与健康管理概述

（一）故障预测与健康管理概念

故障预测与健康管理（Prognostic and Health Management，PHM）采用先进传感器技术采集各种技术状态信息和参数，在多种装备技术状态评估算法和模型支持的基础上，准确评估装备的健康状态并预测武器装备的潜在故障，准确评估和管理装备的技术状态，合理调度和支配现有可用维修资源，结合决策分析技术形成相应的装备维修保障策略，实现武器装备的视情维修，有效避免装备重大事故的发生，提高装备的战备完好性和可靠性。

（二）故障预测与健康管理发展现状

1. 国外研究现状

1）F-35 战机自主式保障系统

F-35 战机自主式保障系统通过监控飞机的实时状态，感知和隔离异常或故障，预测故障时间，并能进行维修保障决策，达到装备完好性的任务需求。F-35 战机自主式保障系统所采用的 PHM 技术充分吸收并融合了当今世界上 PHM 技术领域最新研究成果，在很大程度上促进了其 PHM 系统的研发和功效的发挥。因此，F-35 的自主式保障系统达到了当前 CBM（Condition Based Maintenance）技术的最高水平。

F-35 战机自主式保障系统的基本功能主要体现如下：一是通过采用分层模型，提高了装备检测的准确率，降低了检测手段的虚警率，同时，快速、准确地隔离系统故障；二是综合利用任务计划需求、可用维修资源、当前故障诊断和预测信息，快速、准确、高效地做出维修保障决策；三是综合利用装备的当前信息和历史信息评估装备的健康状态，并预测装备的剩余使用寿命。

2）美国陆军健康与使用监测系统（HUMS）

PHM 技术最早应用于陆航直升机的健康与使用监测系统（Health and Usage Monitoring System，HUMS）。HUMS 在陆航直升机应用中经过 10 多年的发展完善，促使美军设计开发了陆军装甲车辆健康与使用监测系统。该系统将军用加固机箱及仪器安装在重型、中型、轻型装备及卡车上，考虑并融合了多个部队用户的需求，描述了使用参数的全谱特性，采用技术方案确定地形轮廓或剖面并跟踪车辆之间的差别或变化、识别操作或使用异常等，系统将车辆使用概况、用于趋势预测的致命信息提供给车队管理人员、指挥员、工程师、测试人员、预防性维修人员，并为每个车辆的现场级维修提供详细信息。

3）PHM 技术在民用航空领域的应用

PHM 技术在民用航空领域也得到了广泛的研究和应用。飞机状态管理（Aircraft Health Management，AHM）系统由美国波音公司开发，安装部署到波音公司和法国空中客车公司的多款民航飞机中。该系统在法航、美航、日航和新航等商业民航领域的应用结果表明，通过 PHM 技术在民航领域的应用可以显著降低民航飞机的维修保障成本，在一定程度上有效避免因飞机故障造成的航班延误，提高飞机运行可靠性，为民航可靠性计划的实现提供有力的支持。

2. 国内研究现状

我国最早在 PHM 技术领域的研究起始于 20 世纪 50 年代，受限于当时薄弱的国家工业基础，发展进度缓慢。自 PHM 技术列入我国"863"发展计划以来，PHM 技术领域相关理论和技术开始得到大力发展，并得到重点支持。在 PHM 技术的理论框架构建及关键技术研究与应用等方面，北京航空航天大学可靠性工程学院进行了卓有成效的研究；在民用航空飞机 PHM 系统设计与应用方面，西北工业大学也开展了大量的应用研究；在基于状态的维修和 PHM 理论结合应用研究方面，多家相关领域的科研院所和结构也做了大量的研究工作。

二、车辆健康状态评估技术

(一) 健康分级

"健康"可以定义为：持续应对所处环境，并完成规定任务的能力程度。健康等级是基于健康指数确定的健康级别划分的。随着车辆技术和维修理论的发展，采用"故障"和"正常"二值函数来描述车辆的技术状态，已难以满足实际需求，故从生物学领域引用"健康状态"一词来描述复杂车辆所处的工作状态。依据健康状态分级原则，从健康管理的角度将车辆技术状态分为5级：健康、良好、注意、恶化和故障。

1. "健康"状态

"健康"状态表示所有参数的测试数据均在允许范围之内，且所有参数的测试数据均远离阈值或接近标准值，可以按计划进行监测并适当延长维护周期。

2. "良好"状态

"良好"状态表示所有参数的测试数据均在允许范围之内，且部分参数的测试数据在标准值上下一定范围内波动，但远未达到阈值，可以按计划进行监测和维护。

3. "注意"状态

"注意"状态表示所有参数的测试数据均在允许范围之内，且部分参数的测试数据偏离标准值的程度较大，达到了规程中的注意值，但未达到阈值，可以适当缩短测试周期，加强监测并优先维护。

4. "恶化"状态

"恶化"状态表示所有参数的测试数据均在允许范围之内，但部分参数的测试数据接近或达到阈值，劣化趋势明显，除适当缩短测试周期外，还要加强监测并尽快维护。

5. "故障"状态

"故障"状态表示所有参数的测试数据都达到或超过注意值，且多个参数的测试数据达到或超过阈值，应立即进行维修。

(二) 健康状态评估指标体系

为了实现车辆的主动维护，必须要充分了解和把握车辆性能与健康退化趋势，实时掌握车辆的健康状态信息。通常，大部分车辆并不是突然故障失效，而是在运行过程中经历逐步退化的过程。一般来讲，车辆在使用过程中可分为四个状态：正常状态、健康退化状态、危险状态和失效状态。因此，如果能够在车辆运行过程中检测或测量到能够指示车辆性能与健康退化的状态指标，并对其开展健康状态评估，就可以有针对性地组织设备维修，防止车辆异常故障的发生。

1. 车辆健康评估指标体系的构成

车辆健康状况的指标，可以由车辆使用情况、关键项（车辆性能状况）和一般项（车辆系统装置健康状况）三方面指标构成。

1）车辆使用情况

车辆使用情况指标可由车辆实际行驶里程数及使用年限数等指标表示。行驶里程数能反映车辆部分车况信息；使用年限数反映车辆的寿命信息。两者在一定程度上可以反映车辆的健康状况。

2）车辆性能状况

车辆性能状况包括动力性、制动性、燃油经济性、排放性、可靠性、操纵稳定性等。

➤ 动力性

车辆的动力性是由车辆在良好路面上直线行驶时受到的纵向外力决定的。动力性是车辆各种性能中最基本、最重要的性能。车辆的动力性主要由几方面的指标来评定：车辆的最高车速、车辆的加速时间、车辆能爬上的最大坡度等。动力性的评价指标可以采用驱动轮输出功率来评价，该指标值可用底盘测功机进行检测，单位为 kW。

➤ 制动性

制动性涉及车辆的安全性，广义的车辆安全性包括主动安全性和被动安全性。主动安全性指车辆防止或者减少道路交通事故发生的性能。被动安全性指当发生交通事故后，车辆减轻人员及车辆本身伤害和损失的能力。进行车辆健康状态评价指标的构建时，主要考虑主动安全性，包括制动距离、制动减速度和侧滑量等。

➤ 燃油经济性

在保证动力性的条件下，车辆以尽量少的燃油消耗量经济行驶的能力，称作车辆的燃油经济性。车辆的燃油消耗量在我国及欧洲多以单位行驶里程消耗燃料的升数或千克数（即 L/100 km 或 kg/100 km）来表示。数值越大，表明车辆燃油经济性越差。

➤ 排放性

车辆的排放性可采用车辆废气排放量和噪声污染等方面的指标来评价。

➤ 可靠性

可靠性是指车辆在一定时间内、在一定条件下无故障地执行指定功能的能力或可能性。评价车辆可靠性的指标有平均故障间隔时间（里程）、平均首次故障时间（里程）、平均维修时间、有效度与平均维修费用等。

3）车辆系统装置健康状况

车辆系统装置健康状况包括整车装置、传动系统、悬架与车架、转向装置、车身与内饰、门窗等的健康状态。此类指标基本属于定性指标。一般采用对检测结果进行专家打分的方式给出各指标的属性值。

在以上三大方面指标中，车辆使用情况指标与车辆性能状况指标为车辆健康状态评估的关键考虑因素，都属于定量因素；车辆系统装置健康状况对车辆性能评估的影响因素较小，基本属于定性因素。

2. 车辆健康评估指标的构建

根据车辆性能指标及其检测评定方法和标准，按照重要程度和对车辆性能的影响程度进行划分，可确立车辆健康三级评估指标体系，见表 9-2。

表 9-2　车辆健康三级评估指标体系

一级指标	二级指标	三级指标
使用情况（P_1）	行驶里程数（B_1）	
	使用年限数（B_2）	
车辆性能（P_2）	动力性（B_1）	起动性能（C_1）
		怠速运转性能（C_2）
		气缸压力（C_3）
		发动机功率/单缸转速降最大差值（C_4）
		加速时间（C_5）
	制动性（B_2）	踏板自由行程和有效行程（C_1）
		防抱制动装置（C_2）
		制动系密封性（气压）/制动系密封性（液压）（C_3）
		检测行车制动效能（制动距离/制动减速度）（C_4）
	操控稳定性（B_3）	转向灵敏性（C_1）
		转向轻便性（C_2）（转向力）
		转向轮回正与直线行驶能力（C_3）
	平顺性（B_4）	变速器与分动器换挡操作性（C_1）
		自动变速器报警（C_2）
		万向传动装置游动间隙（C_3）
		差速锁状态（C_4）
		驱动桥游动间隙（C_5）

（三）健康状态评估常用方法

车辆健康状态评估技术的核心是评估方法，要针对特定研究对象的特点，选取相适应的评估方法来展开评估。常用的健康状态评估方法有模型法、层次分析法、模糊评判法、人工神经网络法和贝叶斯网络法等。

1. 模型法

模型法是指通过建立被研究对象的物理或数学模型进行评估的方法，包括状态估计（State estimation）方法、参数估计（Parameter estimation）方法和等价空间（Parity space）方法等。其优点是评估结果可信度高，主要不足是建模过程比较复杂、模型验证较为困难，且随着评估对象的变化，要对模型进行修正，因此，该方法的应用范围受到限制。

2. 层次分析法

层次分析法（AHP）是美国著名运筹学专家 Thomas L. Satty 提出的将半定性、半定量复杂问题转化为定量计算的一种有效决策方法。它可以将一个复杂问题表示为有序的递阶层次结构，并通过确定同一层次中各评估指标的初始权重，将定性因素定量化，在一定程度上减少了主观影响，使评估更趋科学化。

3. 模糊评判法

由于车辆的健康状态往往具有不确定性，即具有"亦此亦彼"的特性，此时传统的精确评估方法无法适用，需要运用模糊评判方法进行评估。模糊评判法的一般步骤是：首先建立评估指标的因素集 $U = (U_1, U_2, \cdots, U_n)$ 和合理的评判集 $V = (V_1, V_2, \cdots, V_m)$，然后通过专家评定或其他方法获得模糊评估矩阵 $\boldsymbol{R} = (r_{ij})_{n \times m}$，再利用合适的模糊算子进行模糊变换运算，获得最终的综合评估结果。

4. 人工神经网络法

人工神经网络法（ANN）是在物理机制上模拟人脑信息处理机制的信息系统，它不但具有处理数值数据的一般计算能力，还具有处理知识的思维、学习和记忆能力。人工神经网络法的一般步骤是：首先构建人工神经网络模型，然后利用训练样本对人工神经网络进行训练，最后利用训练好的网络进行评估分析。

5. 贝叶斯网络法

贝叶斯网络（BN）又称信度网络，是贝叶斯方法的拓展，是著名学者 Pearl 提出的一种新的不确定知识表达模型，具有良好的知识表达框架，是当今人工智能领域不确定知识表达和推理技术的主流方法，被认为是目前不确定知识表达和推理领域最有效的理论模型。其主要特点是易于学习因果关系，易于实现领域知识与数据信息的融合，便于处理不完整数据问题。

三、车辆故障预测技术

（一）故障预测的概念

车辆故障预测就是由技术人员利用已有的知识，采用适当的方法，预测现有车辆未来任务段内何时会出现故障、出现什么故障，以便采取及时有效的预防措施实现预知维修，保证训练和作战任务所需的无故障工作时间。它与故障诊断的主要区别体现在以下几个方面。

1. 适用的时机不同

故障诊断是在车辆发生故障后进行，其实质是依据故障树查找并确立故障原因的过程。通常包括故障部件定位、故障模式隔离、故障征兆识别和工作异常识别等。故障预测是在车辆故障发生前进行，其实质是依据状态特征参数分析来确定未来时间段内故障发生时间的过程。通常包括故障发生时机、装备剩余寿命和故障发生概率等。

2. 使用的信息不同

故障诊断主要从车辆的故障现象出发，利用总成系统、子系统、部件之间的结构关系和故障传播方式，查找故障发生的最终原因。使用的信息主要是故障现象信息、车辆结构信息和故障传播方式等。故障预测是从车辆各类部件的失效机理出发，利用车辆故障的历史记录和状态特征参数监测数据，预测未来时间段内车辆的故障发生时机。使用的信息主要是车辆装备失效机理模型、故障历史记录、状态特征参数、未来车辆使用环境信息等。

3. 决策的目标不同

故障诊断的结果主要用于车辆的被动性维修决策，以降低车辆维修费用、提高车辆装备维修效率为目标。故障预测的结果主要用于车辆的主动性维修决策，不仅可以估计初始缺陷发展到功能故障的时间，还可以修正总成系统、子系统、部件的故障率，是以车辆的使用风险最小、使用寿命最大为目标。

（二）故障预测的内容

车辆故障预测不仅能确保车辆有充裕的无故障工作时间，而且能有效指导车辆视情维修，可减少因过剩维修而引起的费用上升和防止因维修不足而导致事故的发生，可大量减少或避免车辆在使用过程中重大恶性事故的发生、战场车辆装备报废和人员伤亡。一般来说，车辆故障预测主要包括以下3项内容：

1. 预测故障发生时间

即预测总成系统、子系统和部件的不同类型故障的发生时间。

2. 预测剩余寿命或可正常使用时间

即预测总成系统、子系统和部件的剩余寿命或可继续正常使用的时间长度。

3. 故障发生概率

即预测在下次检查或维修前总成系统、子系统和部件发生故障的概率大小。

车辆故障预测属于一个推理问题，不仅与故障预测的目标有关，而且与预测方法、预测模型、可用数据及信息特性密切相关。

（三）故障预测技术

目前，可用于车辆故障预测的方法多种多样，其分类方法也不相同，如按故障预测技术的发展过程，可分为基于经验的故障预测、渐进式故障预测、基于特征扩展的智能预测、基于状态评估的故障预测和基于物理的故障预测等；按对故障预测的认知过程，可分为基于故障状态信息的故障预测、基于异常现象信息的故障预测、基于使用环境信息的故障预测、基于损伤标尺的故障预测和基于信息融合的故障预测等。从故障预测所采用的理论和方法不同，将故障预测技术分为统计预测技术、数学预测技术、智能预测技术和信息融合预测技术等。

1. 统计预测技术

统计预测技术是指从过去故障历史数据的统计特性角度进行故障预测。主要包括回归预测法、时间序列预测法和主成分分析法等。

1）回归预测法

回归预测法是根据历史数据的变化规律，寻找自变量与因变量之间的回归方程式，确定模型参数，据此做出预测。根据自变量的多少，可分为一元回归和多元回归；根据回归方程的类型，可分为线性回归和非线性回归。

回归预测法的主要特点是预测过程简单，将预测对象的影响因素分解，考察各因素的变化情况，从而估计预测对象未来的数量。回归预测法要求的样本量大并且有较好的分布规律，当预测的长度大于占有的原始数据长度时，采用该方法进行预测在理论上不能保证预测结果的精度。

2）时间序列预测法

时间序列预测法是把预测对象的历史数据按一定的时间间隔进行排列，构成一个随时间变化的统计序列，建立相应的数据随时间变化的模型，并将该模型外推到未来进行预测。也可根据已知的历史数据拟合一条曲线，使该曲线能反映预测对象随时间变化的趋势，按照变化趋势曲线，对于未来的某一时刻，从曲线上可以估计出该时刻的预测值。

时间序列预测法所需历史数据少、工作量小，但它要求影响预测对象的各因素不发生突变，因此，该方法适用于序列变化比较均匀的短期预测，不适用于中长期预测。

3）主成分分析法

主成分分析是研究变量和样本间相关性的一种多元统计方法，它是通过少数几个主分量（原始变量的线性组合）来解释多变量的方差。

主成分分析使得在研究复杂问题时，可以只考虑少数几个主成分，却不至于损失太多信息，从而更容易抓住主要矛盾，揭示事物内部变量之间的规律性，同时使问题得到简化，提高分析效率。然而，主成分分析法对极端值及缺失值非常敏感，以至于极端值及缺失值会带来残缺或错误的分析结果。

2. 数学预测技术

数学预测技术是指利用预测对象精确的数学模型进行故障预测。主要包括模糊预测法、灰色预测法和卡尔曼滤波法等。

1）模糊预测法

模糊理论是用精确的理论方法来解决经典理论所不能解决的、在人脑中大量存在的、非确定性语义及模糊概念的问题，并且还能克服由于预测过程本身的不确定性、不精确性以及噪声等所带来的困难。

模糊预测主要有 3 种基本思路：一是基于模糊关系及合成算法的预测；二是基于模糊知识处理技术的预测；三是基于模糊聚类算法的预测。模糊预测法在处理复杂系统的时滞、时变和非线性方面具有明显的优势，但由于静态知识库无法反映装备的失效过程，使知识表达不具有时间参数，没有实时控制的特性，从而削弱了该方法的实用性。

2）灰色预测法

灰色理论将一切随机变量看作在一定范围内变化的灰色变量，通过对灰色变量进行数据处理，将杂乱无章的原始数据整理成规律性较强的生成数据来加以研究。灰色预测法按灰色理论建立预测模型，根据系统的普遍发展规律，建立一般性的灰色微分方程，通过对数据序列的拟合，求得微分方程的系数，从而得到灰色预测模型。灰色预测模型是一个指数模型，如果预测量是以某一指数规律发展的，则可期望得到较高精度的预测结果。灰色预测法既可用于故障的短期预测，又可用于故障的长期预测，但长期预测的精度不高。

3）卡尔曼滤波法

卡尔曼滤波的基本思想是通过对含有噪声的观测信号的处理，得到被观测系统状态的统计估计信息。卡尔曼滤波法要求系统模型已知，当模型比较精确时，通过比较滤波器的输出与实际输出值的残差，实时调整滤波器的参数，能够较好地估计系统的状态，同时，也能对系统的状态做短期预报。但是一旦模型不准确，滤波器估计值就可能发生较大偏差。

3. 智能预测技术

智能预测技术是指基于预测对象的历史数据和知识，利用人工智能方法进行故障预测。主要包括神经网络预测法、专家系统预测法、遗传算法预测法和多 Agent 预测法等。

1）神经网络预测法

首先选取若干历史数据序列作为训练样本，然后构造适宜的网络结构，用某种训练算法对网络进行训练，使其满足精度要求后进行预测。故障预测的神经网络主要以两种方式实现预测功能：一是以神经网络作为函数逼近器，对装备工况的某参数进行拟合预测；二是输入输出间的动态关系，用带反馈连接的动态神经网络对过程或工况参数建立动态模型进行故障预测。

神经网络具有较强的非线性映射能力，能逼近任意非线性函数，因而能较好地反映出装备实际工作状态的发展趋势与状态信息之间的关系。此外，神经网络能进行多参数、多步预测，动态自适应能力强，适合非线性复杂系统的智能预测。但也存在难以对所得结果做出合理解释、网络训练时间较长、输入变量和隐含层数及节点数选择困难、极易陷入局部最小值等缺点。

2）专家系统预测法

专家系统预测法由于采用了专家知识，从而具有了专家的丰富经验与判断能力，并能为用户的提问和答案的推理过程做出解释。在中长期预测中，能够对未来的不确定性因素、预测对象发展的特殊性以及各种可能引起预测对象变化的情况加以综合考虑，从而得到较好的预测结果。

专家系统预测法主要用于那些没有精确数学模型或很难建立数学模型的复杂系统，特别是在非线性领域，被认为是一种很有前景的方法。但由于专家知识是经过大量实践而形成的，且未能形成统一的知识标准，有可能导致在综合各个专家知识时存在偏差和失误。

3）遗传算法预测法

遗传算法预测的基本思想是利用遗传算法的寻优特性，搜索故障判别的最佳特征参数的组合方式，将状态特征参数的公式转化为遗传算法的遗传算子，采用树图来表示特征参数及其最佳组合，得到优化的故障特征参数表达式，从而进行故障的准确预测。

遗传算法预测具有群体搜索策略和群体中个体间的信息交换的优点，还具有算法简单、通用、鲁棒性强等特点，但也存在早熟现象、易陷入局部最优和初始参数难以确定等不足。

4）多 Agent 预测法

多 Agent 预测的基本思想是各 Agent 分别利用各自不同的知识库和推理机制，对同一问题进行并行推理、独立求解，求解的最后结果在决策 Agent 中生成。为综合不同推理机制的优势，在多 Agent 预测模型中，把各 Agent 设计为异构，各个预测 Agent 具有相关领域的知识，并且具有专家水平的求解能力。

多 Agent 预测方法代表了最新的工程问题求解规范，不仅包含了传统的浅知识模型，而且具有描述系统结构和功能等深层次预测知识的能力，克服了传统模型的局限性、脆弱性、弱解释能力等缺陷，将定性与定量推理有效地结合在一起。此外，多 Agent 系统可以降低软件和硬件的费用，提供更快速的问题求解规范。

4. 信息融合预测技术

信息融合预测技术是指基于装备的状态信息、异常信息、环境信息和先验知识等，通过信息融合进行故障预测，主要包括优化组合预测法、D-S证据理论法、多传感器数据融合法等。

1）优化组合预测法

由于事物的两面性，单一的预测方法在具有各自优点的同时，本身也存在一些不可避免的缺陷。再者，从信息利用方面，任何单一的预测方法在利用了部分有用信息的同时，也抛弃了其他一些信息。优化组合预测法的基本思想是通过将同一问题的不同预测模型按一定方式进行组合，以改善系统的预测性能，提高预测精度。

组合预测法的核心问题是如何确定各种预测方法在组合预测中的权重，通常是依据各种预测模型对预测结构的不同影响，动态确定组合预测模型的权系数，但由于变权重组合预测法的权重是随时间变化的函数，要确定其形式较为困难。

2）D-S证据理论法

D-S证据理论是针对事件发生后的结果（证据）探求事件发生的主要原因（假设），是一种融合主观不确定性信息的有效手段。在车辆故障预测中，若干可能的潜在故障产生一系列相应的故障征兆，每个故障征兆下各潜在故障都可能存在一定的发生概率，根据融合后的故障征兆所属潜在故障的信度函数和一定的判定准则来确定潜在故障类型。

D-S证据理论具有较强的理论基础，既能处理随机性所导致的不确定性，又能处理模糊性所导致的不确定性，并能在不同层次上组合证据。但是，D-S证据理论具有潜在的指数复杂度，特别是在推理链较长时，使用起来较为复杂。

3）多传感器数据融合法

多传感器数据融合法是指根据车辆正常工作与异常工作时各种特征参数的变化，通过选择不同的传感器来获取不同的特征信息，利用小波分析、频谱分析、功率谱分析等现代信号处理方法提取被测数据特征，然后对这些信息进行数据级、特征级和决策级融合，最终实现对车辆故障的预测、定位和排除。

多传感器数据融合法能有效提高整个预测系统的效率和精度，但由于多传感器信息融合与传感器属性以及应用目标密切相关，是一个复杂的不确定性信息处理过程，在理论建模和融合方法上有相当的难度。

四、车辆状态维修决策技术

（一）状态维修决策概念

状态维修（Condition Based Maintenance，CBM）是指通过对状态特征参数进行连续或定期的监测，对装备状态进行实时评估，并预测装备的剩余寿命或功能故障将何时发生，根据装备的实时状态及其发展趋势，在功能故障发生的预测期内视情安排维修的方式。从实施的过程看，状态维修主要包括状态数据采集、状态数据处理、状态评估、状态预知以及维修决策等内容。

状态维修决策是状态维修的核心内容，是指基于状态监测信息及其分析和解释，评估和预知被监测装备的状态，并根据一定的优化目标，如费用、安全、停机时间、可用度等，推荐当前最佳的维修策略。从实施过程看，状态维修决策首先是建立状态预知模型，然后根据一定的优化目标建立决策优化模型，最后求解最佳的维修策略。由此可知，模型是状态维修决策的核心，建模是状态维修决策的手段。

（二）状态维修决策内容

装备状态维修决策是装备故障预测与健康管理的最后环节，其主要解决"是否修"和"何时修"等问题，因此，装备状态维修决策主要包含以下 3 个方面内容。

1. 维修行为决策

维修行为决策就是针对装备当前的状态确定最佳维修行为的过程。一般来讲，装备的维修行为主要有继续监控、定期检测、预防维修和预防更新等。通常情况下，为避免装备发生故障而导致严重事故和经济损失，一旦监测到某种缺陷或异常发生，则立刻进行修理或更换，以充分利用和发挥装备的有效工作寿命，提高装备的战备完好率。

2. 维修时机决策

维修时机决策就是依据装备故障规律和当前状态确定最佳预防维修时间的过程。维修时机决策的关键是维修决策阈值的确定，为最大限度地发挥装备的有效工作寿命，通常采用可用度作为评价指标。最大可用度所对应的时刻即为最佳维修时机。

3. 检测间隔决策

检测间隔决策就是综合考虑装备的使用特点、技术状态和退化趋势等，确定合适的状态检测间隔的过程。对于复杂武器装备的关键重要部件，有的采用在线连续状态监测，有的只能采取外部离散状态检测。由于装备的劣化程度随时间而增大，传统的定期检测往往会造成过检和漏检，因此，需要依据历史数据和当前状态信息来确定合适的状态检测间隔。

在进行装备状态维修决策时，通常需要综合考虑以下因素。

1）装备剩余寿命

装备剩余寿命是进行状态维修决策的客观依据，是建立决策优化模型的关键因素，因此，需要依据状态监测数据、维修检测数据和装备故障数据等，运用相关的预测理论和方法进行装备剩余寿命预测。

2）维修检查费用

维修检查费用是进行状态维修决策的约束条件，也是建立决策优化模型的重要因素。实施状态维修决策的目标之一是使预防性维修费用最低。如果维修检查的次数过多，不仅对装备的可靠性和性能带来影响，而且无形中增加了装备维修费用。

3）装备使用特点

装备状态维修决策还与装备的使用情况密切相关，需要针对不用使用方式分类进行状态维修决策。例如，地空导弹装备按使用特点，可分为连续使用装备（如雷达、指挥车等）、间歇使用装备（如发射装置等）和周期使用装备（如电源车、配电车等）。一般来讲，对于间歇使用或周期性使用的装备，在不使用期间不需要进行频繁的预防性维修。

（三）状态维修决策方法

目前，可用于装备状态维修决策的方法多种多样，其分类方法也不相同。例如，按维修决策内容的不同，可分为维修行为决策、维修时机决策和监测间隔决策等；按对状态维修决策过程的认知过程，可分为基于状态阈值的状态维修决策、基于状态相关关系的状态维修决策、基于状态劣化过程的状态维修决策等。这里根据装备状态维修决策所采用的理论和方法不同，将装备状态维修决策方法分为逻辑推理决策方法、模糊多属性决策方法和智能优化决策方法等。

1. 逻辑推理决策方法

逻辑推理决策方法是指以装备实时状态信息为依据，计算描述装备状态的各属性值，综合考虑相应的目标函数要求、维修实施条件和使用任务需求等因素，依据状态维修规则进行逻辑推理，最终完成状态维修方案的制订。

2. 模糊多属性决策方法

模糊多属性决策方法是指以影响装备状态维修决策因素为指标，针对各指标值定性与定量相结合的特点，通过模糊隶属化各指标值，并根据专家的意见确定各指标影响权重，最后通过决策规则的计算值排序来确定装备维修方式和维修时机等。

3. 智能优化决策方法

智能优化决策方法是指将装备状态维修决策的影响因素作为约束条件，以各目标函数为优化目标，通过建立问题的数学模型，并采用遗传算法、模拟退火算法和粒子群算法等进行解的全局寻优，求得问题的解即为所求的决策结果。

五、基于大数据的故障预测与健康管理应用实例

根据车辆装备维修改革的视情维修要求，以故障机理研究为基础，以车辆装备保障信息

系统数据资源为支撑，以车辆运行与环境数据为补充，建立大数据资源，采用大数据和人工智能技术，实现车辆维修保障规律发现、故障预测、典型零部件寿命预测和视情维修决策技术，对充分发挥维修保障大数据支撑效益，推动落实基于状态的视情维修制度具有重要意义。

（一）系统框架结构

根据车辆装备在实战化训练和实战任务中的平台作用，综合装备使用单位和维修保障单位对装备状态监测、故障预测与寿命预测的实际需求，设计故障与零部件寿命预测系统架构，如图 9 – 10 所示。

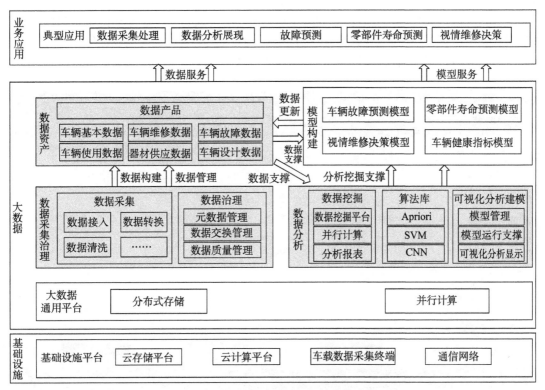

图 9 – 10　车辆智能故障预测与视情维修决策系统

1. 基础设施层

目前主要通过车载信息采集终端来采集底层数据；未来将结合云存储、云计算和军用通信网络进行数据采集和存储，为大数据采集处理提供基本的硬件保障。

2. 大数据层

该层具有两个作用：一是形成大数据资源池，采集形成大数据资源池，兼容结构化和非结构化车辆数据，对大数据进行挖掘分析，并用可视化的方式进行展现；二是能利用大数据及其工具进行分析建模，同时对模型进行验证。

3. 业务应用层

以大数据和故障预测模型、关键零部件寿命预测模型、视情维修决策模型和健康指标模型为核心，面向用户，建立应用功能模块。主要包括数据采集处理、数据分析展现、故障预测、零部件寿命预测和视情维修决策等功能。

（二）健康状态检测与评价

检测的目的是实现通用车辆技术状态评价。根据动力性、传动性、制动性和操控性的检测结果和参数，研究参数指标的权重分配、评价标准和多参数融合的技术状态评价方法，为实现"以检定修"提供决策支持，形成通用车辆技术状态评价方案。

系统采用模糊综合评判的方法对通用车辆的技术状态进行评价，车辆健康状态检测与评价如图 9－11 所示。指标体系的检测值由自动检测、人工录入等方式完成，每一个二级指标的评价结果在本级指标窗口上部显示，整车评价结果在左侧下部评价结果区域显示。

图 9－11　车辆健康状态检测与评价

（三）故障预测

根据建立的故障模型，开发实现故障预测功能，主要包括活塞、气门、齿轮和轴承的故障预测。通过选择要预测的故障部位、预测里程、预测时间，选择车辆的历史相关数据，模型自动进行计算，采用进度条提示计算完成情况，以文字和图形结合的方式显示，并给出故障预测结果，如图 9－12 所示。

（四）零部件寿命预测

零部件的寿命直接影响车辆装备在任务中的可靠性和任务完成率。为了提前掌握车辆装

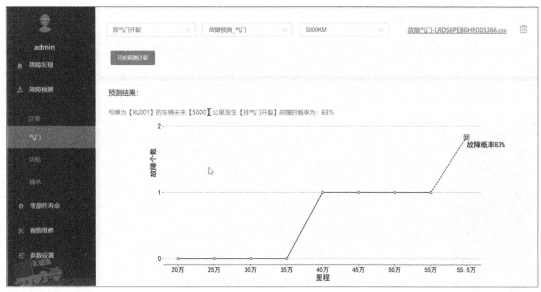

图 9-12　故障预测结果

备的寿命情况，在执行任务前，为决策机关提供车辆装备健康状态参考，研究关键零部件的寿命预测具有十分重要的作用。

通过融合零部件损耗规律和故障数据，研究驾驶行为（挡位、发动机扭矩、油门、刹车）、道路环境（地域、坡度、曲率、温度）、车辆载重等要素与零部件生命周期的关系，建立车辆在不同地域、道路条件、驾驶行为、气候条件下零部件的生命周期模型。根据车辆轨迹以及驾驶行为，可以查找车辆设计中可能存在的缺陷，提前判断零部件的更换节点，从而降低车辆的故障率，如图 9-13 所示。

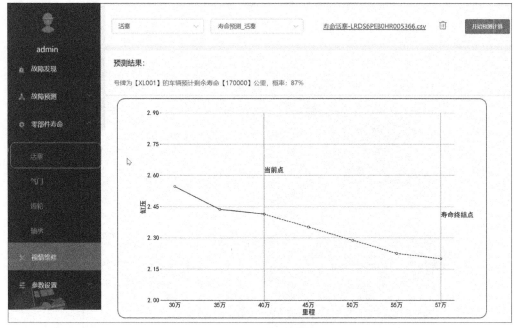

图 9-13　寿命预测界面

（五）视情维修决策

视情维修决策是根据车辆装备维修保障现行制度，融合维修决策现有方法的优点。项目的视情维修决策采用层次分析法，先确定车辆装备关键部件的状态，再按照不同权重设定判断出车辆整体装备的状态。根据装备状态得分，分为正常使用、重点监控和装备维修三种决策，如图 9－14 所示。

图 9－14　视情维修决策

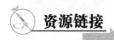
资源链接

 **理论辨析**

1. 什么是专家系统?
2. 车辆故障诊断专家系统是如何进行知识的获取和更新的?
3. 故障预测与健康系统的关键技术包括哪些?

问题研讨

1. 分析专家系统与一般应用程序有何区别和联系。
2. 谈谈基于人工智能的故障预测与健康系统发展趋势。

第十章

新能源汽车故障诊断与排除

以智能无人汽车为代表的新能源汽车已得到广泛的应用，与传动燃油车相比，其在驱动形式、感知决策、智能控制等方面有很大的区别，因此，新能源汽车和智能无人汽车的故障诊断成为一个全新的研究领域。本章主要介绍新能源汽车和智能无人汽车的结构和常见故障与诊断。

第一节　新能源汽车结构

目前，传统燃料（汽油或柴油）汽车作为消耗和排放大户，加剧了全球能源和环境的挑战。因此，世界各国就新能源汽车发展达成了共识，包括纯电动、燃料电池技术在内的纯电驱动将是新能源汽车的主要发展方向，插电式混合动力车型将是重要的补充形式。

我国工业和信息化部 2017 年发布的《新能源汽车生产企业及产品准入管理规定》对新能源汽车的定义是：采用新型动力系统，完全或者主要依靠新型能源驱动的汽车，包括插电式混合动力（含增程式）汽车、纯电动汽车和燃料电池汽车等。考虑到我国目前的实际情况，本书中的混合动力汽车既包含插电式混合动力汽车，也包含不插电式混合动力汽车。

一、混合动力汽车

混合动力汽车是指装有内燃机与电动机两种动力的汽车。它综合了传统内燃机汽车和纯电动汽车的优点，具有续驶里程较长、燃油消耗和排放降低等优点。按照内燃机与电动机连接方式的不同，混合动力汽车的传动系统可分为串联型、并联型和串－并联型三种。

串联型混合动力汽车靠内燃机带动发电机发电，发出的电供给电动机用来驱动汽车行驶。若有剩余，则对蓄电池充电。在需要大功率输出时，发电机和蓄电池同时向电动机供电。其驱动方式如图 10－1 所示。

并联型混合动力汽车采用内燃机和电动机两套各自独立的驱动系统。内燃机可以单独驱动汽车。电动机也可以单独驱动汽车，内燃机与电动机还可以联合驱动汽车。当内燃机输出功率大于驱动汽车所需的功率或者再生制动时，电动机工作在发动机状态，将多余的能量转化为电能充入蓄电池。其驱动方式如图 10－2 所示。

由于并联式混合动力汽车中发动机和电动机的高效工作区域并不相同，为了发挥并联式

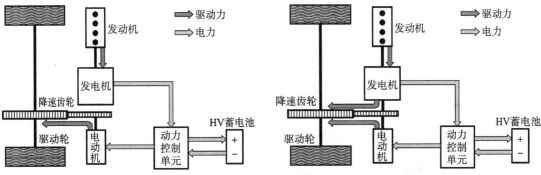

图 10 - 1　串联型混合动力汽车的驱动方式　　图 10 - 2　并联型混合动力汽车的驱动方式

混合动力系统的优势，汽车应根据不同运行工况，采取与之相适应的工作模式，以提高汽车整体动力性、经济性及排放性。

（1）纯电动工况：当并联式混合动力汽车处于低速、轻载等工况且电池的剩余电量较高时，若以发动机作为驱动动力源，不仅燃油效率较低，而且排放性能很差。在这种情况下，发动机停止工作，由电池提供能量驱动电机带动整车运动。

（2）纯发动机工况：在汽车中高速行驶且中等负荷时，汽车克服行车阻力所需的动力并不是很大，并且电池的剩余电量并不是很低。在这种情况下，主要由发动机提供动力。此时，发动机可工作于较高的效率区域且排放性也较好。

（3）混合驱动模式：在急加速或爬坡等大负荷情况下，当汽车所需的动力超过发动机工作能力或不在发动机高效区时，这时驱动电机以电动机的形式工作，对发动机进行助力。

（4）行车充电模式：在汽车正常行驶等中低负荷时，若这时电池的剩余电量较低，发动机除了要提供驱动汽车所需的动力外，还要提供额外的功率对电池充电。

（5）再生制动模式：当并联式混合动力汽车减速/制动时，电机在保证制动安全的前提下尽可能多地回收再生制动能量，剩余的能量由机械制动系统消耗掉。

串 - 并联型混合动力汽车结合了并联和串联两种形式，驱动方式如图 10 - 3 所示。发动机发出的功率一部分通过机械传动输送给驱动桥，另一部分则供给发电机发电。发电机发出的电能输送给电动机或电池，电动机产生的驱动力矩通过动力合成装置传送给驱动桥。当汽车运行在低转速范围内时，可以仅依靠低速大扭矩的电动机驱动汽车，而当汽车在更高的速度范围内运行时，可以由高效率的发动机来驱动。

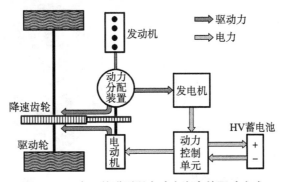

图 10 - 3　串 - 并联型混合动力汽车的驱动方式

在以上的混动系统基础上，某公司推出了 i - MMD（Intelligent Multi Mode Drive，智能多模式驱动）混动系统，它包括纯电机驱动模式、混合驱动模式以及发动机驱动模式，动力传输路线分别如图 10 - 4 ~ 图 10 - 6 所示。纯电机驱动模式下，由蓄电池给行驶用马达提供电力驱动车轮，此时发动机不工作。混合驱动模式下，发动机驱动发电马达运转，发出电力提供给行驶用马达来驱动汽车，这时发动机与电动机同时工作。发动机驱动模式下，由发动机直接通过离合器将动力传到车轮，从而驱动汽车，这时电池电机均不工作。i - MMD 可根据不同的行驶路况，切换不同的行驶模式，以达到最佳的行驶状态。

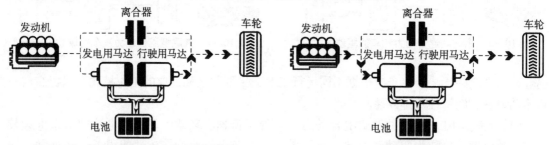

图 10 - 4　纯电机驱动模式动力传输路线　　　图 10 - 5　混合驱动模式动力传输路线

另一类典型的混合传动系统是 THS（Toyota Hybrid System，丰田混动系统），它属于串 - 并联型混合系统，其动力传输路线如图 10 - 7 所示。由图可以看出，1 号发电机为该行星齿轮组变速器的太阳齿轮；2 号驱动电动机为外齿圈，发动机为行星齿轮和行星齿轮座圈，三者同轴耦合。其中，1 号电机负责发电、起动发动机；2 号电机负责起步、低速驱动、混动驱动，发动机负责混动驱动，提供电力供给等。THS 将根据工况调整 1、2 号电机和发动机的输入，进而连续调整行星齿圈的输出转速，达到无级变速效果，使驾驶平滑顺畅。

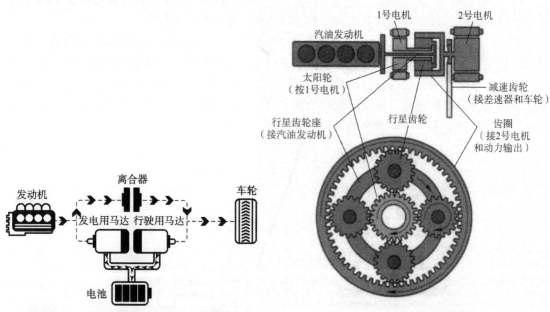

图 10 - 6　发动机驱动模式动力传输路线　　　图 10 - 7　THS 动力传输路线

二、纯电动汽车

纯电动汽车是指以蓄电池或燃料电池为动力，用电动机驱动的汽车。与内燃机汽车及其他类型的电动汽车相比，纯电动汽车具有以下特点。

（1）无污染，噪声低。纯电动汽车在使用过程中没有内燃机汽车工作时产生的废气，不产生排气污染，是真正意义上的零污染汽车。由于纯电动汽车没有内燃机产生的噪声，而电动机的噪声又较内燃机的小，因此，纯电动汽车行驶时的噪声很小，大大提高了汽车的乘坐舒适性。

（2）能源效率高。对纯电动汽车的研究表明，其总的能源效率已超过内燃机汽车。特别是在城市街道运行时，汽车走走停停，行驶工况变化频繁，而纯电动汽车由于停驶时不消耗电能，在制作过程中又可以实现制动能量的回收利用，所以优势更加明显。

（3）结构简单，使用维修方便。与内燃机汽车、混合动力电动汽车相比，纯电动汽车的结构简单，动力传动部件减少，维修保养工作量小。此外，纯电动汽车的动力驱动系统、电子控制系统的故障检修比发动机及其电子控制系统要简单得多，纯电动汽车的驾驶操作也更为简单。

但同时也应该看到，作为纯电动汽车唯一动力电源的蓄电池，目前其多项技术性指标还远未达到人们设想的目标，因此，纯电动汽车存在使用成本高、续驶里程短、充电时间长等缺点。

纯电动汽车由电力驱动系统、电源系统和辅助系统三部分组成。其驱动和传动布置大致可以分为电动机中央驱动和电动轮驱动两种，如图 10 - 8 所示。

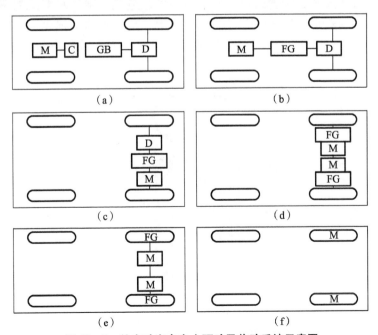

图 10 - 8　纯电动汽车电力驱动及传动系统示意图

GB—变速器；M—电动机；FG—固定速比减速器；C—离合器；D—差速器

1. 电动机中央驱动

第一种类型如图 10 – 8（a）所示。它由发动机前置前轮驱动的燃油车发展而来，保留了传动内燃机汽车的传动系统，只是把内燃机换成了电动机。这种结构可以提高纯电动汽车的起动转矩及低速时的后备功率，对驱动电动机要求较低。

第二种类型如图 10 – 8（b）所示。它最大的特点是取消了离合器和变速器，采用固定速比减速器，通过电动机的控制实现变速功能。这种结构的优点是机械传动装置的质量较小、体积较小。但对电动机的要求较高，不仅要求有较高的起动转矩，而且要求较大的后备功率，以保证纯电动汽车的起步、爬坡、加速等动力性能。

第三种类型如图 10 – 8（c）所示。这种结构与发动机横向前置、前轮驱动的燃油汽车的布置方式类似。它把电动机、固定速比减速器和差速器集成为一个整体，两根半轴连接驱动车轮。这种结构在小型电动汽车上应用很普遍。

2. 电动轮驱动

第一种类型如图 10 – 8（d）所示。这种结构采用两个电动机，通过固定速比减速器分别驱动两个车轮，每个电动机的转速可以独立调节。当汽车转向时，由电子控制系统实现电子差速，因此，电动机控制系统比较复杂。

第二种类型如图 10 – 8（e）所示。它将电动机和固定速比减速器安装在车轮里，没有传动轴和差速器，从而简化了传动系统。但是，电动轮驱动方式需要多个电动机，控制电路复杂。

第三种类型如图 10 – 8（f）所示。它采用低速外转子电动机，去掉了减速齿轮，将电动机的外转子直接安装在车轮的轮缘上，称为轮毂电机，结构示意图如图 10 – 9 所示。这种结构的电动机与驱动车轮之间无机械传动装置，无机械传动损失，空间利用率最大。但由于直接驱动车轮的形式对电动机的性能要求最高，要求其具有较高的起动转矩、较大的后备功率。

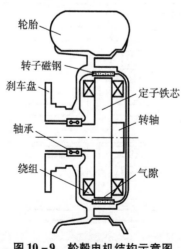

轮胎
转子磁钢
刹车盘
定子铁芯
轴承
转轴
绕组
气隙

图 10 – 9　轮毂电机结构示意图

第二节　新能源汽车故障诊断与排除

新能源汽车的结构与传统汽车有一定的区别，因此，其诊断与维修也与传统汽车有所不同。本节主要介绍新能源汽车动力电池、驱动电机、整车电控系统的诊断与维修。

一、动力电池故障检测

所有电动汽车的电池管理系统都负责动力电池的监控和管理，估算动力电池状态，保证电池系统的性能和安全，满足整车控制的通信需求，并对高压解除器等执行部件进行控制。

（一）系统过压或者欠压故障

系统过压或者欠压一般是由于 DC/DC 工作异常，或者不工作，通常为初始供电电源电压（12 V 低电压）。这时应该重点检查 DC/DC 输出和低压供电电压。电池管理系统（BMS）控制器线束连接器见表 10 - 1。首先应该检测低压蓄电池电压和电池管理系统熔丝 RF02 和 RF26（图 10 - 10）是否熔断，然后进行后续检查。

表 10 - 1　电池管理系统（BMS）控制器线束连接器

电池管理系统（BMS）控制器线束连接器	端子号	线别作用（端子定义）	电流	输入/输出	信号类型
BD60	3	碰撞信号输入	—	输入	开关
	4	直流充电负极接触器负极	—	输出	—
	5	直流充电正极接触器负极	—	输出	—
	6	A + 信号	—	输入/输出	电压信号
	9	DC - CC2 信号	5 mA	输入/输出	快充插座
	11	动力电磁控制器接地	5 A	输入	蓄电池 12 V -
	12	动力电磁控制器电源	7.5 A	输入	蓄电池 12 V +
	13	动力电磁控制器电源	5 A	输入	蓄电池 12 V +
	15	直流充电负极接触器正极	—	输出	—
	16	紧急停止	—	—	—
	17	直流充电正极接触器正极	—	输出	—
	18	VCU 唤醒输出 12 V +	100 mA	输出	开关
BD61	1	ECAN - L	—	输入/输出	CAN
	2	ECAN - H	—	输入/输出	CAN
	4	内网 CAN - H	—	输入/输出	CAN
	5	内网 CAN - L	—	输入/输出	CAN

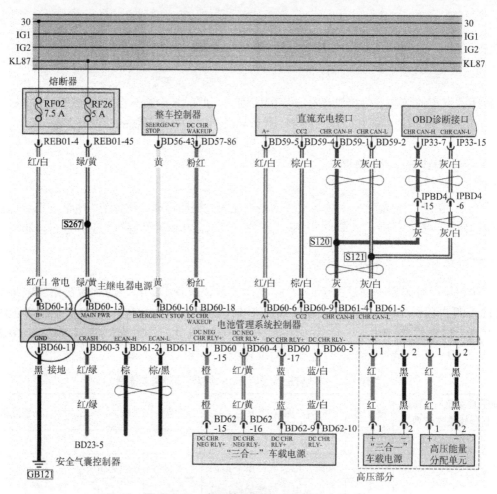

图 10-10　电池管理系统（BMS）电路

1. BMS 控制器电源电路诊断和检测要点

执行下电程序，断开电池管理系统控制器线束连接器。然后执行汽车上电，按照表 10-2 检测其电路情况。如果不符合应测得的结果，那么应该维修或更换线束。

表 10-2　检测电池管理系统控制器电源电路

检查的零部件/代号	万用表表笔探测的两端子		检测条件	状态	应测得结果
电池管理系统控制器线束连接器/DB60	红色表笔连接	黑色表笔连接	上电	电压	约 14 V
	DB60-12	车身接地			
	DB60-13	车身接地	上电	电压	约 14 V

2. BMS 控制器接地电路诊断和检测要点

执行下电程序，断开电池管理系统控制器线束连接器。按照表 10-3 检测其电路情况。如果不符合应测得的结果，那么应该维修或更换线束。

表 10 - 3　检测电池管理系统控制器接地电路

检查的零部件/代号	万用表表笔探测的两端子		检测条件	状态	应测得结果
电池管理系统控制器线束连接器/DB60	红色表笔连接	黑色表笔连接	下电	电阻	<1 Ω 左右
	DB60 - 11	车身接地			

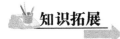
知识拓展

> 　　如果按照上述检查均正常，那么这种系统过压或者欠压的故障问题通常出现在电池管理系统控制器本身，应通过更换控制器的方法来解决。更换电池管理系统控制器后，需要进行电脑配置学习。

（二）动力和高压系统 CAN（ECAN）关闭故障

　　如果用故障诊断仪执行故障诊断检测，显示 ECAN 关闭，则故障点基本比较明确，一般是 CAN 线路故障，需要对电路图 10 - 11 所示的 BMS 控制器 CAN 通信电路进行诊断和检测。

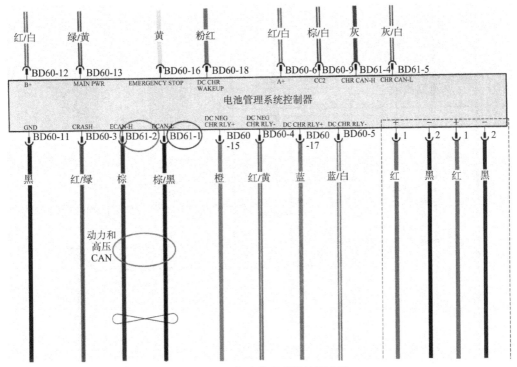

图 10 - 11　电池管理系统检测电路

　　检测要点：执行汽车下电程序，断开电池管理系统控制器线束连接器。按照表 10 - 4 检测其电路情况。如果不符合应测得的结果，那么应该维修或更换线束。

表 10 - 4   检测 BMS 控制器 CAN 通信电路

检查的零部件/代号	万用表表笔探测的两端子		检测条件	状态	应测得结果
电池管理系统控制器	红（黑）表笔连接	黑（红）表笔连接	下电	电阻	约 120 Ω
线束连接器/DB61	DB61 - 1	DB61 - 2			

知识拓展

> 如果上述检查没有问题，则应继续检查电池管理系统控制器的供电接地导线是否正常，如果供电接地也没有，则通过更换电池管理系统控制器（BMS）来解决"ECAN 关闭"故障。

（三）BMS 与网关失去通信故障

执行故障诊断，显示电池管理系统（BMS）与中央网关（GW）失去通信，重点要检查如图 10 - 12 所示中央网关控制器与电池管理系统控制器之间 CAN 线路情况。

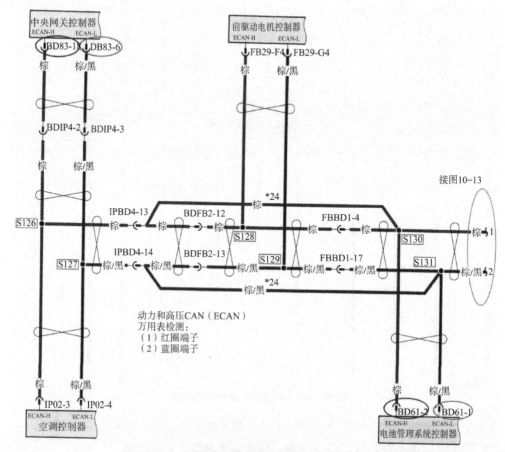

图 10 - 12   中央网关控制器与电池管理系统检测电路

检测要点：执行汽车下电程序。断开中央网关控制器线束连接器；断开电池管理系统控制器线束连接器。按照表 10-5 检测其电路情况。如果不符合应测得的结果，那么应该维修或更换线束。

表 10-5　中央网关控制器与电池管理系统控制器线束连接器之间的 CAN 通信

检查的零部件		万用表表笔探测的两端子		检测条件	状态	应测得的结果
连接器	代号	红（黑）表笔连接	黑（红）表笔连接	下电	电阻	<1 Ω
中央网关控制器线束连接器	DB83	DB83-18	DB61-2			
BMS 控制器线束连接器	DB61	DB83-6	DB61-1	下电	电阻	<1 Ω

知识拓展

如果上述检测线路没有问题，则需要检查中央网关控制器灯供电接地电路；如果线路没有问题，则可判定是中央网关控制器故障。

（四）BMS 与直流逆变器失去通信故障

执行故障诊断，显示电池管理系统（BMS）与直流逆变器 DC/DC 失去通信，重点要检查图 10-13 中的直流逆变器与图 10-12 的电池管理系统控制器之间的 CAN 通信线路情况。

知识拓展

这里涉及各电路图的阅读问题，因为电路图印制版面和其他原因，所以一般都是分页印制，相互连续的电路图连接需要查找的内容会跳转至另一个系统电路中，具体在图 10-12 和图 10-13 中已经标注。

上述电路图中的"8/∞"中的线是双绞线，也就是 CAN 总线。两条绝缘的导线按一定密度相互绞在一起，每一根导线在传输中辐射出来的电波会被另外一根导线上发出的电波相抵消，有效降低信号干扰的程度。电路图中的实心圆点是铰接点，该段导线上有两条或多条导线铰接在一起并连接，铰接点旁边的框内数字为该代码。

检测要点：执行汽车下电程序。断开直流逆变器（"三合一"车载电源）线束连接器；断开电池管理系统控制器线束连接器。按照表 10-6 检测其电路情况。如果不符合应测得的结果，那么应该维修或更换线束。

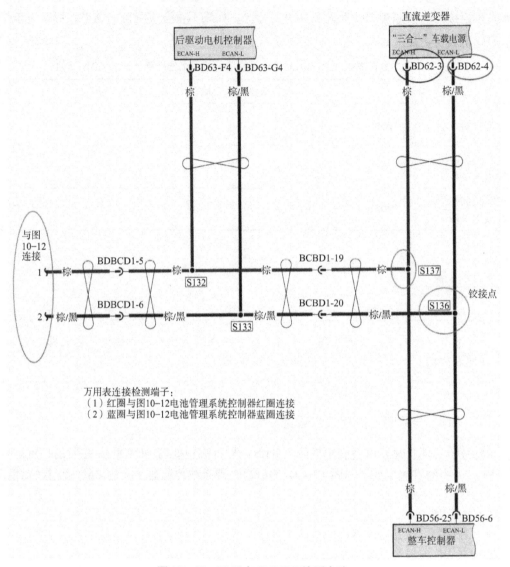

图 10 - 13　BMS 与 DC/DC 检测电路

表 10 - 6　检测 BMS 控制器与直流逆变器 DC/DC 之间的 CAN 通信

检查的零部件		万用表表笔探测的两端子		检测条件	状态	应测得结果
连接器	代号	红（黑） 表笔连接	黑（红） 表笔连接			
直流逆变器 线束连接器	DB62	DB62 - 3	DB61 - 2	下电	电阻	<1 Ω
BMS 控制器 线束连接器	DB61	DB62 - 4	DB61 - 1	下电	电阻	<1 Ω

 **知识拓展**

> 　　这里的"三合一"车载电源指的是直流逆变器、充电机、高压配电盒集成为一体的车载电源。如果上述检测线路没有问题，则需要检查直流逆变器（三合一车载电源）线束连接器供电接地电路；如果线路正常，则可判定是直流逆变器故障，需更换直流逆变器。

（五）BMS 与整车控制器丢失通信

　　执行故障诊断，显示整车控制器（VCU）与电池管理系统（BMS）丢失通信，故障点应在 VCU 以及 CAN 总线，重点要检查图 10－14 中的 CAN 通信线路。

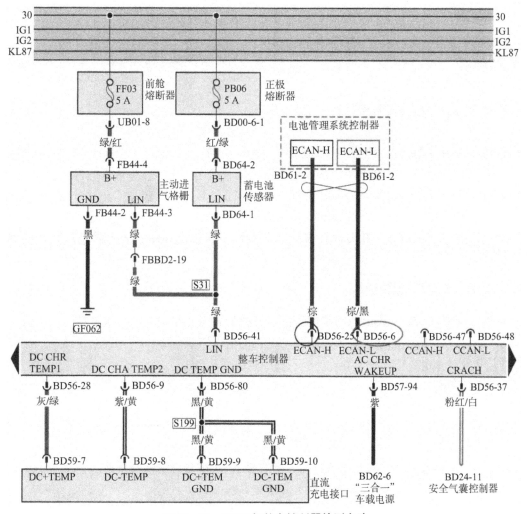

图 10－14　BMS 与整车控制器检测电路

检测要点：执行汽车下电程序。断开整车控制器线束连接器；断开电池管理系统控制器线束连接器。按照表10－7检测其电路情况。如果不符合应测得的结果，那么应该维修或更换线束。

表 10－7　检测 VCU 与 BMS 控制器线束连接器之间的 CAN 通信

检查的零部件		万用表表笔探测的两端子		检测条件	状态	应测得结果
连接器	代号	红（黑）表笔连接	黑（红）表笔连接	下电	电阻	<1 Ω
VCU 线束连接器	DB56	DB56－25	DB61－2			
BMS 控制器线束连接器	DB61	DB61－6	DB61－1	下电	电阻	<1 Ω

知识拓展

> 如果上述检测线路没有问题，则需要检查整车控制器的供电接地电路是否正常；如果线路正常，则可判定为整车控制器故障。

二、驱动电机故障检测

驱动电机控制系统故障包括：

（1）传感器故障，如电流传感器、电压传感器、温度传感器、位置传感器等故障。

（2）电机故障，如电流调节器故障、主动短路或空转条件不满足等。

（3）总线故障，包括总线线路故障、通信信号干扰、协议与软件故障等。

（4）其他硬件故障，如相电流过流，直流母线电压过压，高、低压供电故障，处理器监控等。

（一）VCU 报文超时故障

电机控制器将来自动力电池的高压直流电转化为高压三相交流电，输出至驱动电机，通过控制高压三相交流电的变化，来控制驱动电机的输出转矩。

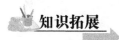

知识拓展

> 在控制过程中，电机控制器的基本功能如下。
> （1）控制驱动电机驱动机械故障，执行来自 VCU 的目标转矩命令。
> （2）通过高速 CAN 总线和其他节点进行数据交换。

（3）系统实现自我保护，保护自身不被损坏，如过温保护、过压/欠压保护和过流保护等。

（4）控制高压系统的电压和电流。

（5）在 VCU 命令下对高压母线精细紧急放电和常规放电。

（6）估算电机输出转矩。

（7）估算电机转子温度。

对于诊断控制器 VCU 报文超时故障，需要重点检查电机控制器与整车控制器之间的 CAN 总线。

检查要点：关闭启动开关；断开电机控制器线束连接器；断开整车控制器线束连接器。按照表 10 - 8 所示，结合图 10 - 15，检测其电路电阻情况。如果不符合应测得的结果，那么应该维修或更换线束。如果检测显示没有问题，并且检查整车控制器的供电接地电路也正常，那么问题就出在整车控制器上。

表 10 - 8　检测电机控制器与整车控制器之间的 CAN 通信

检查的零部件		万用表表笔探测的两端子		检测条件	状态	应测得结果
连接器	代号	黑/红表笔连接	红/黑表笔连接	下电	电阻	<1 Ω
电机控制器线束连接器	FB80	FB80 - 2	FB50 - 71			<1 Ω
整车控制器线束连接器	FB50	FB50 - 14	FB80 - 72	下电	电阻	<1 Ω

（二）整车 CAN 关闭故障

对于整车 CAN（CAN1）关闭故障，需要重点检查终端电阻。

检测要点：关闭起动开关；断开电机控制器线束连接器。按照表 10 - 9 所示，结合图 10 - 15，检测终端电阻。如果不符合应测得的结果，那么应该维修或更换线束。如果检测线束没有问题，并且检查驱动电机控制器的供电接地电路也正常，那么就可以判断问题出在驱动电机控制器上。

表 10 - 9　检查终端电阻

检查的零部件		万用表表笔探测的两端子		检测条件	状态	应测得结果
连接器	代号	黑/红表笔连接	红/黑表笔连接	下电	电阻	60 Ω 左右
电机控制器线束连接器	FB80	FB80 - 2	FB80 - 14			

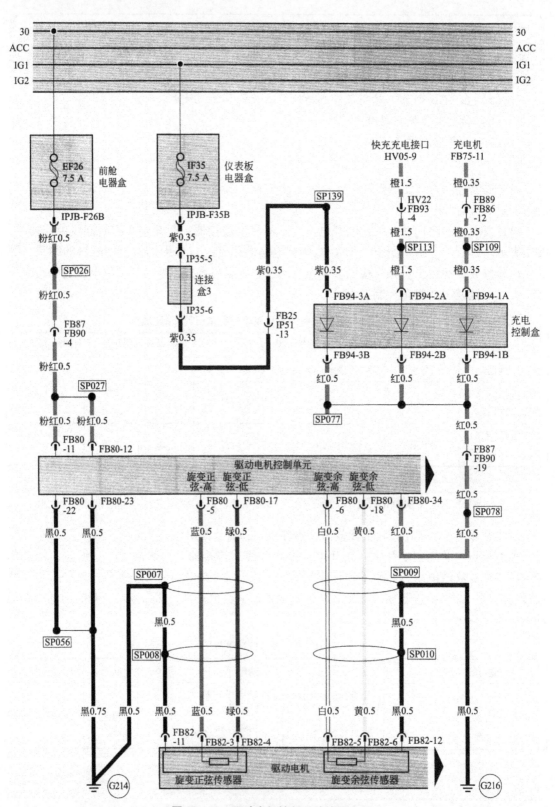

图 10-15　驱动电机控制系统检测电路

（三）低压电池欠电/过压故障

1. 检查蓄电池电压

检查和排除以下问题导致的欠压/过压故障。

（1）蓄电池电压。

（2）蓄电池充电或检查充电系统。

（3）检查电机控制器熔丝。

若以上情况都没问题，那么需要检查电机控制器电源电路。

2. 检查电机控制器电源电路

检查要点：关闭起动开关，断开电机控制器线束连接器，然后打开起动开关。按照表10－10所示，结合图10－15，检测其电压。如果不符合应测得的结果，那么应该维修或更换线束。如果检测线束没有问题，则需要检查电机控制器接地电路。

表10－10 检测电机控制器电源电路

检查的零部件		万用表表笔探测的两端子		检测条件	状态	应测得结果
连接器	代号	黑/红表笔连接	红/黑表笔连接			
电机控制器 线束连接器	FB80	FB80－11	FB80－12	上电	电压	14 V 左右

3. 检查电机控制器接地电路

检测要点：关闭启动开关。按照表10－11所示，结合图10－15，检测其电阻。如果不符合应测得的结果，那么应该维修或更换线束。如果线束正常，则更换电机控制器。

表10－11 检测电机控制器接地电路

检查的零部件		万用表表笔探测的两端子		检测条件	状态	应测得结果
连接器	代号	红表笔连接	黑表笔连接			
电机控制器 线束连接器	FB80	FB80－22	车身	下电	电阻	<1 kΩ
	FB80	FB80－23	车身			

（四）电机绕组温度采样信号故障

电机绕组温度采样信号故障有：电机绕组温度采样欠温；电机绕组温度采样过温；电机绕组温度采样信号对地短路和电机绕组温度采样信号对正极短路。

1. 检查电机绕组温度采样信号电路是否断路

检测要点：关闭起动开关；断开驱动电机线束连接器；断开驱动电机控制器线束连接器。按照表10－12所示，结合图10－15，检查其电阻。应符合应测得结果，否则维修或更换线束。

表 10 – 12　检测电机绕组温度采样信号电路断路

检查的零部件		万用表表笔探测的两端子			检测条件	状态	应测得结果
连接器	代号	红表笔连接		黑表笔连接			
驱动电机线束连接器	FB82	1 号温度传感器	FB82 – 7	FB80 – 3	下电	电阻	<1 kΩ
			FB82 – 8	FB80 – 15			
电机控制器线束连接器	FB80	2 号温度传感器	FB82 – 10	FB80 – 16	下电	电阻	<1 kΩ
			FB82 – 9	FB80 – 4			

2. 检查电机绕组温度采样信号电路是否对地短路

使用万用表电阻挡，按照表 10 – 13 探测端子检测温度采样信号线电路与接地之间的电阻，正常应大于 10 kΩ，若显示电阻接近 0 Ω，说明信号线对地短路，应维修或更换线束。

表 10 – 13　检测电机绕组温度采样信号电路对地短路

检查的零部件		万用表表笔探测的两端子			检测条件	状态	应测得结果
连接器	代号	红表笔连接		黑表笔连接			
驱动电机线束连接器	FB82	1 号温度传感器	FB82 – 7	车身	下电	电阻	≥10 kΩ
			FB82 – 8	车身			
电机控制器线束连接器	FB80	2 号温度传感器	FB82 – 9	车身	下电	电阻	≥10 kΩ
			FB82 – 10	车身			

3. 检查电机绕组温度采样信号电路是否对电源短路

使用万用表探测的端子与表 10 – 13 连接的端子一样，但测量改为电压，正常应该 0 V。如果不符合应测得的结果，那么应该维修或更换线束。如果线束正常，则维修或更换驱动电机（温度传感器是集成在驱动定子上的，不可单独更换，通常通过更换驱动电机来解决）。

（五）旋转变压器（旋变传感器）激励信号异常

1. 检查旋转变压器激励信号电路是否断路

检测要点：关闭起动开关；断开驱动电机线束连接器；断开驱动电机线束连接器；断开驱动电机控制器线束连接器。按照表 10 – 14 所示，结合图 10 – 15，检测其电阻。应符合应测得的结果，否则维修或更换线束。如果线束正常，则需检查旋转变压器激励信号电路是否断路。

表 10 – 14 检查旋转变压器激励信号电路断路

检查的零部件		万用表表笔探测的两端子		检测条件	状态	应测得结果
连接器	代号	红/黑表笔连接	黑/红表笔连接			
电机控制器线束连接器	FB80	FB80 – 7	FB82 – 1	下电	电阻	<1 kΩ
驱动电机线束连接器	FB82	FB82 – 2	FB80 – 19	下电	电阻	<1 kΩ

2. 检查旋转变压器激励信号电路收费对地短路（表 10 – 15）

表 10 – 15 检查旋转变压器激励信号电路断路

检查的零部件		万用表表笔探测的两端子		检测条件	状态	应测得结果
连接器	代号	红表笔连接	黑表笔连接			
电机控制器线束连接器	FB80	FB80 – 1	车身	下电	电阻	≥10 kΩ
驱动电机线束连接器	FB82	FB82 – 2	车身	下电	电阻	≥10 kΩ

3. 检查旋转变压器激励信号电路是否对电源短路

使用万用表探测的端子与表 10 – 13 所示的端子一样，打开起动开关，测量改为电压，正常应该 0 V。

如果不符合应测得的结果，那么应该维修或更换线束。如果线束正常，则维修或更换驱动电机。

三、整车电控系统故障检测

（一）检查加速踏板电气故障

1. 检查加速踏板位置传感器 1 与整车控制器之间的电路是否短路

检测要点：执行汽车下电程序；断开加速踏板位置传感器线束连接器和整车控制器线束连接器。

以图 10 – 16 为例，按照表 10 – 16 所示，检测其电路电阻。如果不符合应测得的结果，那么应该维修或更换线束。如果线束正常，则需要按照表 10 – 17 所示，检查加速踏板位置传感器 2 与整车控制器之间的电路是否断路。如果不符合应测得的结果，那么应该维修或更换线束。如果线束正常，则需要按照表 10 - 18 检查加速踏板位置传感器是否对地短路。

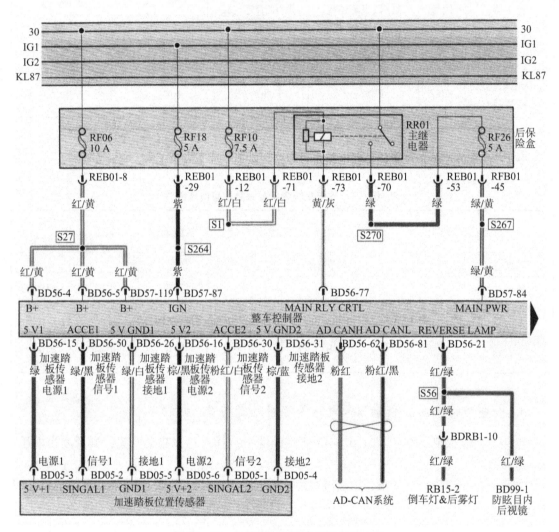

图 10 - 16   加速踏板位置传感器检修电路

表 10 - 16   检测加速踏板位置传感器 1 与整车控制器之间的电路是否断路

检查的零部件		万用表表笔探测的两端子		检测条件	状态	应测得结果
连接器	代号	红/黑表笔连接	黑/红表笔连接	下电	电阻	<1 kΩ
加速踏板位置传感器线束连接器	BD05	BD05 - 2	BD56 - 50	下电	电阻	<1 kΩ
		BD05 - 3	BD56 - 15	下电	电阻	<1 kΩ

续表

检查的零部件		万用表表笔探测的两端子		检测条件	状态	应测得结果
整车控制器线束连接器	BD56	BD05 – 5	BD56 – 26	下电	电阻	<1 kΩ

表 10 – 17　检测加速踏板位置传感器 2 与整车控制器之间的电路是否断路

检查的零部件		万用表表笔探测的两端子		检测条件	状态	应测得结果
连接器	代号	红/黑表笔连接	黑/红表笔连接	下电	电阻	<1 kΩ
加速踏板位置传感器线束连接器	BD05	BD05 – 1	BD56 – 30	下电	电阻	<1 kΩ
		BD05 – 4	BD56 – 31	下电	电阻	<1 kΩ
整车控制器线束连接器	BD56	BD05 – 6	BD56 – 16	下电	电阻	<1 kΩ

表 10 – 18　检测加速踏板位置传感器电路是否短路到接地

检查的零部件		万用表表笔探测的两端子		检测条件	状态	应测得结果
连接器	代号	红表笔连接	黑表笔连接			
加速踏板位置传感器线束连接器	BD05	BD05 – 2	车身	下电	电阻	≥10 kΩ
		BD05 – 3	车身			
		BD05 – 4	车身			
整车控制器线束连接器	BD56	BD05 – 1	车身	下电	电阻	≥10 kΩ
		BD05 – 2	车身			
		BD05 – 3	车身			

2. 检查加速踏板位置传感器电路是否短路到接地

如果线束正常，则需要检查加速踏板位置传感器电路是否短路到电源，见表 10 – 18。

3. 检查加速踏板位置传感器电路是否短路到电源检查要点

执行汽车下电程序；断开加速踏板位置传感器线束连接器和整车控制器线束连接器；执行汽车上电程序。按照表 10 – 19 以及图 10 – 16，检查加速踏板位置传感器电路是否对电源短路。如果线路正常，则更换加速踏板传感器；假如更换了加速踏板传感器后还存在加速踏板传感器供电对电源短路、加速踏板传感器供电过流或对地短路、加速踏板位置传感器电压过高或过低，以及两路加速踏板同步故障的故障信息，那么问题应该确定在控制器。

表 10-19   检测加速踏板位置传感器电路是否短路到接地

检查的零部件		万用表表笔探测的两端子		检测条件	状态	应测得结果
连接器	代号	红表笔连接	黑表笔连接			
加速踏板位置传感器线束连接器	BD05	BD05-2	车身	上电	电压	0
		BD05-3	车身			
		BD05-4	车身			
整车控制器线束连接器	BD56	BD05-1	车身	上电	电压	0
		BD05-2	车身			
		BD05-3	车身			

（二）检查制动踏板电气故障

1. 检查制动踏板开关

检查要点：执行汽车下电程序；断开制动踏板开关线束连接器。

按照表 10-20 以及图 10-17 检测其电路，如果不符合应测得的结果，那么更换制动踏板开关。如果测得正常，那么需要检查制动踏板开关与整车控制器之间的电路情况。

表 10-20   检测制动踏板开关

检查的零部件		万用表表笔探测的两端子		检测条件	状态	应测得结果
连接器	代号	红/黑表笔连接	黑/红表笔连接	踩下制动踏板	电阻	<1 kΩ
制动踏板开关线束连接器	BD06	BD06-1	BD06-2			
		BD06-3	BD06-4	松开制动踏板	电阻	<1 kΩ

2. 检查制动踏板开关与整车控制器之间的电路

检查要点：执行汽车下电程序；断开制动踏板开关线束连接器和整车控制器线束连接器。按照表 10-21 以及图 10-17 检测其电路，如果不符合应测得的结果，那么应该维修或更换线束。如果线束正常，则需要按照表 10-22 检查制动踏板开关电路有短路情况。

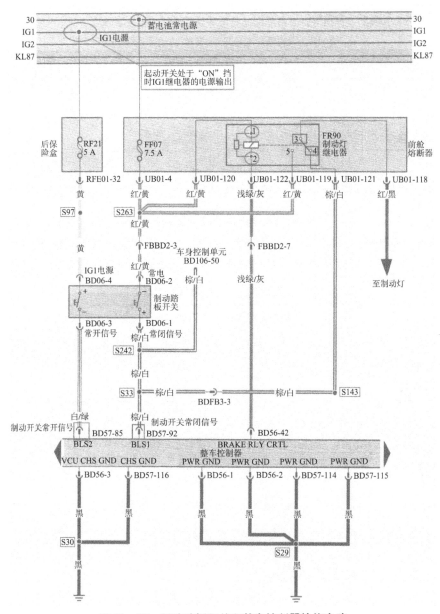

图 10 - 17　制动踏板开关和整车控制器检修电路

表 10 - 21　检测制动踏板开关与整车控制器之间的电路

检查的零部件		万用表表笔探测的两端子		检测条件	状态	应测得结果
连接器	代号	红/黑表笔连接	黑/红表笔连接			
制动踏板开关线束连接器	BD06	BD06 - 1	BD57 - 92	下电	电阻	< 1 kΩ
整车控制器线束连接器	BD57	BD06 - 3	BD57 - 85	下电	电阻	< 1 kΩ

表 10 - 22   检测制动踏板开关电路是否对地短路

检查的零部件		万用表表笔探测的两端子		检测条件	状态	应测得结果
连接器	代号	红表笔连接	黑表笔连接			
加速踏板位置传感器线束连接器	BD06	BD06 - 1	车身	下电	电阻	≥10 kΩ
		BD06 - 3	车身			

3. 检查制动踏板开关电路是否短路到电源

检查要点：执行汽车下电程序；断开制动踏板开关线束连接器和整车控制器线束连接器；执行汽车上电程序。按照表 10 - 23 和图 10 - 17 检查其电路是否对正极短路。如果不符合应测得的结果，那么维修或更换线束。如果线束正常，那么故障就出在整车控制器上。

表 10 - 23   检测制动踏板开关电路是否对正极短路

检查的零部件		万用表表笔探测的两端子		检测条件	状态	应测得结果
连接器	代号	红表笔连接	黑表笔连接			
加速踏板位置传感器线束连接器	BD06	BD06 - 1	车身	上电	电阻	0
		BD06 - 3	车身			

第三节   智能无人汽车结构

智能无人汽车是一种集成多种先进技术的综合应用，有其鲜明的技术特点。本节主要介绍智能无人汽车的体系架构和智能无人汽车的结构组成。

一、智能无人汽车体系架构概述

体系结构是一个系统的"骨架"，它描述了系统各个组成部分的分解和组织，各组成部分之间的交互关系，并定义了系统软、硬件的组织原则、集成方法及支持程序。比较经典的体系结构有分层递阶式体系结构、反应式体系结构和二者结合的混合式体系结构。应用于Demo 的四维实时控制系统（4 - Dimensional Real - time Control System，4D/RCS）是一种混合式的体系结构，而被美国汽车工程师协会采纳的无人系统联合体系（Joint Architecture for Unmanned System，JAUS）则是基于分层递阶式的体系结构。体系结构在无人驾驶汽车系统中占据十分重要的地位，用于确定系统的各组成模块及其输入/输出方式；确定系统的信息流和控制流，并组织面向目标的体系构成；提供总体的协调机制，并按工作模型进行总体协调指挥。

常见体系结构的分类如下。

1. 分层递阶式体系结构

分层递阶式体系结构是一种串联式的系统结构，如图10－18所示。在这种体系结构中，传感器感知、建模、任务规划、运动规划、运动控制和执行器等模块次序分明，前者的输出结果为后者的输入，又称感知－模型－规划－行动结构。该结构具有良好的规划推理能力，以及自上而下对任务逐层分解，使模块的工作范围逐层减小，问题的求解精度逐层增高，比较容易实现高层次的智能化。

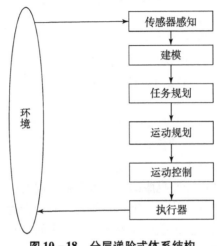

图10－18　分层递阶式体系结构

在这种体系结构下，系统所产生的动作不是传感器数据直接作用的结果，而是经历一系列从感知、建模到规划、控制等阶段之后的结果，具有处理明确描述特定任务的能力。在给定目标和约束条件之后，规划模块根据局部环境模型和已有全局环境模型决定下一步行动，从而依次完成整个任务。全局环境模型建立的依据，一部分是用户对环境中已知对象的了解及相互关系的推测与分析，另一部分是传感器的构造。全局环境模型的表示具有一定的通用性，适用于许多任务规划场合；反之，如果没有这样一个通用模型，系统就不能获得执行任务规划时所需的一些特征。

分层递阶式体系结构对通用环境模型的要求比较理想化。它对传感器提出了很高的要求，并且认知过程和环境模型的建立存在计算"瓶颈"，即传感器到执行器的控制环路中存在延时，缺乏实时性和灵活性。另外，这种依序排列的结构导致系统的可靠性不高，一旦某个模块出现软件或硬件故障，就可能导致整个系统瘫痪。这种实时反应功能只有将感知、规划和控制三者紧密地集成在一个模块中才能实现。

2. 反应式体系结构

反应式体系结构中常用的是基于行为的反应式体系结构，这种体系结构又称包容结构。基于行为的反应式体系结构是并联体系结构，如图10－19所示。它针对各个局部目标设计各种基本行为，形成各种不同层次的能力。每个控制层直接基于传感器的输入进行决策，可以适应完全陌生的环境。尽管高层次会对低层次施加影响，但低层次本身具有独立控制系统运动的功能，而不必等待高层次处理完成。它突出了"感知 – 动作"的行为控制。

这种体系结构集合了控制中应具备的感知、探测、避障、规划和执行任务等能力。系统中存在着多个并行控制回路，构成各种基本行为。传感器数据根据需求以一种并行方式给出。各种行为通过协调配合后作用于驱动装置，产生有目的的动作。基于行为的反应式体系结构中，许多行为仅设计成一个简单的特殊任务，占用的内存不大，故可以产生快速的响应，实时性强；整个系统可以方便、灵活地实现从低层次的局部定位到高层次的障碍规避，再到漫游等，逐步提高和扩展；系统的鲁棒性和灵活性也得到很大的提高。每一层负责系统所需执行的一个行为，而每一行为包含一个从感知到动作的完整路径，且执行方式可以并行，即使某一层模块出现故障，其他层次仍然能够产生有意义的动作。

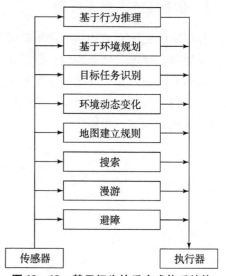

图 10 – 19　基于行为的反应式体系结构

基于行为的反应式体系结构需要克服的最大难点是，需要设计一个协调机制来解决各个控制回路对同一执行器争夺控制的冲突，更重要的是，各种行为需要相互协调，以获得有意义的结果。不仅如此，随着任务复杂程度以及各种行为之间交互作用的增加，预测一个体系整体行为的难度将会增大。这也是这种体系结构的主要缺点。

分层递阶式体系结构的系统缺乏实时性和灵活性，且可靠性不高；以"感知 – 动作"结构为代表的基于行为的反应式体系结构的系统虽然实时性和可靠性得到提高，但是缺乏较高等级的智能化。两种结构都存在各自的问题，因此越来越多的业内人士开始研究混合体系结构，将分层递阶式体系结构和反应式体系结构的优点有效地结合在一起。

二、智能无人汽车体系结构典型应用

1. 卡耐基梅隆大学

卡耐基梅隆大学的机器人研究所研发了 NavLab 系列智能无人汽车，早在 1995 年 6 月进行了穿越美国的实验，行程 4 587 km，其中，自主驾驶部分占 98.2%，最长自主驾驶距离为 111 km，全程平均速度为每小时 102.72 km。卡耐基梅隆大学开发的 Boss 智能无人汽车在 2007 年美国举行的智能无人汽车挑战赛中获得了冠军，如图 10 – 20 所示。

该系统结构基于自动驾驶的任务被划分成五大模块。

任务规划模块：任务规划模块的主要功能是根据路网文件（RNDF）所提供的知识信息来估算无人驾驶车所承担的时间成本和风险成本，并且计算出汽车要达到的下一个检测点。这些信息还会包含汽车所选择行驶路径的交通拥堵状况、限速情况等。

环境感知与空间建模模块：该模块通过对多种传感器（GPS、雷达、相机等）的信息的融合处理，对汽车行驶的道路环境进行三维重构，为其他模块的运行提供丰富的信息参考。

图 10 – 20　卡耐基梅隆大学 Boss 智能无人汽车

行为决策模块：行为决策模块是通过状态机的方法实现的。它首先将无人驾驶车自主驾驶任务分解成一系列的自主驾驶行为（如汽车跟随行驶、换道行驶、路口行驶、自主停车等），然后根据汽车当前的行驶状态通过状态机来触发不同的驾驶行为。

动作执行模块：动作执行模块即车体运动的控制，汽车驾驶行为的实现最终表现为车体运动的控制，主要包括汽车运动姿势的调整与控制、遇到障碍物的处理行为等。

机械电子模块：机械电子模块是无人车的硬件组成，机械设计和电子设计是实现无人驾驶的基础。无人驾驶汽车所有硬件部分（中央处理器、各种传感器、执行机构等）的连接是通过电路设计实现的，而无人驾驶汽车的每一个驾驶动作也离不开机械的设计。

2. 斯坦福大学

2005 年，斯坦福大学的 Stanley 智能无人汽车在美国智能无人汽车挑战赛中取得了第一名；2007 年，斯坦福大学的 Junior 智能无人汽车在城市挑战赛中以优秀的表现摘取了第二名，如图 10 – 21 所示。

图 10 – 21　斯坦福大学的 Junior 智能无人汽车

Junior 智能无人汽车系统由大约 30 个并行执行的模块构成。系统分为六层，分别为传感器接口层、环境感知层、决策控制层、汽车接口层、用户界面层与全球服务层，如图 10 – 22 所示。

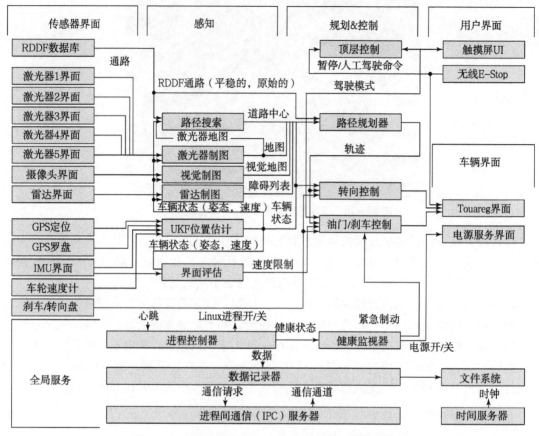

图 10 - 22　斯坦福大学 Junior 智能无人汽车体系结构

传感器接口层：传感器接口层包含了一系列传感器信息接收模块，不同种类传感器接收频率有所不同。比如，所有雷达数据的接收频率为 75 Hz，摄像头数据接收频率约为 12 Hz，GPS 与罗盘的接收频率为 10 Hz，而 CAN 总线频率为 100 Hz。这一层还包含一个软件模块，这一层还包含一个软件模块，用于标记所有传感器数据的接收时间。这一层还包含一个具有道路坐标信息的数据库服务器（RDDF 文件）。

环境感知层：环境感知层将传感器数据映射到内部模型上。这一层的基本模型是基于无迹卡尔曼滤波的汽车状态检测器，它可以计算出汽车的坐标、方向和速度。基于激光、相机和雷达系统的三种不同的映射模块建立出二维环境地图，寻路模块用激光源地图检测道路的边界，使汽车可以通过横向控制保持在道路中央。最后，路面评估模块通过提取当前路面的相关参数来确定汽车行驶的安全速度。

决策控制层：决策控制层负责调节汽车的转向、油门和刹车。路径规划模块是一个重要模块，它可以确定汽车的行驶轨迹，这个轨迹传递给两个闭环轨迹跟踪控制器，一个用于转向控制，另一个用于制动和油门控制。这两个控制器都将控制命令发送到执行机构用于驾驶动作的执行。控制层有一个高级控制模块，作为一个简单的有限状态控制机，这一层根据接收到的用户指令决定汽车行驶的基本模式，指令来自车载触摸屏或者紧急停车遥控装置。

汽车接口层：汽车接口层作为无人驾驶车的线控系统的接口。它包括通向汽车制动、油门和转向轮的所有接口。它还包括汽车许多系统的电源接口。

用户界面层：用户界面包括远程紧急停车和远程启动的触摸屏模块。

全球服务层：全球服务层提供所有软件模块的基本服务。通信服务通过卡内基梅隆大学的进程间通信工具包（Simmons &Apfelbaum，1998）提供。参数服务器维持一个包含所有汽车参数的数据库并以标准的协议更新所属汽车。各个系统组件的动力由动力服务器进行调节。系统异常检测模块监控所有系统组件的运行状况并在必要时重新起动个别子系统。时钟的同步通过时间服务器实现。数据日志服务器时时记录传感、控制和诊断数据，以便回顾和分析。

3. 清华大学

清华大学智能技术与系统国家重点实验室智能无人汽车课题组在智能无人汽车系统结构上采取了一种模块化的设计思想，其功能及布置如图 10-23 所示。

图 10-23　清华大学智能无人汽车功能及布置

4. 陆军军事交通学院

陆军军事交通学院的 JJUV-Ⅲ智能无人汽车系统的设计与开发，旨在研究基于视听觉信息的多车交互协同驾驶关键技术。JJUV-Ⅲ智能无人汽车系统感知决策与控制系统框图设计如图 10-24 所示。包括传感器层、感知层、规划与决策层、控制层、人机交互层、公共层、执行层。

传感器层：由雷达传感器、视觉传感器、GPS、车身传感器等组成。主要完成采集传感器数据任务。其中，为实现传感器即插即用，需要规范各类传感器的标准数据格式，即将传感器特有的数据格式转换为智能无人汽车能处理的标准格式。这一层将采集到的传感器数据送入感知模块处理。

感知层：主要完成分析传感器数据，实现道路边界检测、障碍检测、交通标志检测、车身状态估计等，为无人驾驶车规划决策做准备。

规划与决策层：主要完成路径规划和导航。通过分析从感知模块得到的环境数据和自身数据，决策出无人驾驶车自主驾驶模式。在精细电子地图上确定汽车位置，并根据目标点坐标生成行驶轨迹。但人为干预和障碍物情况会影响轨迹的生成。

控制层：依据轨迹数据和当前汽车状态，控制汽车按轨迹行驶。同时，接收人为干预指

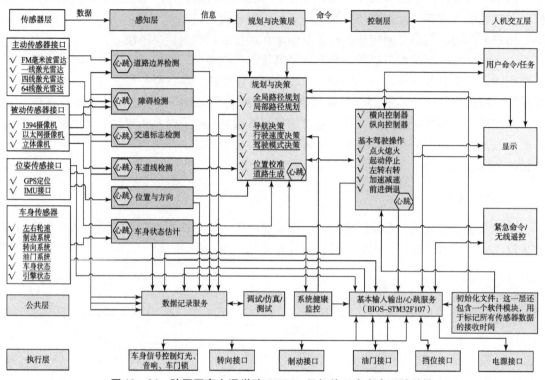

图 10 – 24 陆军军事交通学院 JJUV – Ⅲ智能无人汽车系统结构

令，进行加、减速和转向操作。该层直接将控制指令输出至汽车的油门、制动和转向控制器。

人机交互层：接收驾驶者的触摸指令和紧急制动指令，输出至控制层。同时，也可以通过声音和图像反馈环境和汽车自身信息，供驾驶者参考。

公共层：为以上各层服务，包括数据通信、数据记录、地图文件读写等。

执行层：直接连接汽车的电控模块，接收控制指令，完成驾驶动作，如加减油门、电动转向操作、电源控制等。

第四节　智能无人汽车常见故障诊断与排除

智能无人汽车的结构与传动的汽车有一定的区别，其常见的故障与诊断排除方法也不尽相同。本节主要介绍电源系统、便携操控系统和感知与导航控制系统的常见故障与排除方法。

一、电源系统常见故障诊断与排除

当有故障发生时，操控面板故障报警蜂鸣器鸣响，严重故障时，车前安装的喇叭会鸣笛，此时便携操控终端或近程遥控器的显示屏上会循环显示当前提示码和故障码。提示码和故障码说明及排除方法见表 10 - 23。

表 10 - 23　故障码与排除方法

故障码	说明	排除方法
1	电池最严重故障	立即停车并排查电池相关故障
2	近程遥控器信号丢失	检查近程遥控器电源或天线
3	智能驾驶工控机通信中断	检查智能驾驶模式下的通信电台线路
4	便携操控终端通信中断	检查远程操控模式下的通信电台线路
5	车载操控终端通信中断	检查远程操控模式下的通信电台线路
6	动力电池通信中断	1. 检查电池与整车控制器的 CAN 通信线路 2. 检查电池管理系统低压保险
7	左驱动电控通信中断	1. 检查左驱动电机控制器低压保险 2. 检查左驱动电机控制器与整车控制器 CAN 通信线路
8	右驱动电控通信中断	1. 检查右驱动电机控制器低压保险 2. 检查右驱动电机控制器与整车控制器 CAN 通信线路
9	左电机或右电机停机	结合左右驱动电机其他故障一起处理
10	左驱动电机故障	结合左驱动电机其他故障一起处理
11	右驱动电机故障	结合右驱动电机其他故障一起处理
12	左电机控制器过流	1. 检查左驱动电机是否卡死 2. 更换左驱动电机控制器
13	左电机自检	1. 重启整车高低压电源 2. 更换左驱动电机控制器
14	左电机控制器低温	左驱动电机运行温度低
15	左电机控制器过温	1. 左驱动电机运行温度高 2. 限制左驱动电机功率
16	左电机母线欠压	1. 检查左驱动电机电压 2. 更换左驱动电机控制器
17	左电机母线过压	1. 检查左驱动电机电压 2. 更换左驱动电机控制器
18	左电机缺相	1. 检查左驱动电机 U、V、W 三相线路 2. 更换左驱动电机
19	左电机 EEPROM	1. 重启整车高低压电源 2. 更换左驱动电机控制器
20	左 IGBTV 相传感器	1. 重启整车高低压电源 2. 更换左驱动电机控制器

二、便携操控系统常见故障诊断与排除

便携操控系统常见故障诊断与排除方法如下。

1. 远程无法操控无人车

（1）故障现象：远程无法操控无人车。

（2）故障原因：车载通信系统故障。

（3）诊断与排除方法。

①检查车载测控链电台开关是否在上电状态。

②检查车载测控链设备指示灯状态，若为绿色闪烁（闪烁周期 50 ms），检查对应测控链电台是否与车载测控链电台处于同一波段。

③检查通信设备网口线是否有效接入交换机，网口线有无松脱。

④先确定能 ping 通本地电台，再确认是否能 ping 通远端。

⑤打开 Web 通信设备管理系统→网络状态→拓扑图，检查是否有拓扑。

⑥检查连接两端电台的设备网关是否配置正确，网关需要配置成本车所连接电台的 IP 地址；

⑦若是使用 PC 端 ping，需要关闭防火墙。

⑧电台所连接终端（如 PC、平板等）需要注意其无线网络与有线网卡有无冲突。

2. 远程操控出现视频卡顿或通信延迟大。

（1）故障现象：远程操控出现视频卡顿或通信延迟大。

（2）故障原因：车载通信系统故障。

（3）诊断与排除方法。

①通信距离达到极限。

a. 打开 Web 通信设备管理系统→参数设置，检查发功率是否为大功率。

b. 适当升高天线。

c. 打开 Web 通信设备管理系统→参数设置，适当降低速率挡。例如，把 8 Mb/s 改为 4 Mb/s 宽。

②网络拥塞。

a. 打开 Web 通信设备管理系统→网络状态→流量监控，查看当前接收数据是否超可用带宽，若超过带宽，可适当提高速率挡使用。

b. 接收端电台连接 PC，通过 Wireshark 等抓包工具抓取当前接收数据流，查看是否有异常大数据或频繁广播数据。

三、感知与导航控制系统常见故障诊断与排除

感知与导航控制系统常见故障诊断与排除方法如下。

1. 目标选择失效

（1）故障现象：选择目标时，无法选择目标或选择目标失效。

（2）诊断与排除方法。

①检查车载计算机、激光雷达、相机、超声波雷达、毫米波雷供电是否正常。

②检查相机、激光雷达、超声波雷达、毫米波雷达工作面是否清洁。

③检查软件节点在线状态。

④调整作为目标的人员或汽车，使其尽量保持在汽车前方正中 5 ~ 15 m 范围内，并不被其他物体遮挡。

2. 目标丢失

（1）故障现象：汽车跟随模式或人员跟随模式中，目标丢失。

（2）诊断与排除方法。

①检查车载计算机、激光雷达、相机、超声波雷达、毫米波雷供电是否正常。

②将作为目标的人员或汽车调整到汽车前方适当位置，使目标重新初始化。

③检查软件节点在线状态。

④跟随过程中，目标应在汽车前方适当方位内，汽车速度不超过 30 km/h，人员速度不能超过 5 km/h。

3. 意外停车

（1）故障现象：路径跟踪模式下，单击跟踪路径后汽车停车。

（2）诊断与排除方法。

①检查车载计算机、激光雷达、相机、超声波雷达、毫米波雷、"北斗"接收机、组合导航供电是否正常。

②检查相机、激光雷达、超声波雷达、毫米波雷达工作面是否清洁。

③检查软件节点在线状态。

④检查"北斗"接收天线是否被遮挡。

⑤检查卫星搜星是否正常。

4. 汽车跟随跑偏

（1）故障现象：汽车跟随模式或人员跟随模式中，汽车明显左偏/右偏。

（2）诊断与排除方法：使用便携操控终端对汽车进行纠偏。

资源链接

理论辨析

1. 混合动力汽车有哪几种形式？
2. 纯电动汽车的特点是什么？
3. 智能无人汽车体系架构有哪些？
4. 智能无人汽车的结构组成有哪些？
5. 什么是智能无人汽车？
6. 感知与导航控制系统常见故障与排除方法是什么？

问题研讨

1. 谈谈智能无人汽车故障诊断的挑战。
2. 谈谈智能无人汽车采用车载状态监测与故障诊断系统的必要性和可行性。

参 考 文 献

[1] 梅检民，常春，沈虹，赵慧敏，王双朋. 基于分数阶滤波的全息阶比解调谱及齿轮早期故障诊断 [J]. 振动与冲击，2023，42（10）：273 - 277 + 288.

[2] 张志强，梅检民，赵慧敏，常春，沈虹. 基于 MOMEDA 和极坐标时频特征级联增强的轴承早期特征提取 [J]. 振动与冲击，2020，39（19）：168 - 173.

[3] 张志强，梅检民，常春，赵慧敏，沈虹. 基于 FRFT 目标分离和 MCKD 特征增强的齿轮早期故障特征提取 [J]. 军事交通学院学报，2019，21（6）：44 - 48.

[4] 梅检民，贾继德，曾锐利，王国威，杨万成，周斌. FRFT 循频滤波及齿轮微弱故障特征提取 [J]. 振动与冲击，2016，35（23）：130 - 135 + 179.

[5] 梅检民，李枫，杨青乐，常春，王国威. 基于最佳阶次 FRFT 的阶比分量提取 [J]. 汽车工程，2014，36（12）：1494 - 1496 + 1512.

[6] 梅检民，肖云魁，曾锐利，赵慧敏，崔鲲. 稀疏信号分解 - 分段拟合逼近及其无转速计阶比应用 [J]. 振动工程学报，2014，27（6）：926 - 933.

[7] 杨青乐，梅检民，肖静，张玲玲，肖云魁. Teager 能量算子增强倒阶次谱提取轴承微弱故障特征 [J]. 振动与冲击，2015，34（6）：1 - 5.

[8] 梅检民，赵慧敏，陈祥龙，乔龙，杨青乐. Teager 算子和极坐标级联增强时频特征算法及轴承微弱故障特征提取 [J]. 振动工程学报，2014，27（1）：152 - 158.

[9] 李枫，梅检民，肖云魁，杨青乐，曾锐利. 基于转速自适应多阶 FRFT 滤波提取瞬变工况齿轮微弱故障特征 [J]. 振动与冲击，2013，32（21）：158 - 163.

[10] 梅检民，肖云魁，沈虹，乔龙，李枫，杨青乐. 多阶 FRFT 自适应滤波及齿轮微弱故障特征提取 [J]. 振动工程学报，2013，26（5）：771 - 778.

[11] 梅检民，肖云魁，周斌，陈祥龙，乔龙. 基于 FRFT 的改进多尺度线调频基稀疏信号分解方法 [J]. 振动工程学报，2013，26（1）：135 - 142.

[12] 梅检民，肖云魁，曾锐利，李枫，任金成. 基于分数阶聚能带分析的微弱故障特征提取研究 [J]. 振动与冲击，2013，32（17）：138 - 144.

[13] 梅检民，肖云魁，杨万成，陈祥龙，乔龙. 基于分数阶傅里叶变换的邻近阶比分离研究 [J]. 振动与冲击，2012，31（11）：38 - 41 + 53.

[14] 梅检民，肖云魁，陈祥龙，乔龙. 基于 FRFT 的单分量阶比双谱提取微弱故障特征 [J]. 振动. 测试与诊断，2012，32（4）：655 - 660 + 693.

［15］刘远宏，刘建敏，冯辅周，肖云魁. 基于 2 阶循环谱和 SVM 的汽车传动轴故障诊断［J］. 噪声与振动控制，2014，34（1）：160 – 163.

［16］郭建樑. 柴油发动机高压共轨电控系统原理与故障检修［M］. 北京：机械工业出版社，2015.

［17］李昌凤. 汽车数据流分析与故障诊断［M］. 北京：机械工业出版社，2018.

［18］李正军，李潇然. 现场总线及其应用技术［M］. 北京：机械工业出版社，2016.

［19］周晓飞. 图解新能源汽车：原理·构造·维修［M］. 北京：化学工业出版社，2022.

［20］徐友春，等. 智能车辆关键技术［M］. 北京：化学工业出版社，2020.